イノベーション創出の種子

TOPICS ON CREATING INNOVATIONS FOR GRADUATE STUDENTS

Eunyoung Kim 編 | 中島 靖 訳

Written by
Thao Thanh Luong, Qianang Sun,
Nilima Haque Ruma, and Eunyoung Kim

HAKUEISHA

Preface

序文

Eunyoung Kim

　高等教育機関の教育者の多くが、制度を支える社会システムの多様な変化によりいくつかの課題に直面しているように、私も教員になったばかりの頃は、大学院生に何をどのように教えればよいのかよくわかりませんでした。

　私が北陸先端科学技術大学院大学知識科学研究科に赴任する直前に前任の先生が退職されたため、授業の引き継ぎや何の教材もないまま「知識経営論」という講座の半分を担当し始めてから4年が経ちました。知識科学研究科は、ナレッジマネジメントの第一人者である野中教授が1996年に設立して以来、ナレッジマネジメントに関連する講座を開いてきました。しかし、この講座には教科書がなく、仮に先代の講師の教科書があったとしても、知識のプロとしてこれからの社会を引っ張っていく学生たちを教えるには不十分なものでした。なぜなら、2000年初頭の情報革命以降の急速な社会技術の進化によって、私たちの置かれている状況が大きく変化したためです。

　また、ナレッジマネジメント自体が私の専門的な研究領域ではなかったこともあり、私たちの研究所では、学科制度を偏狭で独立した分野から、統合された学際的なコンバージェンス制度へと変更することにしました。それに伴い、従来のナレッジマネジメント理論を教え続ける理由がなくなったのです。これは、どの分野を専攻しているか

に関わらず、誰にでも起こりうることです。もちろん、領域固有の知識の重要性を軽視しているわけではありません。しかし、一定の学位を取得し大学や大学院を卒業すると、特定の分野でどれだけの専門性を持っていたとしても、ほとんどの人が全く新しい分野を学ばなければならない瞬間に遭遇します。個人的にも、政治学から国際ビジネス、情報学、工学教育と 3 度も専攻を変えているので、専門分野の変更には慣れている方だと思います。その間、私は韓国、米国、ドイツ、日本の 4 カ国にある 5 つの主要な高等教育機関 (HEIs) で学び、様々な分野の研究プロジェクトにも参加しました。

　その経験を生かし、社会技術環境の急速な変化に応じて容易に変更できるように、トピックに基づいてコース内容を設定してあります。私が一番重点を置いているのは、学習、創造性、革新性についての基本的な理解をどのようにして深めれば、学生の学習意欲を高め、革新的なアイデアを生み出すきっかけを作ることができるかということです。この科目は 2 単位で、2 つのパートに分かれており、私が担当する講座はその半分にあたる 100 分の講座を 7 回にわたって担当しました。

　講座では世代によって学習スタイルが大きく変化しているため、教育的アプローチの革新が求められます。私は、基礎理論の講義、各種小テストの実施、研究論文のレビューなどの理論ベースの学習に加えて、ディスカッション、デモンストレーション、ケースリーディング、プレゼンテーションなど、学生主導の講座にするためさまざまな教授法を試みました。また私は、多くの MBA（Master of Business Administration）スクールで広く採用されているケースベースドラーニングの手法を取り入れました。ビジネス、地域社会、テクノロジー、アカデミアにおけるイノベーションや創造的なプロジェクトの事例を紹介し、それらのイノベーションがどのように（どのようなプロセス、状況で）生まれ、実行され、成功につながったのか、また、私たちはどのようにして新しい革新的なアイデアを生み出し、それを自分たちが学ぶ分野や生活する地域で実践することができるのかを学生たちに

探ってもらいました。しかし、残念ながら、この初期の試行的な授業は成功しなかったと結論づけざるを得ませんでした。講座の中で、イノベーションと創造性の研究の理論的背景を説明したにも関わらず、講座の最終試験であるプレゼンテーションでは、学生たちは、Web リソースや個人的な経験に基づいた浅い知識を繰り返すだけで、理論の熟考や根本的な理解をしていなかったのです。

　それからの2年間は試行錯誤しながらも、研究中心型の大学院であることを踏まえて、学習、フロー、創造性、イノベーション、破壊的イノベーション、思考の6つのトピックに基づいて授業内容のアウトラインを設定し、ピア・ディスカッション、クラスルーム・タスク、学術研究のレビュー、読み物の提供、課題などの教育的アプローチを行いました。驚くべきことに、この教授法により、学生たちは個人的なフロー経験を思い出し、社会的なフロー（Chap.3 参照）への願望を持つことができ、また、創造性と革新の基礎知識を自分の研究分野に適用する意欲を持つようになりました。さらに、新しい教育コンテンツやツールを設定した後、以前にこのコースを受講したことのある学生が再び参加し、寒い冬の朝に開かれる講座にも関わらず、私の新しいスタイルの教育を受けてくれました。

　最近導入された政策で、私たち大学教員のパフォーマンスは、学外からどれだけの資金や助成金を集めたか、科学雑誌に論文をどれだけ発表したかなど、定量的な指標に基づいて評価されています。

　このような状況では、多くの教授は、教育内容や教育方法の改良、再編成に十分な時間を割くことができません。しかし、教師の終身雇用やインセンティブのための個人的なパフォーマンスに関係なく、教育者としてのアイデアを共有するために教科書を出版することは、学生だけではなく、講師や研究者にとっても価値のあることだと思っています。読者の皆様が本書に影響を受け、学習体験を向上させるための独自のアイデアを生み出したり、追加したりすることができれば、私は非常に嬉しく思います。また、本書をきっかけに、教育者や未来

の教育者のコミュニティでオープンな議論を始め、高等教育機関での学習に関する建設的なフィードバックを共有し、その結果、イノベーションリーダーが育つことを期待しています。

　最後になりましたが、私の優秀な博士課程の学生である Thanh-Thao Luong さん、Qianang Sun さん、Haque Nilima Ruma さんに感謝を述べたいと思います。彼女らは、このコースで優れたパフォーマンスを発揮し、コース内容の再設計に貢献してくれ、本書の各章や副章の共著者になることを快諾してくれました。彼女らの支援がなければ、この本を出版することはできなかったでしょう。また、このコースに参加したすべての学生にも感謝したいと思います。学生の皆さんから多くのインスピレーションを得たことで、私は講師としても学習者としても成長することができました。最後に、本書を出版する機会を与えてくださった出版社である博英社への感謝も忘れることはできません。

　尚、本研究は部分的に JSPS 科研費 22K13754 の助成を受けたものです。

March.15, 2021,
Eunyoung Kim

序文

Thao Thanh LUONG

　長い間、様々なビジネス業界で働いてきた多くの成人学習者にとって、学問の道に戻ることは間違いなくエキサイティングなことですが、それもまた簡単なことではありません。成人の学習者が直面する課題の一つに、職業上の地位がどれほど上であっても、個人の考えが社会人を経験する中でいつの間にか固定されてしまうことがあります。私の場合、企業のトップではなかったものの、10 年以上のビジネス業界での経験から、知恵は仕事の経験から得られるものであり、理論は実践よりも重要ではないと信じていました。同時に、私は知識や知恵の本当の定義を求める強迫観念を持っていたことにも気づきました。

　私は数年前にオーストラリアで人事管理の修士号を取得した後も、ビジネスマネジメント、教育、自然科学など、専門的な知識の領域を分けて提供する機関ではなく、理論の意義に関する認識を変えることができ、知識に対する学際的なアプローチが採用されている高等教育機関で博士号を取得したいと考えていました。そこで私は、2019 年にホスピタリティ・ツーリズム業界での仕事を辞め、アカデミックな生活に戻り、北陸先端科学技術大学院大学（JAIST）の知識科学研究科での博士課程で学ぶことにしたのです。当時私は、長年のキャリアパスを変えることに不安を感じながらも、自分の居心地の良い場所を離れ、他の分野でより多くの知識を得て自分の考え方を再活性化したい

という欲求に駆られていたということを憶えています。

　また、JAIST のキム研究室の一員となり、様々な分野で学術的、専門的な知識を身につけている Kim Eunyoung 教授の指導の下で研究ができるということに喜びも感じました。

　彼女の継続的な努力と分野の垣根を越えて学ぶ姿勢は、知識と人生の真の意味を探している私に純粋なインスピレーションを与えてくれました。新たに湧き上がった情熱を胸に、博士課程 1 年生として JAIST に入学した私は、2019 年にキム教授の「Theories of Knowledge Management」と題された興味深いコースを受講しました。このコースは、現在の社会発展へのアプローチや、生涯学習における幸福やポジティブ心理学を求める道など、様々な面で私を変えてくれました。そして何よりも、このコースを受講したことで、学校に戻るという私の決断が正しかったことがわかりました。不安が減り、自分が選んだ新しい道に自信が持てるようになりました。以前誰かが言っていたように、博士号を取得することは、不安を感じたり学生生活のバランスを失ってしまうような疲れる旅ではなかったのかもしれません。それは冒険的で困難なことかもしれませんが、その過程で得られる心理的な報酬のために、努力する価値があるのです。

　キム教授のナレッジマネジメントの理論で提供されるのは、自分の学習と成長のプロセスに対する一連のユニークなアプローチです。本書は、知識管理理論に関する包括的で体系的な最新の文献レビューであるだけでなく、個人や社会の進歩を導く理論の力がこれまで以上に重要になってきている知識時代に、どのように努力し、成功するかについて考える熱心な教育者からの指示書でもあります。このコースでのキム教授の指導方法は、この分野の特定の教科書に沿ったものではありません。その代わりに、学生が知識を得て管理するための正しい方法を見つけられるようにするという目的を果たすために、さまざまな学術的、実用的な情報源を利用しています。実際、このコースは、教科書を読み、講義を聴き、文章を書くだけの従来の授業とは大きく

異なり、新しい知識や視点を得るために、持っている知識や経験を最大限に活用することが求められます。

　コース中、示唆に富む質問を用いた数多くのディスカッションは、常に自分自身を振り返り、最新の理論やフレームワークから学ぶのに役立ちます。このコースで現代におけるイノベーションの重要性や方法を学ぶうちに、コース自体がカリキュラム的にも教育的にもイノベーションであることを実感できるでしょう。私は学生として、このコースで紹介されている現在の社会に関する戦略的な見解を学ぶことを心から楽しんでいます。

　知識と知恵の真実を探求する成人学習者として、すべての講義で語られる高等教育と生涯学習の役割に対する新鮮で先進的なアプローチに魅了されています。私はキム研究室のメンバーとして、この講座で学んだことを他の研究者や大学院生と共有し、私が見つけたように、彼らも学問の道を追求する誠実な喜びを感じてくれたらと思っています。

　ですから、このコースのテキストブックの共著者にならないかというお話をいただいたときは、とても嬉しかったです。もともと考えたり書いたりするのは好きですが、教科書を執筆するのは大変なことだと思っています。しかし、学生の生涯学習に対する戦略やモチベーションを向上させ、このコースをさらに成功させるために私も貢献できるという機会を得て、とても嬉しく思っています。アカデミックな教育にあまり良いイメージを持っていない人や、理論の重要性に偏った考えを持っている実務家（以前の私のように）が、このコースに参加したり、この本を読んだりすることで、認識を改めるきっかけになるかもしれません。自分の居心地の良い場所から一歩踏み出して、学びや成長のための新しいアプローチを求めたいという願望を実現したい人に、このコースとテキストが大いに役立つことを願っています。

　最後になりましたが本書の出版を快諾してくださった博英社と、共著者としてお声をかけてくださったキム・ウニョン教授に心から感謝

致します。この意義深いプロジェクトにおいて、教授の生徒であると同時に共著者にさせて頂いたことは光栄なことです。教授からの信頼がなければ、私はこの本を書くことで自信と喜びを得るという貴重な体験をすることはできなかったでしょう。私は執筆を通して、私が学んだことや、このようなユニークな知識に対する私の考察を共有することができました。また、私を信じ、支えてくれる家族や、さまざまな分野のノウハウを惜しみなく教えてくれる研究室の仲間にも感謝しています。これらの偉大な人々のおかげで、私はいつも前向きに、知識、知恵、そして人生の幸福を求める旅を続けることができているのです。

March.15, 2021,
Thao Thanh LUONG

Preface

序文

Haque Nilima RUMA

　この度は本書の執筆プロジェクトに参加することができ、とても光栄に思っています。また、すべてのアイデアと洞察力をこの本に鋳込んでくださった恩師、キム・ウニョン教授に感謝致します。本書は誰もが簡単にコンテンツにアクセスできるよう、読者の視点でデザインされ、説明しています。私自身もこのコースを受講することで、学習、創造性、革新性の概念に対する理解を深めることができました。その結果、研究だけでなく日常生活においても、革新的なアイデアを生み出す意欲が湧いてきました。講師が設計したコース内容は、個人の人生の流れを見つけ、最高の幸福感に到達するために大いに役立ちました。例えば、私はガーデニングや料理をするのが好きです。しかし、この講座を受講するまでは、それらの活動が、個々の人生の流れを維持するためにどのように役立っているのか、あまり意識していませんでした。しかし、このコースでは単に読んだり、暗記したり、プレゼンテーションをしたり、試験のために勉強したりするものではなく、人生をポジティブに形成し、人生のあらゆる段階で幸せを見つけるための生涯学習であることを学びました。

　特に、私が興味を持っている分野での共著者として声をかけてくださったキム・ウニョン教授に心から感謝しています。私が「イノベーションの種類」というテーマを選んだのは、「イノベーショ

ン」が私の主な研究のキーワードのひとつだからです。私たちは皆、日常生活や物事の進め方を意図的に革新するという意味では、イノベーターです。私が「イノベーション」という言葉を知ったのは、学部で社会科学の授業をいくつか受けていたときでした。19世紀末には、社会や文化の変化に関する多くの新興理論が誕生しました。この時代、「イノベーション」は文化的特性の変化という観点から研究され、「インベンション」は農業、貿易、技術、社会的・政治的制度における新奇性、ひらめき、天才的な作品を意味していました。そのため、私のイノベーションに対する認識は、社会科学のレンズを通して、「社会的・文化的特性の変化」として発展してきました。

　私は社会学部を卒業後、NGOで1年間、「LHDP（Let Her Decide and Participate）」というプロジェクトに携わりました。私はプロジェクトマネージャーとして、「女性のエンパワーメントとリーダーシッププログラム」の進行を担当しました。プロジェクト期間中、与えられたプロジェクトをデザインするために、創造性や革新的思考に焦点を当てたトレーニングに何度も参加しなければなりませんでした。この管理職として、リーダーシップ研修モジュールやグループディスカッションを促進するためのツールを設計し、バングラデシュ西部で社会から疎外された女性をエンパワーするためのプログラムを実施しました。しかし、私は北陸先端科学技術大学院大学（JAIST）の知識科学研究科に入学するまで、イノベーションの概念とその応用について深く理解していませんでした。JAISTの修士課程では、授業や実践的なプロジェクトを通して、イノベーションについての深い知識を得ることができました。「社会的能力のためのイノベーション理論と方法論」、「知識科学入門」、「ナレッジマネジメントの理論」、「イノベーションデザイン」などのコースでは、イノベーションやナレッジマネジメントの概念に関する基礎知識をより広い範囲で身につけることができました。これらのコースで最も重要なのは、現代の社会問題や環境問題をベースにしたイノベーションプロジェクトを行うことでした。

　JAIST では、創造性と知的たくましさを育むことで、自己満足に挑戦することを学生に教えていました。その後、博士課程では、「総合力開発のためのイノベーション理論と方法論」という別の上級コースを受講し、イノベーションマネジメントへの探究心を養いました。また、講師のキム・ウニョン教授の下で、新たな教授法と最新の内容で「知識経営論」を受講しました。このコースの新バージョンでは、自分が日常生活で経験しているフローに気づくことができました。これにより、ソーシャルフローを実現したいという向上心が生まれ、また創造性やイノベーションに関する知識を自分の研究に活かしたいという高いモチベーションが生まれました。

　「革新的な思考」への関与は、単に学習によって作り出されるものではないため、私は上記のコースでティーチングアシスタント（TA）としても働きました。現在は、2 回目の TA として「知識経営論」を担当しています。このコースの半分はイノベーション学習の内容に集中しており、残りは組織内の知識の創造と管理に関するものです。組織内で知識を管理・共有することは、創造的な思考につながり、企業を「innovation intent；イノベーションの意図」に向かわせます。生徒として、また TA として、このコースに参加すればするほど、最新の理論やフレームワークから学び、新しい生徒のさまざまな視点から新しい知識を集めることができます。座学以外では、いくつかのベストセラー本からも影響を受けました。特に、「The Innovator's Dilemma」、「The Innovator's Solution」、「The Innovator's DNA」、「The Innovative Leader」「The Innovative Leader: How to inspire your team and drive creativity」などがあります。

　これらのテキストは、破壊的技術、ビジネスモデル、革新的企業、破壊的イノベーターの特徴について重要な洞察を与えてくれました。さらに、イノベーション研究に継続的に関わり、深く魅了されたことが、本書の一章を執筆する動機となりました。

　フルタイムの博士研究員であり、また生まれたばかりの子供の母親

でもある私にとって、本書の共著者になるということは非常に難しい決断でした。しかし、教授からの信頼と私の熱意により、本書の一章を提供することで知識社会への貢献を加速させることができました。博士号取得のための研究、TA、RA、本書の執筆、そして子供がいる家庭という多次元的な冒険は、今後のアウトプットを考える上で非常にエキサイティングなものでした。また、これらの斬新な業務を同時に行うことで、非常にクリエイティブで革新的な方法で時間を管理できるようになり、1日のあらゆる瞬間を目的に応じて活用する方法を学びました。そして、何よりこの旅の間、目標に向かって楽観的になるようにいつも励ましてくれた最愛の家族に感謝したいと思います。彼らのサポートのおかげで、私は仕事に集中することができました。また、知識を共有し、既成概念にとらわれずに考えることを教えてくれた研究室の仲間にも深く感謝しています。最後になりましたが、私の大好きな研究室の仲間であり友人の2人がこのプロジェクトの共著者であることを嬉しく思います。

March.15, 2021,
Haque Nilima RUMA

Preface

序文

Qianang SUN

　過去 20 年間で、ナレッジマネジメント (KM) は、「knowledge；知識」がどのようにして職場で創造、開発、保持、適用されてきたか、また、どのようにして学習とイノベーションを促進してきたかを説明する重要な学問分野 (Hislop, 2010) となっています (Martín‑de Castro et al., 2011; Soto-Acosta, Colomo-Palacios & Popa, 2014)

　さらに、ナレッジマネジメントへの関心は、単なる学術研究の流行ではなく、持続しています (Ragab & Arisha, 2013; Serenko & Bontis, 2013)。先行研究では、ナレッジマネジメントを、価値を付加したり生産したりするための重要な要素である知識の使用に関する一連のプラクティスとして扱っています (Syed, Murray, Hislop & Mouzughi, 2018)。さらに、経済が大きく変化し、組織の価値が高まっていることから、今世紀は「the knowledge economy age；知識経済時代」と呼ばれるようになりました (Cooke & Leydesdorff, 2006)。

　このような急速なグローバル化、移動、コミュニケーションを考えると、知識経済は知識の普及と利用に反映され、それが組織や国の競争力の源泉となっています。

　データマイニング技術の普及に伴い、ナレッジマネジメントの認識論では、知識の種類を形式的なものと暗黙的なものに抽象化しています。また、知識は、記憶、経験、信念などの準物理的で精神的な材料

である場合もあり、公衆の消費のために形式的に表現される必要があります（McInerney & Day, 2007）。知識の大部分は暗黙の了解であり、生産性を向上させる可能性のある情報を「共有」することで形式化し、有用な内容を保持する必要があるのです。そのため、多くのナレッジマネジメントの言説では、「暗黙」の知識という概念は、私的な知識や「無意識」の知識という概念に相当し、「形式知」という言葉は、私的な知識や無意識の知識を「共有」したり「表現」したりすることを意味します。これは、知識の形成と普及のプロセスに注意を払う必要があることを意味するだけでなく、組織や個人による創造的な実践プロセスや経験の回顧にも十分な注意を払う必要があることを意味しています。これによって、学際的な研究や領域を超えた協力について語ることができるようになります（Robinson, 2009）。

　Topic 3 と Topic 6 では、創造性と思考スキルの理論に焦点を当てています。これらは、ナレッジマネジメントではあまり話題になっていませんが、無視できないトピックです。

　一般的に、創造性理論や思考スキルを学ぶことは、ナレッジマネジメントのような複雑な分野に参入するための早道となるでしょう。

　創造性について語るとき、天才や発明という、通常は優れた才能を意味し、人間を人間として示している部分でさえあります。それは、繊細な工芸品であったり、変身に成功したことであったり、気の利いた詩であったりします。また、技術的な大発明やライフスタイルの変化などもあります。

　創ること、考えることへのこだわりは、他の生物とは異なるものであり、それゆえに深く満足させてくれます。

　創造性のメカニズムを調べる前に、創造性はどこから来るのかを考える必要があります。しかし、斬新なアイデアや独創的な実践を統合するような創造性は、複雑で測定が難しいものです。

　本書では、3つのアプローチの波を図示することで、創造性の研究

をスタートさせます。

　確実なのは、創造的な実践が個人と社会をつなぐ役割を果たし、交流を深めることです。したがって、個人と社会の両方の観点から創造性を研究するのは当然のことです。

　多くのプロフェッショナルは、その創造性によって大きな賞賛を得ていますが、専門知識や評判と結びつけられることもあります。ジレンマの一因は、創造的な表現を認識する方法はさまざまであり、共通の尺度で測ることは難しいということです。

　では、さまざまな分野のプロフェッショナルは、どのようにして知識を身につけ、創造性を発揮しているのでしょうか。創造性をどのように評価すればいいのか、あるいは創造性は知性と同じなのでしょうか。本書では様々な測定方法で創造性を定義することで、創造性のステージを説明します。

　それぞれの段階では、領域内の顕著な研究を組み合わせて議論します。その後、文化、科学、教育などの領域を超えた創造性を扱うために、より広い視野に立ちます。これらは、一般的な視点を避け、さまざまな分野での創造性を考えるために、個人や社会的なアプローチを通して創造性をスケッチすることが目的です。

　したがって、創造性が検討されると、これが創造的なプロセスや思考力への道を開くことになります。認知科学の発展に伴い、脳活動への関心は高まり続けています。人がどのように考え、さまざまな条件の中でどのように意思決定を行うのかが注目されています。

　Topic 6 では、「design thinking；デザイン思考」、「analogical thinking；類推的思考」、「reflective thinking；内省的思考」という3つの思考スキルを紹介します。

　マクロ的に見れば、思考スキルを理解することは、さらなる創造的思考、さらには実践のための基礎を構築することになります。また、思考スキルが、アイデア、インキュベーション、リフレクションによって組み込まれる創造性にどのような影響を与えるかを探る機会にもなります。

デザイン思考は、他のモードに比べて歴史が浅く、特に心理学の分野では正式な学問として発展してきました。

デザイン思考の核となるのは、問題を定義し、良い解決策を求めることです。この課題は、業界の発展や製品の標準化に伴って拡大しており、それがさらにビジネスや市場、人材にまで及んでいます。

ここでデザイン思考を紹介する主な目的は、いくつかの分野でデザイン思考が重要な役割を果たすようになってきており、一般的な概念として多用されるようになってきたからです。

そこで、他の認知スタイルとは異なるデザイン思考の本質を明らかにすることで、どこに問題があるのか、デザイン思考で対処する必要があるのか、ないのかを厳密に検討します。デザイン思考に焦点を当て、プロのデザイナーがどのように仕事を組み立てているのかをいくつかのケースで紹介することで、そこから学び、デザイン思考とは何かを理解することを目指します。

デザイン思考に比べてアナログ思考は、特に学習の過程で広く普及しています。

創造性を発揮するための基本的なメカニズムとして、よく知られた既存のカテゴリーから情報を得て、それを利用して新しいアイデアを構築する類推的思考が提案されています。

本書では、類推推論を通じたアナロジカルシンキング(類推的思考)の基本的な構成要素と、新しいアイデアを生み出すための方法を学びます。

トピックの最後の部分として、リフレクティブシンキングは、より高度な認知能力であるにもかかわらず、あまり議論されていません。

私たちは、練習を重ねて、現在の考え方や感じ方の状態に意識を持っていくことで、経験を通して学ぶことができます。

このように、思慮深く注意を向けることで、習慣的な思考パターンから抜け出す能力が高まります。つまり、対象の範囲内で熟考し、論理的な探究心を持って、積極的に探索するのです。

　本書では、リフレクションの異なる次元を、問題解決と組み合わせて示します。なお、ここで紹介する各思考スキルは、創造的なプロセスの中に独立して組み込まれているわけではなく、通常は対話的であり、必要に応じて柔軟に適用されています。

　本書の出発点である「Theories of Creativity；創造性の理論」と「Thinking Skills；思考スキル」を紹介することで、より良い社会へと貢献するために、研究の進展、進化の中でのアプローチ、知識を統合するためのアプリケーションを図示することで、これらのトピックの包括的な景観を提供することを試みています。

　同時に、ナレッジマネジメントとは、様々な分野の視点やスキルが混ざり合うことで、新たな知識を生み出したり、イノベーション能力を高めたりすることを意味するものではないことを認識する必要があります。

　私たちはまだ、知識を自由に分析、評価することはできません。人工知能は近い将来、より豊かなデータセットを提供するかもしれませんが、私たちはなぜそれが必要なのか、そしてそれを使ってどうやってお互いに深いつながりを築くのかを問うべきです。認知、思考、創造は、現代の高度な技術をもってしても、いまだに神秘的な領域であり、直接観察することはできません。

　したがって、この教科書では、決して分野の内容を拡大することだけを目的としているのではなく、研究者、実務家、学生が効果的な参照を行うための複数のレンズを提供し、異なる分野の知識の統合をより体系的に進め、それを新しい経験の構築に応用することを目的としています。同様に、ナレッジマネジメントとは、既存の資源を整理することではなく、有用な考察を統合し、資源のバージョンアップを図ることなのです。

March.15, 2021,
Qianang SUN

Preface

序文

Yasushi Nakajima

　本書 (Topics on Creating Innovations for Graduate Students) は、キム先生が序文で述べている「I first became a faculty member I was also not very clear on what and how to teach graduate students.；教員になったばかりの頃は、大学院生に何をどのように教えればよいのかよくわからない状態でした。」という問いに対する一つの解の集大成です。

　高等教育機関である大学院教育の意義は、専門的知識・経験を有する教員からの適切なインプットを受け、学生自身の持つ既存のコンテクストをアップデートし、更に知識を深めていくことであると考えています。特に大学院で学び始めようとする初学者の学生に対して、何をどのようにインプットするかは非常に重要となります。本書は、イノベーションと創造性の研究に関する理論的背景を理解するために、足掛かりとなる数少ない書籍であり、多くの学生に刺激的なインプットを与えてくれるものと確信しています。

　昨年、キム先生から本書の日本語への翻訳依頼がありました。修士課程を修了したばかりの私にとって、まさに晴天の霹靂でした。しかしながら、原稿を読み進めるうちに、自分自身がフロー体験を実感していることに気がつきました。そして、もっと学びたいという思いから、翻訳をお引き受けすることにいたしました。

　私は、翻訳の専門家ではないため、原書の文面を忠実に日本語に訳すことにはこだわっていません。原書の副読本として活用できるように、ひとりの日本人大学院学生の視点で、翻訳し解説しています。そのため原文の趣旨を理解する上で必要と思われる個所については、原文と日本語訳を併記しています。また、そのままでも理解できる図表などは、あえて原文のままにしています。

　英語が堪能でない読者は、まず副読本であるこの翻訳版で、イノベーションと創造性研究の全体像を把握、理解し、その上で原書および参考文献を読み進め、理解を深めることをお奨めします。また、本書は大学院の学生のみならず、企業に勤務する社会人にとっても有用であると考えています。特に企業で人材育成を担う中間管理職は、従業員の創造性を高める理論的な背景を理解し手を打つことで、日々のマネジメントの質が格段に向上する可能性を秘めています。

　私たち一人ひとりが、生まれながらに持っている『イノベーション創出の種子』を開花させるために、本書が、未来を担う多くの読者の知的好奇心を刺激することを願ってやみません。

　最後にこの場をお借りし、本書の翻訳という貴重なチャンスを授けてくださったキム先生と共同執筆者の皆さまに、そして翻訳版出版の機会を与えてくださった博英社に感謝の意を表します。そして、北陸先端科学技術大学院大学（JAIST）KIM 研究室の発展に、少なからず貢献できたことを誇りに思います。

March.21, 2022,
Yasushi Nakajima

Table of contents ; 目次

List of figures ; 図目次

◆

◆

◆

◆

◆

List of tables ; 表目次

◆

01

Introduction

Introduction

Eunyoung Kim

　多くの高等教育機関は、少子化や供給過剰により学生の確保が困難な状況にありますが、グローバル社会においては、高等教育に対するニーズが継続的に高まっています（Roser & Ortiz-Ospina, 2018）。

　「第4次産業革命」（Schwab, 2016）による超スマート社会への移行に伴い、テクノロジーを駆使した変化が社会経済システムに広く影響を与えており、斬新なアイデアや知識、イノベーションを生み出すことがこれまで以上に重要視されています。

　この点については、ほぼすべての高等教育機関が、将来の課題に対処するためのカリキュラム改革についてコンセンサスを得ています。

　多くの教育者が、従来のアカデミアではほとんど見られなかった様々な教育方法を採用し、創造性と革新の価値を提案する教育プログラムを高等教育機関で実践しています。

　それらのプログラムは、社会起業家精神に焦点を当てた特定のカリキュラムであり（例：デンマークの Kaospilot、米国の Singularity

University、オランダの Knowmads）、学際的アプローチ（例：スイスの CERN における STEAM 教育、ドイツと米国の HPI における D.school）などがあります（表 1 参照）。

　新設された教育プログラムの動向を見ても、社会的価値の創造に貢献するテクノロジーを活用して、創造的なアイデアを生み出し、革新的なプロジェクトを立ち上げることができるリーダーを育成するということに教育者の関心が集まっています。

表1　Examples of innovative educational programmes；革新的な教育プログラム事例

HEIs	Country	Type	Programme content
Singularity University	USA	Non-degree	Global Solution Program, Exponential Regional Partnership, Global Impact Competition, Innovation Hub.
Kaospilot	Denmark, Switzerland	Degree & Non-degree	Creative Business Design, Creative Leadership Design, Creative Project Design, and Creative Process Design. 10-week Global Solution Program partnership with Singularity University.
Olin College	USA	Degree & Non-degree	Hands-on engineering and design project-based teaching. I2E2 (Initiative for Innovation in Engineering Education) for global educators.
42(school)	France, USA, Armenia	Non-degree	Peer-to-peer pedagogy and project-based learning for software development through the realisation of an arcade game, artificial intelligence or a computer virus.
HumTec, RWTH Aachen University	Germany	Degree	Center for Human-Technology, promoting interdisciplinary research projects: Living Lab Incubator, Ethics & Responsibility in energy use, language behaviours in context, etc.
D.school	EU, USA	Non-degree	Established by Hasso Plattner Institute. And partnership with world-class universities such as Stanford university and global companies based on design thinking.

CDIO Initiative	USA, EU, etc.	Degree	Conceived by MIT in collaboration with KTH, Sweden and other engineering universities; it is an educational framework that stresses engineering fundamentals set in the context of conceiving, designing, implementing and operating through active learning and problem-based learning.

　本書とこのコースの主な対象学習者は、高等教育機関の大学院生、教育者、研究者です。

　そのためには、「なぜ学ぶのか」「何をどのように教えるのか」という根本的な問題を提起する必要があります。

　これに伴い、カリキュラムや実務を改革する際には、高等教育機関で達成しなければならないスキルセットを理解する必要があります。

　私たちは系統的な文献調査を行うために、Web of Science Core Collection データベースで関連するすべての学術論文を検索しました。キーワードは「higher education ; 高等教育」と「skills ; スキル」および「learning ; ラーニング」で、調査基準は、2010 年から 2020 年の間に、教育のカテゴリーで発表された論文であることです。

　検索の結果、4,135 件の論文が見つかり、トピックの関連性を考慮して 1,000 件の論文が分析対象として選ばれました（図 1-1 参照）。

　質的分析を行い、既存の研究からスキルのキーコンセプトとなる言葉を抽出するために、選択したすべての文献を質的分析ソフトウェアツールに取り込み、最近の研究からキーコンセプトを探り、強調されたスキルセットを確認しました（図 1-2 参照）。

図 1-1

Search results of HEI, Skill, and Learning in WoS database；WoSデータベース
のHEI、Skill、Learningの検索結果

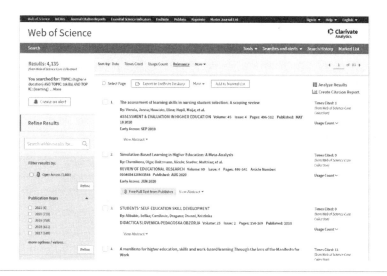

図 1-2

Importing the reference data into qualitative analysis software (Nvivo11)；リファ
レンスデータを定性分析ソフト（Nvivo11）にインポート

　概念の出現率を調べる「テキスト検索」では、ワードツリーの左側に「スキル」と共に現れる；単語が多く見られました(図 1-3 参照)。

図 1-3

Word-tree of "skills" and its related words which appeared in the relevant papers (1,000 records)；「スキル」と参考文献に掲載された関連語(1,000件)

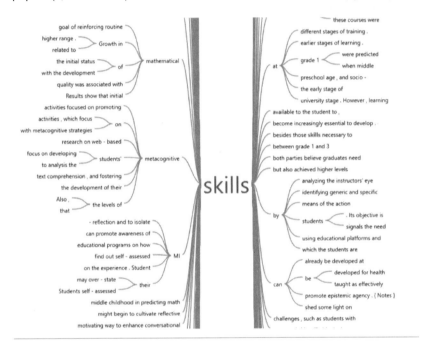

　ワードツリー分析のアルファベット順に基づく長さでは、あまりにも多くの関連する単語が検出されるため、図 1-3 では、ワードツリーのごく一部を中央に表示しています。また最近研究されたスキルを以下のように記載しています。academic skill(アカデミックスキル)、analytical skill(分析スキル)、artistic expression skill(芸術表現スキル)、cognitive skill(認知スキル)、collaborative skill(協働スキル)、communication skill(コミュニケーションスキル)、

critical thinking skill (クリティカルシンキングスキル) 、creative skill (クリエイティブスキル) 、cross-curricular skill (クロスカリキュラースキル) 、emotional skill (エモーショナルスキル) 、employability (エンプロイアビリティ) 、entrepreneurial skill (アントレプレナースキル) 、ethics and responsibility (倫理と責任) 、generic skill (ジェネリックスキル) 、global competency skill (グローバルコンピテンシースキル) 、human innovation skill (ヒューマンイノベーションスキル) 、leadership skill (リーダーシップスキル) 、learning skill (ラーニングスキル) 、life-long skill (ライフロングスキル) 、linguistic skill (言語スキル) 、ICT skill (ICT スキル) 、intellectual skill (知的スキル) 、interpersonal skill (対人スキル) 、management/managerial skill (管理・経営スキル) 、mathematical skill (数学的スキル) 、market skill (市場スキル) 、metacognitive skill (メタ認知スキル) 、practical skill (実践的スキル) 、procedural skill (手続き的スキル) 、professional skill (専門的スキル) 、quantitative skill (定量的スキル) 、reasoning skill (推論スキル) 、reflective skill (内省的スキル) 、research skill (研究スキル) 、self-regulatory skill (自己調整スキル) 、soft skill (ソフトスキル) 、problem-solving skill (問題解決スキル) 、industry-specific skill (業界特有のスキル) 、self-study skill (自己学習スキル) 、technical skill (技術的スキル) 、verbal skill (言語スキル) 、and writing skill (ライティングスキル)。

　既存の研究では、高等教育機関が提供する教育プログラムを通じて将来のリーダーを育成するために、41のスキルが強調されていました。

　ここでは、その数あるスキルを、意味や関係性に応じて絞り込んでいく必要があります。

　大まかに言えば、すべてのスキルはジェネリックとスペシフィックの２つの次元に分けられ、リストアップされたスキルの大半は、ジェネリックな属性とスペシフィックな属性の両方を含んでいます。そし

てその定義と他のスキルとの関係に基づいて、図1-4のように構造化
され、分類されます。本書では、主にこの5つのスキルに焦点を当て
て議論を進めていきます。また1)知識と学習、2)学習と創造性、3)
創造性と認知プロセス、4)創造性とイノベーション、5)破壊的イノベー
ション、6)イノベーションのための認知的スキル。これら6つのトピッ
クはすべて、学術研究から得られた知見に基づいて議論されます。

図1-4

Relationship between skills；スキルの関連性

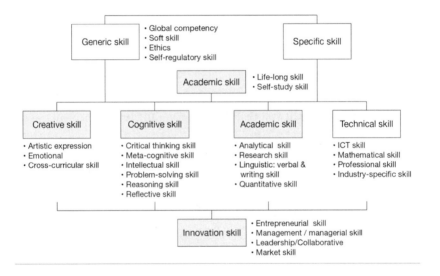

このコースの主な目的は、「What do we need to learn, and how
should we learn, in order to become a leader in the upcoming
society as a knowledge professional?；知識の専門家としてこれか
らの社会をリードしていくためには、何をどのように学べばいいのか」
という問いに対する答えを提供することです。

ここで、知識人とは、「*a person who contributes to humanity by*

employing their mental capabilities to create new value, through discovering, inventing, making or creating[1]；発見、発明、製作、創造など、新しい価値を生み出すために精神的な能力を用いて人類に貢献する人」という意味であり、私たちが大学院の学位保持者に期待することでもあります。

　メインクエスチョンに答えるために、以下のようなサブクエスチョンがコースを通して問われます。

- Topic 1: What is learning?；学習とは何か。
  - How are our learning environments?；私たちの学習環境はどうなっているのか。
  - How can we enjoy our learning experience?；どうすれば楽しく学べるのか。
  - What are the most required skills for graduate students in order for them to become leaders in future society?；これから社会でリーダーとなるために、大学院生に最も求められる能力は何か。

- Topic 2: How can you create a new value from learning?；学びから新しい価値を生み出すにはどうすればいいのか。
  - How is the balance between your learning environments and skill level?；学習環境とスキルレベルのバランスはどうか。
  - How can you describe your mental mode regarding learning and conducting research?；学習や研究を行う上での自分の精神状態（メンタルモード）をどのように表現するのか。
  - How can your learning create valuable outcomes?；あなた

1　Speech by the President of the University of Tokyo, at the graduation ceremony in 2016 (accessed through http://www.u-tokyo.ac.jp/gen01/b_message28_07_j.html)

の学習は、どのようにして価値ある成果を生み出すことができるのか。

- Topic 3: What is creativity?；創造性とは何か。
  - How is creativity defined?；創造性の定義は何か。
  - What is different from innovation?；イノベーションとは何が違うのか。
  - How has creativity been researched?；創造性はどのように研究されているのか。
  - What is the cognitive process for creativity?；創造性を発揮するための認知的プロセスとは何か。

- Topic 4: What is innovation?；イノベーションとは何か。
  - How are creativity and innovation different?；創造性とイノベーションはどのような違いがあるのか。
  - How can we classify different types of innovation?；さまざまなタイプのイノベーションをどのように分類するのか。
  - What are the cases of innovation?；イノベーションの事例とは何か。

- Topic 5: How can we find an opportunity for creating innovations?；どうすればイノベーションを起こすきっかけをつかめるのか。
  - Why is innovation difficult?；なぜイノベーションは難しいのか。
  - What is disruptive innovation?；破壊的イノベーションとは何か。
  - How can we initiate disruptive innovation?；どうすれば破壊的イノベーションを起こせるのか。

- Topic 6: How can you facilitate idea generation for creating innovative ideas? ; 革新的なアイデアを生み出すために、どのようにアイデア出しを促進すればよいか。
  - How can we create a new idea from familiar ideas? ; 身近なアイデアから、いかにして新しいアイデアを生み出すか。
  - How can we train our thinking skill for creating new ideas? ; 新しいアイデアを生み出す思考スキルを鍛えるにはどうすればいいのか。
  - What is analogical thinking? ; アナロジカルシンキング (類推思考) とは何か。
  - How can we recognise the structural similarities among superficially different ideas? ; 表面的には異なるアイデアの構造的な類似性をどのように認識するのか。

また、本書は 7 つの章で構成されています。

第 1 章では、本書で取り上げるトピックが、時代の要請と現在の学術的傾向に合致した重要なものであるということを簡潔に説明しています。また、このコースの目的に沿ったトピックの選択方法を説明し、各章の概要を紹介しています。

第 2 章では、「Topic 1: knowledge and learning ; 知識と学習」と題して、高等教育機関 (HEIs) における学習に関する再考の社会的背景を紹介し、学習の促進に関する理論的研究と実証的調査をレビューしています。

第 3 章の 「Topic 2: learning and creativity ; 学習と創造性」 では、Csikszentmihalyi（1990）が提唱したフロー理論を紹介し、個人の学習活動を振り返るとともに、経験の質を高めることで、困難で価値のあるものを創造したり達成したりすることが可能になるという理論を紹介しています。

第 4 章 「Topic 3: creativity and cognitive process ; 創造性と認知

プロセス」では、創造性研究が確立されてからの過去と現在の流れを振り返り、創造的認知プロセスとその関連研究を紹介しています。

　第5章「Topic 4: creativity and innovation；創造性とイノベーション」では、イノベーションの概念と関連する用語を定義した後、イノベーションの種類をいくつかの方法で分類し、関連する事例を紹介しています。

　第6章「Topic 5: disruptive innovation；破壊的イノベーション」では、破壊的イノベーションという概念を導入することで、イノベーションを起こすことの難しさや、イノベーションを起こすきっかけの見つけ方を説明しています（Christensen, 2013）。

　第7章では、「Topic 6: cognitive skills for innovation；イノベーションのための認知的スキル」と題して、思考のためのツールを紹介し、アナロジカルシンキング（類推的思考）に基づいて新しいアイデアを生み出すための方法を提案しています。

Key conceptual words

　knowledge and learning（知識と学習）、learning and creativity（学習と創造性）、creativity and cognitive process（創造性と認知プロセス）、creativity and innovation（創造性とイノベーション）、disruptive innovation（破壊的イノベーション）、cognitive skills for innovation（イノベーションのための認知的スキル）

REFERENCES

+ + +

Christensen, C. M. (2013). *The innovator's dilemma: when new technologies cause great firms to fail*: Harvard Business Review Press.

Csikszentmihalyi, M. (1990). *Flow: The psychology of optimal experience.*

Johnson, L., Adams Becker, S., Cummins, M., Estrada, V., Freeman, A., & Hall, C. (2016). *NMC Horizon Report: 2016 Higher Education Edition*. Retrieved from Austin, Texas:

Roser, M., & Ortiz-Ospina, E. (2018). Tertiary Education. from Published online at OurWorldInData.org
https://ourworldindata.org/tertiary-education

Schwab, K. (2016). *The 4th industrial revolution*. Paper presented at the World Economic Forum. New York: Crown Business.

CHAPTER

02

Topic 1 Knowledge and learning

知識と学習

Topic 1

Knowledge and learning

知識と学習

Thao Thanh Luong and Eunyoung Kim

　本章では、これからの社会を担うリーダーになる大学院生として学習するための土台となるものは何かについて説明し、知識と学習に関する学術研究をレビューして、個人と組織の両方の学習を促進する要因を理解します。

2.1 The society we live in ; 私たちが住む社会

　数多くの研究が、経済や社会全般に起きた大きな変化を特徴づけています。

　最も影響力のある歴史的研究の1つに、1973年に Daniel Bell が発表した「The Coming of Post-Industrial Society」があります。

　この研究は「post-industrial society ; 脱工業化社会」という注目すべき概念を普及させました。1970年代半ば以降、経済は製品の製造よりもサービスの提供によって価値を生み出すようになり、知識や情

報の役割がますます大きくなってきました。つまり、工業社会ではモノの生産による雇用が主であったが、今日の脱工業社会ではサービス業がより多くの雇用を生み出しているということです。そのような仕事は、多くの情報と知識に基づいており、社会的・経済的生活において学習、イノベーション、創造性のプロセスがより重要になっていると論じられています（Hislop et al.、2018）。さらに、Bell（1973）は、脱工業化社会において多様な形態の知識が注目されるようになると、理論的知識（学術研究における知識に限定されず抽象的または概念的なアイデアやフレームワークと呼ばれることが多い。）の役割が飛躍的に拡大すると強調しています（脱工業化社会の主な特徴は図2-1参照）。

　その結果、様々なサービス産業の発展は、これらの知識の成長と応用に基づいており、科学者、情報技術者、創造的産業の専門家などのホワイトカラーの重要性が非常に高くなります。

図2-1

Characteristics of a Post-Industrial Society；脱工業化社会の特徴

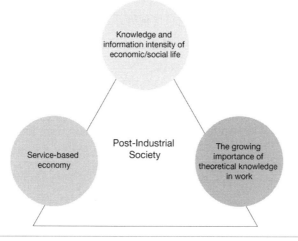

Note. This figure highlights characteristics of a *Post-Industrial Society*. Redrawn from *Knowledge Management in Organizations: A Critical Introduction* (4th Edition, p. 4), by Hislop et al., 2018, Oxford University Press.

　「post-industrial society；脱工業化社会」という概念は、主に雇用形態の変化や経済発展における知識の役割に焦点を当てていますが、サービス部門を強調することで、確かに私たちが生きている社会の大きな姿に注目が集まりました。特に第三世界の国々は、他の持続可能な開発目標を伴って、より知識ベースの経済を確立するよう求められています。

　次の「triple helix model of innovation；イノベーションのトリプルヘリックスモデル (三重螺旋モデル) 」は、1990 年代に Henry Etzkowitz and Loet Leydesdorff によって提唱されたフレームワークで、大学、政府、産業界 (これらを総称して「UGI」と呼ぶ) の戦略的な相互作用を示すものです。このモデルでは、大学は学術研究や教育に従事し、政府は経済発展の規制を担当し、産業界は製品やサービスを商業化するという多様な役割を担っているにもかかわらず、UGI がどのように相互に影響し合い、さまざまなタイプの二国間相互作用を生み出すことができるかを特徴づけています。しかし、このような戦略的相互作用がどのようなレベルで行われるかは、国の発展状況によって異なります。例えば、発展途上国では、UGI は異なる産業やセクターでサイロのように独立して機能しているように見え（図 2-2 参照）、お互いの事業から利益を得ることができないとされています。

図 2-2

Triple Helix interaction in developing countries or Silo Confinement；発展途上
国におけるTriple Helix (三重螺旋) の相互作用あるいはサイロ的な独立

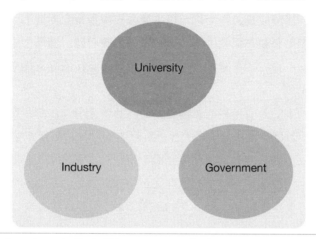

Note. This figure shows the Triple Helix interaction in developing countries. From "Evolution of
Strategic Interactions from the Triple to Quad Helix Innovation Models for Sustainable De-
velopment in the Era of Globalization", by Kimatu, 2015, *Journal of Innovation and Entrepre-
neurship*, 5(1), p. 3 (http://dx.doi.org/10.1186/s13731-016-0044-x). CC BY 4.0.

　中所得国では、UGI 間のより戦略的な相互作用が見られようになり
ます(図 2-3 参照)。例えば、これらの国の大学と産業界は、イノベーショ
ンと知識の共創を促進するために初期の相互作用を確立しています。
大学は、教育サービスの提供と学術研究の実施という 2 つの長年の使
命を果たすことで、産業界の人材を育成し、新しい製品やサービスを
設計するための革新的なアイデアを提供します。同時に、国のイノベー
ションシステムの主要なアクターである産業界も、知識の創造と移転
において重要な役割を果たしています。

　企業では、リーダーシップや上級管理職などの専門的な知識労働者
が知識共有プロジェクトに参加し、その専門的な知識や経験をリソー
スとして、研究ニーズを特定し、関連する研究を確実に生み出すこと
ができます。そして大学と政府の連携については、戦略的な相互要求
がなされています。

　大学は、政府から国の持続可能な目標の策定にもっと参加すること
を求められ、また大学は政府に資金やインフラの支援を求めるように
なります。

　最後に、経済成長のために市場主導の技術進歩を促進し、高い雇用
率を維持する必要がある中で、中所得国の政府は、経済と労使関係に
対するコントロールを維持しつつ、産業への直接的な支援を行う必要
があります。

　企業が効率的かつ持続的に活動するための十分な法的・環境的条件
が整っていれば、国民経済に大きく貢献することができます。

　要するに、戦略的な国家開発目標を策定し、実施する必要があるこ
とから、中所得国における三重螺旋が開始されたと主張しているので
すが、そのような相互作用を示す証拠はほとんどありません。

図 2-3

The beginning of Triple Helix Strategic Interactions in Middle-Income Countries
; 中所得国におけるTriple Helix (三重螺旋) 型戦略的相互作用の始まり

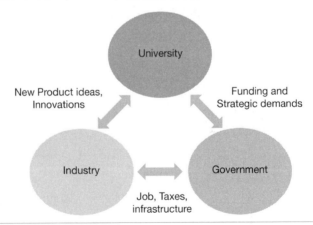

Note. This figure shows the beginning of Triple Helix Strategic Interactions in Middle-Income
Countries. From "Evolution of Strategic Interactions from the Triple to Quad Helix Inno-
vation Models for Sustainable Development in the Era of Globalization", by Kimatu, 2015,
Journal of Innovation and Entrepreneurship, 5(1), p. 3 (http://dx.doi.org/10.1186/s13731-
016-0044-x). CC BY 4.0.

しかし、先進国では、このような戦略的相互作用がより高いレベルに発展しています。それに伴い、国家的な問題への取り組みやイノベーションの創出において、UGI が相互に依存するようになってきています（図 2-4 参照）。

そして、三重螺旋モデルによって、サイエンスパークや技術移転事務所、そして最近ではテクノポリスやイノポリスなど、さまざまな仲介機関が生まれています（Kimatu, 2015）。

これらの機関は、知識の共有、イノベーションの促進、そして UGI の持続的な経済発展のために必要な条件を整える上で重要な役割を果たしています。

また、UGI の従来の主要な役割の境界を曖昧にすることで、UGI 連携システムの創発的な特性を高めている（Etzkowitz & Leydesdorff, 1995）という主張もあります。それに伴い、大学は教育や研究という基本的な役割を超えて、特許やライセンス活動を通じて製品やサービスの商業化にますます参加するようになるでしょう。

同様に、Etzkowitz（2008）は、知識が UGI 間の戦略的相互作用を促進する人的資本の源となる「entrepreneurial university；起業家大学」のモデルを導入することで、その進化を強調しています。

マサチューセッツ工科大学（MIT）は、Etzkowitz（2008）によって、この「entrepreneurial university；起業家大学」の枠組みを示す例として挙げられています。

図 2-4

Triple Helix Strategic Interactions in Developed Countries；先進国におけるTriple
Helix (三重螺旋) 型戦略的相互作用

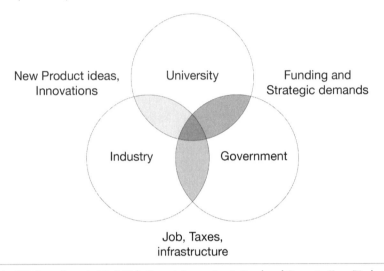

Note. This figure shows the Triple Helix Strategic Interactions in Developed Countries. From "Evolution
of Strategic Interactions from the Triple to Quad Helix Innovation Models for Sustainable
Development in the Era of Globalization", by Kimatu, 2015, *Journal of Innovation and Entre-
preneurship*, 5(1), p. 4 (http://dx.doi.org/10.1186/s13731-016-0044-x). CC BY 4.0.

　インターネットが社会的・経済的発展のための技術革新を進めるの
にますます役立つようになると、三重螺旋の進化は一連の大きな変化
によって進行します。このような変化は、三重螺旋における「持続可
能な相互作用のための情報提供された監視者」にプレッシャーを与え
ます（Kimatu, 2015）。

　その結果、Carayannis and Campbell (2009) は、フレームワーク
に第 4 の構成要素、すなわち「the civil society；市民社会」を追加し
ました（図 2-5 参照）。

　この新たな要素は、三重螺旋のオペレーションでは必ずしも優先さ
れないような社会の市民の声を表しています。

　そのため、新しいモデルでは、UGI が社会に貢献するという伝統的

な本質的使命をより重視することが求められています。

EU-MACS(European Market for Climate Services) プロジェクト
(Vaittinen, n.d.) など、欧州連合がスポンサーとなっている大規模な
プロジェクトでは、このような四重螺旋のアプローチを採用して、イ
ノベーションがグローバルにもローカルにも社会のニーズに真に役立
つようにしています。

図 2-5

The Quad Helix innovation model, to raise the social responsibilities of UGI in
creating and implementing innovations；イノベーションの創造と実施におけるUGI
の社会的責任を高めるためのQuad Helix (四重螺旋型) イノベーションモデル

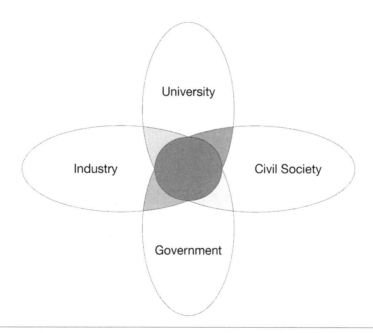

　四重螺旋型イノベーションモデルでは、知識集約型社会が人間の様々なニーズに合わせていく必要があり、より質の高い生活を実現することが重視されています。

　実際、現在の社会では、社会的価値が多様化・複雑化しているとはいえ、人々の平和と繁栄を実現することは、長年にわたってすべての国の共通の目的となっています。

　日本の科学技術・イノベーション会議は、2016年1月に閣議決定された第5期科学技術基本計画の中で、この最終目標を「Society 5.0」と呼んでいます（内閣府、2015年）。

　日本政府は、これからの情報化社会とそれ以前の社会を区別するために、このキーワードを作りました。

　例えば、「Society 1.0」とは、自然と調和した存在であり、狩猟・採集を中心とした生活を送っていた初期の共同体を指しています。

　「Society 2.0」は、農業の高度化と組織の形成を軸に社会が発展した「農耕型社会」と定義されています。

　「Society 3.0」と呼ばれる次の文明段階では、大量生産・大量消費が拡大する工業化の隆盛期として特徴付けられています。

　「Society 4.0」は、コンピュータとそのネットワークの発明により、産業革命による伝統的な産業から、情報化技術を中心とした経済へと急速な歴史的変化を遂げた情報化時代と呼ばれています。

　最近では、「super-smart society；超スマート社会」とも呼ばれる「Society 5.0」が、サイバースペースとフィジカルスペースの融合を活用して、経済発展と社会問題の解決策の育成のバランスを重視した「a human-centred society；人間中心の社会」として登場しています (Cabinet Office, n.d.)。

　また、Society 5.0では、IoT、AI、ビッグデータ、ロボット、シェアリングエコノミーなどのデジタル技術が急速に進化しており、高齢化や格差、環境汚染など、現在の社会的課題を解決するための高品質なデータが期待されています。

　Society 5.0 は日本政府が提唱する戦略であるにもかかわらず、これらの社会問題は日本だけでなく他の先進国も直面しており、いずれは多数の途上国や中所得国も直面することになることでしょう (Fukuyama, 2018)。

　したがって、Society 5.0 の観点からは、現在の人々や社会の一般的な幸福は、デジタルトランスフォーメーション、多様に出現する社会的価値、現在の社会問題を解決するための世界的な努力と無関係ではないことに注目する必要があります。

　また、COVID-19 が世界的に流行する数十年前には、グローバルアジェンダによって、グローバル化の成果とされる国際貿易の進展が促進されていました。

　しかし、伝染病の発症は、グローバリゼーションのプロセスに深刻な影響を与え、この世界的な相互接続性が主要な感染手段となってしまっています (Shrestha et al., 2020)。

　ほとんどの国でパンデミックは、効率性や経済的利益を維持するか、それとも国民の安全を確保するかという、困難なジレンマをもたらしました（Lee et al., 2020)。

　しかしこの伝染病は、経済的・社会的生活のさまざまな側面に破壊的な影響を与えているにもかかわらず、デジタル技術を最大限に活用するよう社会を後押しし続けているようにも見えます(Sheth, 2020)。

　そのため、デジタル技術は、ビジネスや教育、日常生活における単なる代替手段ではなく、日常のさまざまな活動に広く利用され、実質的な必需品となるでしょう。

　このような状況の中で、前述の脱工業化経済、四重螺旋型イノベーションモデル、Society 5.0 といった概念は、ポストパンデミックという状況下で未来の社会を推測する上で、より一層不可欠なものとなっています。

　このような状況下で努力し、成功を収めるためには、絶え間ない学習を通して、継続的な自己開発を行う必要があります。

　また、パンデミックにうまく対処できるかどうかは、リーダーの能力、知識、危機に対する考え方にかかっているため、現在の社会で個人が果たす主導的な役割を考慮する必要があります (Lee et al., 2020)。

　このように、個人が生涯教育を継続することによって、現代社会の混乱の中でも、持続可能な社会の発展に大きな価値を与えるリーダーとして活躍できるかが注目されています。

　本章の次の部分では、幸福と知恵を求めて止まない真のリーダーを育成するために、なぜ正式な生涯教育が不可欠なのかを理解するため、今日の学習環境の認識とポストパンデミックの生活に関する推測に焦点を当てます。

2.2 Purpose of postgraduate education；大学院教育の目的

　一般的に大学院教育とは、経済協力開発機構（OECD）（2015 年）では、修士号またはそれに相当する学位（ISCED2011 レベル 7）、または博士号（ISCED2011 レベル 8）と定義されている高等学位プログラムを指します。

　これらの資格を取得することは、より高次のレベルの専門的・学術的な知識を持つことを意味し、現代社会においてより複雑なタスクを遂行する際の責任感を高めることにもつながります。

　したがって、これらの高等プログラムを追求するために自費でもスポンサーの支援を受けても、大学院の学位を取得した個人は、知識の共有や高い税金の支払いという形だけではなく、持続可能な経済発展と人間の幸福に資する技術革新を間接的に生み出すことによって、自分の生活の質と社会にとってより良い結果を生み出すことが期待できるのです (Erwee et al., 2018)。

　社会の様々な発展段階において、「今日の世界で大学院の高等教育は何のためにあるのか」という問いは、常に多くの研究や出版物の主要なテーマとなっています。

　例えば、「Postgraduate Education in Higher Education」と題された近刊では、新しいテクノロジー時代に大学をどのように発展させていくかという管理者の視点に着目しつつ、Erwee et al. (2018) は、修士号や博士号の価値について、これらの高等学位が雇用創出や雇用可能性、あるいは社会の発展にどのように貢献するのかを分析して論じています。

　また、他の研究でも、高等教育の是非について様々なステークホルダーの視点を考慮する、同様のアプローチがとられています。

　しかし、本章では、主に学習者の視点から、大学院教育のメリットを実現することに焦点を当てています。

　特に注目すべき点は、これらの高学歴が経済的、キャリア的に有利であるということではなく、生涯学習自体を奨励していることです。

　また、本章では、大学院教育機関が、単なる学術研究センターから、社会の発展に貢献する未来のリーダーを育て、成熟させる場へとその役割を変化させることで、その力を発揮することを認めています。

　大学院教育が時代と共にどのように変化してきたかを見るとき、歴史を通じて変容してきたにもかかわらず、これらの高等学位の価値が常に不変であったことは注目に値します。

　しかし、フルタイムのアカデミックなポジションを得るための手段としてこれらの資格を参照することが多い従来の修士号や博士号に対する伝統的な見方とは異なり、政府資金の減少や運営コストの増加を受けて、現在の高等教育へのアプローチはさまざまに変化しています (Erwee et al., 2018)。

　大学院教育の役割の変化を認識する一つの現実として、大学におけるアカデミックなポジションの減少 (Erwee et al., 2018) と、様々な産業や社会生活の分野におけるプロフェッショナルな仕事の増加が挙げられます。

　この状況は、Burgess et al. (2000) が先に定義した「the gross creation and destruction of jobs, reflecting the expansion and contraction of establishment；事業所の拡大・縮小を反映した雇用の創出と破壊」であるのです。

同様に、Gallagher (2016) は、高学歴の求職者を優先的に採用したアメリカの大手多国籍企業の例を用いて、特にシニアリーダー職の採用において学位は依然として重要であることを明らかにしています。

また現在でも、脱工業化経済、四重螺旋型イノベーションモデル、Society 5.0 などの概念に見られるように、知識集約型社会への移行が進み、修士課程や博士課程で提供される高度な専門知識や学術知識が重視されるようになっています。

このような社会では、これらの高等学位の取得者は、単に学術的な地位に留まるのではなく、現在の社会問題や将来の未知の課題に対処するために必要なビジョンと能力を備えた未来のリーダーとなることが求められるのです。

この時点で、今度は「How have leaders shaped the societal development?；リーダーは社会の発展をどのように形成してきたか」という問に変わります。

歴史上、リーダーがいつ、どのように登場したかを振り返ってみると、多くは戦争の歴史の中で名声を得ていますが、科学や経済の発展を通じて、自身や自身の国、そして世界を向上させるために絶え間ない努力をした科学者や企業のリーダーも存在していました。

例えば、戦後の第一期には、多くの立派な企業経営者が経済の復興に尽力しました。

日本では、第二次世界大戦後から冷戦終結までの間に、ほとんどの大都市や産業、交通網が壊滅的なダメージを受けたにもかかわらず、経済発展のための適切な政策と効果的な企業戦略により、日本経済は繁栄し、「miracle recovery；奇跡の復興」を遂げました (Otsubo, 2007)。

日本のビジネスリーダーは、この好景気の中で、組織化された利益団体の維持に重要な役割を果たし、それが日本を世界第 2 位の経済大国にすることに大きく貢献したのです (Drucker, 1981)。

　SONY 創業者の盛田昭夫や京セラ創業者である稲盛和夫など、日本を代表する企業経営者たちは、その戦略的ビジョンや意思決定だけでなく、国益を優先し、人間の幸福度を高めることを主眼とした経営理念でも知られています。

　その後、1973 年のオイルショックから間もなくして、Steve Jobs や Bill Gates といった偉大なアメリカ人の革新者やリーダーが登場し、アメリカの情報技術産業において 5 本の指に入る大規模かつ支配的な企業を設立しました。これらの企業は「tech giants；テック・ジャイアント」と呼ばれ、アマゾン、アップル、グーグル、フェイスブック、マイクロソフトなどが含まれます。オイルショックの後、1970 年代前半から 1980 年代後半まで続いた移行期と「Bubble Economy；バブル経済」の時代。この時代には、Mitsuhiko (2010) が「human wisdom could not avoid；人類の英知をもってしても避けることができなかった」と主張するような、途方もない危機と破滅的な結果が待ち受けていました。

　このような経済的不安定さは、多くの経済学者や指導者たちに、より持続可能な国際金融アーキテクチャーの再構築に関する提言を促してきました。例えば、Eichengreen and Baldwin (2008) は、世界金融危機後に経済を回復させる方法に関して、G20 諸国の指導者たちからの助言をまとめた報告書を発表しています。最後に、最近では、製造業における自動化とデータ交換への必然的な傾向を強調した現在の「Industry 4.0」の時代 (Oberer & Erkollar, 2018) が、各国のリーダーに、デジタル時代の社会の体系的な変革に必要な戦略的計画の作成と実施を迫っています。例として、韓国政府が産業を Industry 4.0 の時代に更新するための取り組みを Sung (2018) が説明・検討していることから、より具体的で実行可能な戦略が必要であるものの、各国のリーダーたちは第 4 次産業革命におけるグローバルな競争を真剣に考え、それに応じて将来の世界経済・社会を形成していることがわかります。

　また、Industry 4.0 という新しい時代には、Elon Musk や Mark Zuckerberg のように、組織を効果的に導くために必要なさまざまな特性や新しい知識を持つデジタルリーダーが登場し、それぞれが情報化時代の不可視の未来を構築しています。とはいえ、現在の IT 業界では、すべての企業がテック・ジャイアントであるわけではありません。

　欧州では、売上高や労働者一人当たりの付加価値など、企業のパフォーマンスを測る具体的な方法にも関わらず、パフォーマンスの低い企業の方が効果的に運営されている企業よりも多いようです (Altomonte, Aquilante & Ottaviano, 2012)。

　図 2-6 は、欧州企業のパフォーマンスの標準的な想定分布（青はノーマル）と実際の分布（赤はパレート）を比較したもので、どちらも似たような平均パフォーマンスを生み出しています。

　この図を見ると、想定した分布では、低業績企業の割合が過小評価されていることがわかります。つまり、悪い企業と良い企業の割合が均衡しておらず、悪い企業が高業績企業よりも多く存在しているのが現実であるのです。

　このような状況は、欧州の組織において有能なリーダーの数が不足していることを意味しており、そのためには、人材開発における戦略的な行動が必要となります。

図 2-6

Actual (Pareto) vs. assumed (normal) distribution of firms' performance；企業
の業績分布の実際(パレート図)と想定(正規分布)の比較

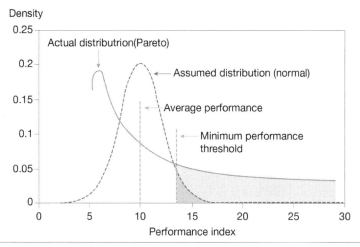

Note. This figure compares the actual (Pareto) vs. assumed (normal) distribution of European firms'
performance . From The Triggers of Competitiveness: The EFIGE Cross-Country Report. Brue-
gel Blueprint Series, by Altomonte, Aquilante and Ottaviano, 2012 (https://www.bruegel.org/
wp-content/uploads/imported/publications/Blueprint_XVII_web.pdf). In the public domain.

　同様に、最高のデジタルリーダーの共通点に関する最新の研究の１
つとして、Gerald Kane（ボストンカレッジ・キャロル経営大学院の
情報システム教授および MIT スローンマネジメントレビュー）は、現在、
米国のあらゆるタイプの企業が適格なリーダーを欠いていると主張して
います。しかし、より成熟した組織は、発展途上や初期段階の企業とは
異なり、人材開発戦略を持っていることがよく知られています。
　Kane (2018) は、有能なデジタルリーダーがいないと嘆くのはやめ、
不確実な新しいデジタル環境がもたらす新たな課題に立ち向かうため
に必要な特性を備えた適切な人材を見つけ、育成するための実行可能
な戦略プランを形成し始めるよう、企業に促しています。
　さらに、指示を出すことや批判的思考など、歴史上ずっと必要とされ
てきたリーダーシップ特性がある一方で、デジタルの知識やリテラシー

(Promsri, 2019)、あるいは人間を中心とした考え方 (Hensellek, 2020) など、その他の新興のデジタルリーダーシップ特性が、今日の組織で純粋に望まれるようになってきていることも指摘しておきたいと思います。

　要するに、デジタル時代がグローバルな競争や組織環境を変えたことは間違いありません。したがって、リーダーは、このますます複雑で急速に変化する環境の中で、企業を積極的かつ生産的にナビゲートするために、新しい知識とスキルを開発する必要があります。

　本章では、さまざまな歴史的文脈の中で、いつ、どのようにしてリーダーが登場するのかを簡潔に論じ、現在のデジタル化時代において、大学院教育機関がイノベーションとコラボレーションに焦点を当てることが急務であることを強調しています。

　教育学者であり教授でもある Ulf-Daniel Ehlers (2020) は、彼の近著「Future Skills: Future Learning, Future Higher Education」の中で、次のように述べています。Ulf-Daniel Ehlers (2020) は、デジタル化によって、大学はより多くの教育的、カリキュラム的、管理的なイノベーションを求められるようになると強調しています。

　また、Ehlers (2020) は、大学自身や他の利益団体との密接な交流の重要性を強調しています。物理的な学習空間からバーチャルな学習空間への移行が、教育環境の質の向上と一致するためには、このような連携が不可欠だからです。

　これまでの歴史的文脈では技術と教育の相互作用は不明瞭でしたが、近年の急速な経済成長により、技術と教育の開発競争が発生し、前者が後者を常に凌駕しているように見えます (図 2-7 参照)。これにより、新たな労働環境に適応するために必要なスキルを持つ有能な人材が不足している (Goldin & Katz, 2009) という主張もあります。

　したがって、図 2-7 に示したように、教育機関が技術が進歩するスピードに知識や技術の開発が追いつくようにすれば、今日の社会は繁栄を実現し、社会的苦痛を軽減することができるのです。

　言い換えれば、大学院プログラムで、将来、組織でリーダーとなる

人材を生み出すためには、カリキュラムや教育戦略を継続的に革新しなければならないという事です。

　永続的な教育改革には、デジタル時代の教育と学習に対する適切な戦略とアプローチを見極めることが含まれています。次の副章では、今日の世界では正しい方法で学習するやり方を知り、学習体験を楽しむことが重要であることを踏まえ、学習に関する最新の理論と学習プロセスに影響を与える要因を紹介し、議論します。

図 2-7

The race between technology and education；テクノロジーと教育の競争

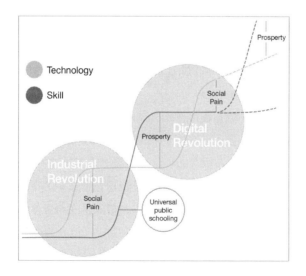

Note. This figure shows the race between technology and education. From *Future Skills: Future Learning, Future Higher Education* (p. 186), by Ehlers, 2020, Springer (https://nextskills. org/wp-content/uploads/2020/03/Future-Skills-The-Future-of-learning-and-higher-education.pdf). CC BY-NC-SA 4.0

2.3 Typologies of knowledge and learning
; 知識と学習のタイポロジー

　知識を特徴づけたり定義したりするには、さまざまなアプローチがあります。その一つでもある客観主義は、知識を所有する人間から独立した客観的な存在として定義する実証主義的な認識論を支持しています (Scott, Cook & Seely, 2014)。

　一方、Nonaka and Takeuchi (1995) のような著名な研究では、客観的な知識の重要性を強調する代わりに、主観的な知識、つまり人間が個人的に持っている知識で、人から人への伝達が非常に難しい知識の価値について強調しています。

　知識の定義や特徴づけの方法は他にもありますが、教育者や研究者が学習戦略を立てる際には、知識が暗黙的なものか形式的なものかを考慮した、一般的な知識の類型化を参考にすることが多いようです（表2-1 参照）。

　情報化時代に知識が重要な役割を果たすようになると、知識の創造、獲得、評価、共有、応用が継続的に必要となるため、暗黙知と形式知の区別、およびそれらの相互の存在が重要となります (Smith, 2001)。したがって、多くの研究者が、この暗黙知と形式知の区別と、現代社会におけるそれらの重要性に基づいて、知識創造のモデルを構築しようと試みてきました。

　この分野では、Nonaka and Takeuchi (1995) の知識創造スパイラル（SECI モデル）が注目されています（図 2-8 参照）。

　このモデルでは、4 つの知識変換プロセスがあり、それぞれの頭文字をとって SECI と名付けられています。S は「Socialization；共同化」(個人や小グループなど社会的相互作用に取り既存の暗黙知から新たな暗黙知を創造すること)、E は「Externalization；表出化」（言語、視覚的補助、概念によって暗黙知から形式知へ変換すること）、C は「Combination；連結化」（先行する異なる形式知を結合して新た

な体系的明示的知識を創造すること）、最後にⅠは「Internalization；
内面化」（形式知を仕事の遂行に応用することによって暗黙知から形式
知へ変換すること）を表しています。

表 2-1 The characteristics of Tacit and Explicit Knowledge；暗黙知と形式知の
　　　特徴

Tacit Knowledge；暗黙知	Explicit Knowledge；形式知
Not easily expressed or codified 簡単には表現できない、明文化できない	Could be codified and expressed in words 成文化して言葉で表現できる
Often in the forms of subjective opinions, approaches, viewpoints, personal competencies 多くの場合、主観的な意見、アプローチ、視点、個人的な能力などの形をとる。	Often in the forms of objective facts, rules, laws 多くの場合、客観的な事実、規則、法律などの形で表現される。
Personal；個性的	Impersonal；非個性的
Based on context コンテキストに基づく	Independent from context コンテキストからの独立
Not easily be shared 容易には共有できない	Could be shared from person to person 人から人へ共有できる

図 2-8

The SECI Model of Knowledge Creation by Nonaka & Takeuchi (1995)；Nonaka & Takeuchi (1995) による知識創造のSECIモデル

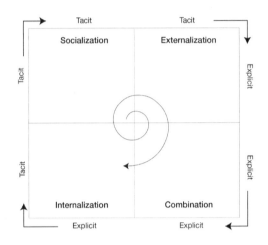

Note. This figure shows the SECI model. From *SECI model of knowledge dimensions*, 2012, (https:// en.wikipedia.org/wiki/SECI_model_of_knowledge_dimensions). CC BY-SA 3.0

Nonaka and Takeuchi (1995) が提示した知識創造の SECI モデルは、暗黙知と形式知の二分法を詳しく説明しているだけでなく、知識は単に個人レベルで存在するものではないという点でも価値があります。

暗黙的、形式的な形での新しい知識は、コミュニケーション、共有、議論など、人間同士の相互作用のプロセスがなければ、暗黙的、形式的な形での新しい知識は、生み出されることはありません。

つまり、集団の知識も存在し、共有された知識、習慣、価値観という形で存在することが多く (Nonaka and Takeuchi (1995)、同様に暗黙的であるか形式的であるかのどちらかです。実際、Spender (1996) は組織的知識という概念を導入し、知識を暗黙的 - 形式的な形態と個人 - 集団レベルの 2 つの次元で捉えています。

この組み合わせにより、4 つの異なる概念が提案されています。

① 「Conscious；意識的」（形式的 - 個人的な知識、例えばコード化
されたメモや実験ノートなど）。② 「Automatic；自動的」（暗黙的
な個人の知識、つまり個人がフロー状態でアクセスする知識）。③
「Objectified；オブジェクト化」（形式的 - 社会的知識、例えば文書化
された規則、標準作業手順、公式の仕事のやり方、図書館など）。④
「Collective Knowledge；集合知」（暗黙の社会的知識、つまり認知、
感情、象徴、文化などの意味と、行動、儀式、組織のルーティンなど
の習慣の両方を構成する知識）。

　Spender (1996) によると、各タイプの知識は「must be defined
in terms of each other, and are only meaningful in terms of
particular practices；互いに定義されなければならず、特定の実践の
観点からのみ意味を持つ」とされています。このように、様々な知識
の類型があるように、学習に関する多様な体系的分類が確立されてい
ることは注目に値します。

　つまり、様々なタイプの知識の相互作用によって、学習は個人レベ
ルとグループや組織レベルで異なる形で行われるのです。

　そのため、学習に関する文献では、知識の異質性と同様に、学習も
多様なメカニズムやプロセスを通じて定義し、特徴づけることができ
るとしています（学習のタイポロジーについては、Hislop et al. (2018)
を参照してください）。

　学習にはさまざまなアプローチがあります。しかし本章では、個人
の知識とグループの知識の相互作用によって新しい知識がどのように
生み出されるのか、個人、グループ、組織の学習レベルのダイナミッ
クな相互作用にのみ焦点を当てています。また、さまざまなレベルで
の学習の起こり方の複雑さについては膨大な文献があるため、本章で
は、単に「learning in an organization；組織内での学習」(Vince,
2014) ではなく、個人レベルまたはグループレベルでの学習が「impacts
organizational structures and processes；組織の構造やプロセスに影
響を与える」(Hislop et al., 2018) という組織学習の概念を考慮してい

ます。したがって、組織で働いている人、つまりシニアリーダーやブルー
カラーの従業員、あるいは組織内の小さなチームから大きな部門まで
のグループにとって、提案された変革の取り組みが純粋に効果的なも
のとなるように、学習プロセスの特性が組織の価値観や構造、運営に
どのような影響を与えるのかを意識することが必要となります。

　組織学習という用語は、長年にわたって文献に登場しているにもか
かわらず、その定義や概念については、ほとんど合意が得られていま
せん。表 2-2 は、この用語の最も著名な定義を出版年順にまとめたも
のです。Tsang (1997) をはじめとする多くの著名な研究者が強調し
ているように、この概念は記述的研究と規範的研究の両方に登場しま
す。この 2 つの研究の流れは、理論的には、この概念を洗練させ、そ
の定義についてのコンセンサスを得るのに役立つと考えられています
が、この用語を理解する上で、学術研究者と実務家の間には依然とし
てギャップがあります。したがって、この用語の定義を探ろうとする
場合、理論的アプローチや実践的アプローチにかかわらず、その定義
が厳密な研究方法論に基づいているかどうかを確認するために、研究
の性質や観点を検討する必要があります。

表 2-2 Definitions of Organizational Learning；組織的学習の定義

Authors	Year	Definitions of Organizational Learning
Fiol and Lyles	1985	"Organizational learning means the process of improving actions through better knowledge and understanding" （組織的学習とは、より良い知識と理解によって行動を改善するプロセスを意味する。）
Levitt and March	1988	" …organizations are seen as learning by encoding inferences from history into routines that guide behavior" （組織は、歴史からの推論を、行動を導くルーチンにエンコードすることで学習していると考えられる。）
Huber	1991	"An entity learns if, through its processing of information, the range of its potential behaviors is changed" （情報を処理することで、潜在的な行動の範囲が変化した場合、実在者は学習する。）

Swieringa and Wierdsma	1992	"By the term organizational learning, we mean the changing of organizational behavior" (組織学習という言葉で、組織の行動を変えることを意味している。)
Cook and Yanow	1993	"a definition of organizational learning as the acquiring, sustaining, or changing of intersubjective meanings through the artifactual vehicles of their expression and transmission and [through] the collective actions of the group" (組織学習の定義は、表現と伝達の人工的な手段と、グループの集団的な行動を通じて、主観的な意味を獲得、維持、または変更することである。)
Cummings and Worley	2009	"A change process improving organizational capabilities to acquire and create new knowledge" (新しい知識を獲得し、創造するために組織の能力を向上させる変革プロセス。)
Namada	2018	"a composition of individual learning, development of culture, continuous improvement, innovation, and applying systems which learn" (個人の学習、文化の発展、継続的な改善、革新、そして学習するシステムの適用の構成。)
Hislop et al.	2018	"The embedding of individual- and group-level learning in organizational structures and processes, achieved through reflecting on and modifying the norms and values embodied in established organizational processes and structures." (確立された組織のプロセスや構造に具現化された規範や価値観を内省し、修正することによって達成される、個人やグループレベルの学習を組織の構造やプロセスに組み込むこと。)

　次のセクションでは、個人、グループ、および組織の学習プロセスの特徴をより明確にするために、これらのメカニズムに影響を与える要因について説明します。さらに、さまざまなレベルの学習がどのように相互作用して、組織の競争優位性とイノベーション能力にとって不可欠で複雑な相互関係を形成しているかについても説明したいと思います。

2.4 Factors affecting different types of learning

　；さまざまなタイプの学習に影響を与える要因

　このセクションでは、まず、個人の学習を動機付ける要因は何かを考えてみましょう。

　この分野の文献は実に幅広く、そのような要因に関する仮説的な理論を構築するためには、学習者のタイプ、学習のコンテクスト、および研究方法論の多様性を考慮する必要があります。

　これを説明するために、文献では、学習の効果を左右する重要な要素として、意図的な練習の役割が強調されています (Ericsson et al., 1993)。特に、オンラインゲームのプレイ (Stafford & Dewar, 2014)、チェス、音楽 (Hambrick et al., 2014) の分野では、意図的な練習の役割が強調されています。

　しかし、Macnamara et al.'s meta-analysis (2014) で、意図的な練習「engagement in structured activities created specifically to improve performance in a domain ; ある領域でのパフォーマンスを向上させるために特別に作成された構造化された活動への参加」は重要であるものの、主張されていたほど重要ではないことが明らかになりました。

　さらに、専門的な分野に正式に関わり始めた年齢が、学習成果に影響を与えることも指摘されています。

　これは、ある分野に本格的に取り組み始めた時期が早ければ早いほど、成功してエキスパートになれる可能性が高くなるということです。

　つまり、高齢者が特定の領域の専門家である可能性は、若年者に比べて高いのです。

　しかし、この開始年齢の要因については、議論の余地があります。例えば、Baltes and Kliegl (1992) は、加齢が認知能力レベルに及ぼす著しい悪影響を観察しています（彼らの実験結果によると、若い学習者は発達予備能力の点で高齢者をかなり上回っています）。

　これに対し、Chen et al (2019) は最近、人生の早い段階での高等教育が、認知能力や脳予備能にプラスの促進的影響を与えることを明らかにしました。彼らは、Beijing Ageing Brain Rejuvenation Initiative (BABRI) データベースの 659 人の参加者を対象に、SEM (Structuring Equation Modelling) の手法を用いて、認知能力と年齢と高等教育の相互作用との関係を検証しました。

　この結果は、高学歴の高齢者が、読書や学業などの日常的な知的活動に楽しく参加することで、軽度認知障害（MCI）のリスクが低くなることを示しています (Chen et al., 2019)。

　このように、学習活動に影響を与える要因として意図的な練習や年齢を前提とする場合、研究者は学習者の特性、専門領域、文化的文脈を考慮する必要があることが強調されています。

　学習に影響を与える要因に関する研究の方法論については、AMOS、LISREL、または PLS などの SEM 技術が多くの研究で使用されています。例えば、職場でのエラーによる個人学習に対する否定的な感情の影響を分析する場合、Zhao (2011) は「Furniture Factory；家具工房」と呼ばれるビジネスシミュレーションを行い、著者らは PLS-Graph version 3.0 を用いてエラーからの学習の複合モデルを検証しました。彼らの仮説は以下の通りです。

Hypothesis 1: Perceived managerial intolerance of errors is positively related to the negative emotionality that employees experience regarding self-made errors.

仮説 1：経営者のエラーに対する不寛容さの認識は、従業員が自分で作ったエラーについて経験するネガティブな感情と正の関係がある。

Hypothesis 2: Emotional stability is negatively related to the negative emotionality that employees experience regarding self-made errors.

仮説 2：感情の安定性は、自作自演のエラーに関して従業員が経験するネガティブな感情と負の関係にある。

Hypothesis 3: Negative emotionality is negatively related to motivation to learn.

仮説 3：ネガティブな感情は学習意欲と負の関係にある。

Hypothesis 4: Motivation to learn is positively related to learning from errors.

仮説 4：学習意欲は、エラーからの学習に正の関係がある。

Hypothesis 5: Motivation to learn mediates the effect of negative emotionality on learning from errors.

仮説 5：学習意欲は、エラーからの学習に対するネガティブな感情の効果を媒介する。

　今回の Zhao's の研究では、従業員が職場のエラーは受け入れられないと考えている程度 (あるいは「perceived managerial intolerance of errors；知覚された経営者のエラーに対する不寛容さ) が、エラーに関するネガティブな感情に正に寄与するという仮説を立てています。

　これらのネガティブな感情は、恐怖、罪悪感、悲しみなどと定義され、エラーから学習意欲を低下させると推測されます。

　また、このモデルでは、仕事のミスに対するネガティブな感情は、情緒が安定している人が効果的にコントロールすることができるという仮説を立てています。情緒が安定している人は、自分の長所と短所を認識していることが多いため、ネガティブな感情を経験してもすぐに立ち直ることができます。

　そこで、このモデルを検証するために、研究者たちは、学内のコンピュータ研究室で 127 人の学部生の参加者が行う管理的課題を設計しました。通常、一般行動動機理論 (e.g. Seo et al., 2004) ではネガティブな感情は人を萎縮させ、学習意欲を失わせる可能性があると言われています。ところが、本研究の PLS テストでは、従業員が職場でのエラーを起こすことに対するネガティブな感情は、学習意欲を高めるという結果になりました。しかし、今回の実験室シミュレーションでは、参加者が学部生に限られていたため、ネガティブな感情を強く持つことがエラーからの学習意欲を純粋に高めるかどうかは立証できなかったとされています。したがって、極端なネガティブ感情が職場でのエラーからの学習意欲に影響を与えるかどうかについては、結論を出すことができませんでした。

　職場でのミスと学習におけるネガティブな感情関係性ついて Zhao (2011) の研究は、学習プロセスに影響を与える要因を特定するための健全なアプローチを示すものであります。この研究では、仮説的な記述を検証するための測定概念に基づいて仮説が慎重に設計されており、綿密な手順を踏んでいます。

　操作性の確認、PLS の測定値の妥当性と信頼性のテストなど、必要な仮説の事前検証を実施し、一元配置分散分析（ANOVA）を用いて徹底的に行われ、報告されました。

　そして、テスト結果を読者が理解できるように、PLS でのデータ分析プロセスを説明し、詳しく解説しました。

　また、今後の研究の方向性を示唆するために、理論的な意味合いと研究の限界についても言及しました。

　このように、他の分野と同様に、学習要因の研究には、何が個人の学習意欲を高めるのかについて意味のある結論を得るために、厳密な研究方法が必要であることに留意することが重要です。

　研究者たちは、意図的な練習、年齢、情緒的な安定性に加えて、特定の領域やコンテクストでの学習に不可欠な他の要因にも注目しています。

才能や個人の興味もそのような変数の一つです。心理学者 Gary Marcus (2012) の著書「*Guitar Zero: the Science of Becoming Musical at Any Age*」では、著者は才能の役割を認めた上で、「"it would be a logical error to infer from the importance of practice that talent is somehow irrelevant, as if the two were in mutual opposition"；練習の重要性から、才能が無関係であるかのように推測するのは、あたかも両者が相反するものであるかのような、論理的な誤りである」と述べています。

このように、音楽能力を身につけるための学習における才能の重要性を強調することは、実際に他の多くの研究者によって提唱されており、本書は 2012 年にニューヨーク・タイムズ紙のハードカバー・ノンフィクションのベストセラーリストに入っています。具体的には、一般知能 (Hunt, 2011) や作業記憶容量 (Engle, 2002) は、チェス (Grabner et al., 2007) や音楽 (Meinz & Hambrick, 2010) など、さまざまな分野での学習成果やパフォーマンスを予測するための具体的な能力や特性を例示しています。才能や能力と並んで重要なのが、個人の興味の概念です。ドイツの哲学者、Johann Friedrich Hebart によると、これも学習と密接な関係を持つ重要な要素です。Hidi (1990) によって、生きている世界の「one energetic feature；1 つのエネルギッシュな特徴」と定義された「interest；興味」という言葉は、歴史上最も引用された多くの研究 (e.g. Fransson, 1977; Hidi, 1990) を通じて文献に影響力を持ち、最新の研究でもその影響力を維持しています (e.g. Renninger & Hidi, 2019; Fuseda & Katayama, 2021)。

そのため、十分な証拠がないにもかかわらず、研究者たちは、興味が人間の学習や認知機能に大きな役割を果たしていると主張し続けています。

本章の前のセクションで述べたように、組織運営における個人やグループの学習から独立し、組織学習が実際に行われることはあり得ないため、異なるレベル（個人、グループ、組織）での学習の複雑な相互作

用は、文献上不可欠であります (Hislop et al., 2018)。組織学習がどのように発生するのか、あるいはどのような要因が組織学習プロセスを促進するのかを認識することは非常に重要であり、特に組織の競争優位性を構築する場合には、その必要性が高まります。

　そのため、組織における学習というテーマは、広範な文献でカバーされており、その中でも、Crossan et al. (1999) が開発した「4I learning framework；4I 学習フレームワーク」は、最も影響力のある研究の一つです。また、Crossan et al. (1999) は、組織内のさまざまな学習レベル間の相互関係を強調することで、組織学習に関する先行文献のギャップを埋めました。

　この著名な研究で注目された中核的な概念は、戦略的な刷新のプロセスであり、組織は、新しい知識を継続的に探求して創造すると同時に、獲得した知識を活用することが必要であります。組織学習におけるこれらの探索プロセスと活用プロセスの間の緊張関係は March (1991) によって認識されていましたが、Crossan et al. (1999) の研究では、組織内のさまざまな学習レベルがどのように相互に影響し合うかを追加的に考慮することによって、この対立をさらに論じようとしています。

　著者らが開発した組織学習の 4I フレームワークは、組織における学習の 3 つの異なるレベル (個人、グループ、組織) で起こる 4 つのプロセス (Intuiting、Interpreting、Integrating、Institutionalizing) を意味しています。

　Crossan et al. (1999) によると、直観とは、「the pre-conscious recognition of the pattern and/or possibilities inherent in a personal stream of experience；個人的な経験の流れに内在するパターンや可能性を事前に意識的に認識すること」(p.525) であり、個人レベルで独自に発生する学習プロセスであると述べています。人はこのメカニズムによって、新しい考え方や行動の仕方を見つけることができるということです。直感が説明され、会話によって他者と共有さ

れると、個人またはグループの解釈が形成されます。この解釈の過程で、人は他者や自分が機能している文脈と相互作用しながら、既存の認知マップを改良したり、新しいマップを形成したりします。

　したがって、集団的解釈は、共通の理解が形成されるグループ統合プロセスにつながり、その結果、グループメンバーということ意味のある集団行動を起こすきっかけになります。

　最後に、組織レベルでは、共通の解釈と新たに形成された行動が、組織のルーチン、ルール、情報システム、戦略、構造に固定化される制度化プロセスを経て、学習が行われます。

　Crossan et al. (1999) も、組織学習のダイナミックな性質を特徴づけるために、「feedback–feedforward framework；フィードバック・フィードフォワードフレームワーク」を提案しています。

　このフレームワークでは、フィードフォワードプロセスが、組織が新たな状況に適応するための革新的なソリューションの創出を促進するのに対し、フィードバックは、制度化された学習によって形成された知識の活用を強調するとしています。

　Zietsma et al. (2002) は、このモデルを改良し、フィードバックではなくフィードフォワードの重要性を強調しています。

　フィードバックは、組織内の共有理解を高めることができるが、その一方で、個人やグループの直観が集合的な認知に適合しない場合には、その直観の発動を制限する可能性があるとしています。一方、組織が変化に直面し、生存のために迅速に適応する必要がある状況では、フィードバックが多すぎると、フィードフォワードプロセスが廃止され、その結果、組織の適応性が制限されてしまうという主張です。

　こうして改良されたフィードバック・フィードフォワードモデル（図2-9参照）は、フィードフォワードのメカニズムを明確にするために、「Attending；参加する」と「Experimenting；実験する」というアクティブなプロセスが追加されています（各プロセスの定義については Hislop et al. (2018) 参照）。

図 2-9

An extended framework for feedforward learning processes；フィードフォワード
学習過程の拡張フレームワーク

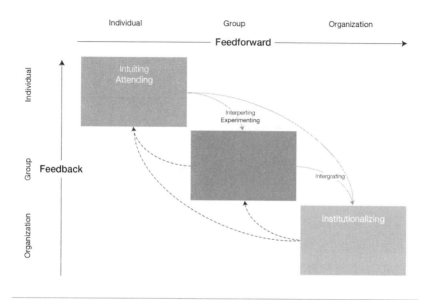

Note. This figure shows the extended framework for feedforward learning processes. Redrawn from "The War of the Woods : Facilitators and Impediments of Organizational Learning Processes", by Zietsma et al., 2002, *British Journal of Management*, 13(2), p. S63 (https://doi.org/10.1111/1467-8551.13.s2.6). Copyright 2002 by John Wiley & Sons, Inc.

　Zietsma et al. (2002) による詳細で縦断的研究では、ブリティッシュ
コロンビア (カナダ) の林業会社の中で最も歴史があり、最大手であ
る MacMillan Bloedel (MB) に関連する幅広いデータソースを用いて、
改良されたモデルを検証しました。

　このケーススタディでは、高度に制度化されたシステムのために長
い間変化に抵抗し続けてきた企業が、最終的にステークホルダーとの
対立を解消し、持続的な発展のために、適応と戦略の刷新を行ったこ
とが示されています。

　そこで、MB のケーススタディを用いて、改良モデルの著者は、こ
の企業が行ったフィードフォワードプロセスに影響を与えた促進要

因と反作用要因も特定しました (これらの要因の説明については、
Zietsma et al. (2002) を参照してください)。

　洗練された理論に基づけば、直感や解釈などのフィードフォワード
プロセスが、一見非合法で制度化されていないような視点であっても、
別の視点から情報を得ていれば、組織はより柔軟に自らを調整し、環
境の変化から学ぶことができます。

　また、直感／参与、解釈／実験によって形成された新しい解決策が
組織のリーダーによって公式に承認されれば、個人レベルとグループ
レベルの統合された学習が組織レベルで制度化される可能性が高くな
ります。

　とはいえ、MB のケースは組織学習の前例がないわけではなく、こ
のケースを他の分野に一般化する可能性は限られています。

　実際、適応力を高め、戦略的な競争優位性をもたらす学習プロセス
を実施している組織は数多くあります。

　このような組織は、「learning organization；学習する組織」の
構成要素に関する研究を刺激してきました。この概念は、組織学習
とは異なりますが、しばしば混同されます。そこで、次に、学習す
る組織の特徴を概説し、この概念を関連語である「organizational
learning；組織学習」との区別について説明していきます。

2.5 Learning Organization；学習する組織

　「organizational learning；組織学習」と「learning organization；
学習する組織」は、異なる概念ですが、互いに密接に関連しています。
Tsang (1997) は、「a learning organization is one which is good at
organizational learning；学習する組織とは、組織学習に長けた組織
である」とし、「once the definition of organizational learning is
settled, that of the learning organization will follow；組織学習の
定義が定まれば、学習する組織の定義も後からついてくる」と述べて

います。

　しかし、この２つの概念は、関連性があり、時には交差して使われることもあるにもかかわらず、それぞれ独自の膨大な文献を生み出しています。

　これは、「organizational learning；組織学習」の分野の研究が、組織はどのように学習するのかという疑問に答えようとするのに対し、「learning organization；学習する組織」に焦点を当てた研究は、組織はどのように学習すべきかを実践者に指導する傾向があるためです (Tsang, 1997)。

　その結果、「learning organization；学習する組織」に関する文献は、組織がどのように学習するかについての理論を構築・検証することよりも、組織の学習とそのパフォーマンスを向上させることに重きを置いているように見えます。

　この分野に関する数多くの研究の中でも、Peter Senge (1990) の著書「The Fifth Discipline: the Art and Practice of the Learning Organization」は、「learning organization；学習する組織」という概念を広く普及させる刺激的な研究であると書評家に評価されています。

　この本では、トップ企業が困難な時代を生き抜くことができた要因を、学習する組織に変えたことだと明らかにしています。著者はこの組織を「where people continually expand their capacity to create the results they truly desire, where new and expansive patterns of thinking are nurtured, where collective aspiration is set free, and where people are continually learning how to learn together；人々が心から望む結果を生み出す能力を継続的に拡大し、新しい拡張的な思考パターンが育まれ、集団的な願望が解放され、人々が共に学ぶ方法を模索し続けているいる組織」と定義しています。

　このような組織を作るために、著者は５つの規律のフレームワークを提案しています。５つの規律とは、「Shared Vision；ビジョンの共有」「Mental Models；メンタルモデル」「Team Learning；チーム学習」

「Personal Mastery；個人の習得」「Systems Thinking；システム思考」です。これらの規律の特徴を、表2-3にまとめます。

表2-3 Description of the Five Disciplines based on Senge (1990)；Senge (1990) による5つのDiscipline (規律) の説明

Discipline 規律	Description 内容
Shared vision ビジョンの共有	A vision shared across organizational levels (yet not in a top-down manner), creating employees' commitment and energy for organizational learning. (トップダウンではなく、組織全体でビジョンを共有し、社員のコミットメントと組織学習へのエネルギーを生み出す。)
Mental models メンタルモデル	Not only attempting to understand and interpret reality, but also to build the organizational values and the perception of what the organizational mission/business is all about, to be continually stable yet adaptive; how the organizations are aware of who they are, in order to seek ways to progress and develop. (現実を理解し解釈するだけでなく、組織の価値観や、組織のミッションやビジネスが何であるかという認識を構築し、継続的に安定しながらも適応性を持ち、組織がどのように自分自身を認識し、進歩と発展の道を模索するかを試みる。)
Team learning チーム学習	The discipline by which personal mastery and shared vision are connected; a discipline that requires dialogue, actual communication among employees who nurture collegiality and supportive relationships; team learning takes place only if individuals are courageous enough to risk adopting new and applicable values. (個人の習得と共有ビジョンを結びつけるための規律であり、同僚性と支持関係を育む従業員間の対話、実際のコミュニケーションを必要とする規律である。チーム学習は、個人が勇気を持って新しい価値観や適用可能な価値観を採用するリスクを冒して初めて行われる。)
Personal mastery 個人の習得	"The discipline of continually clarifying and deepening our personal vision, of focusing our energies, of developing patience and of seeing reality objectively." In order to practise personal mastery, individuals need to build their knowledge and skills, so as to clearly understand the reality and make appropriate decisions to move forward confidently. (個人的なビジョンを継続的に明確にして深め、エネルギーを集中させ、忍耐力を養い、現実を客観的に見るための規律。パーソナルマスタリーを実践するためには、個人が知識とスキルを身につけ、現実を明確に理解し、自信を持って前進するための適切な判断を下す必要がある。)

Systems thinking システム思考	The fifth discipline ensures the other four are integrated in a "big picture". Systems thinking is about having a vision that covers the whole system, rather than looking at complex individual issues separately; it also refers to the idea that actions and consequences are correlated over time. (第 5 の規律は、他の 4 つの規律が「全体像」の中で統合されていることを確認するものである。システム思考とは、複雑な個々の問題を個別に見るのではなく、システム全体をカバーするビジョンを持つことであり、行動と結果は時系列で相関しているという考え方でもある。)

　主にビジネスの文脈で語られることが多い Senge (1990) が定義したこれらの 5 つの規律は、様々な分野で研究され、応用されています。

　例えば、学習が効果的に行われていない高等教育では (Bauman, 2005)、このフレームワークは多くの研究者によって開発・評価されています。

　具体的に、Bui and Baruch (2010) は、システムアプローチを採用し、高等教育で 5 つの分野の学習組織を作るための詳細なフレームワークを提案しました。その後、2011 年には、英国とベトナムの 687 名の従業員を対象に、5 つの学問分野と、提案された先行要因と結果との関係を検証することで、洗練されたモデルを評価しました（図 2-10 参照）。本研究における Bui and Baruch の仮説は以下の通りです。

Hypothesis 1: Personal values, personal vision, motivation, individual learning, and development and training are positively associated with personal mastery.

仮説 1: 個人的な価値観、個人的なビジョン、モチベーション、個人的な学習、開発とトレーニングは、個人的な習得と正の関係がある。

Hypothesis 2: Organizational commitment, leadership, and organizational culture are positively associated with mental models.

仮説 2: 組織コミットメント、リーダーシップ、組織文化は、メンタルモデルと正の関係にある。

Hypothesis 3: Team commitment, leadership, goal setting, development and training, organizational culture, and individual learning are positively associated with team learning.

仮説3: チームコミットメント、リーダーシップ、目標設定、育成・訓練、組織文化、個人学習は、チーム学習と正の関係にある。

Hypothesis 4: Personal vision, personal values, leadership, and organizational culture are positively associated with shared vision.

仮説4: 個人のビジョン、個人の価値観、リーダーシップ、組織文化は、ビジョンの共有と正の関係にある。

Hypothesis 5: Competence, leadership, and organizational culture are positively associated with systems thinking.

仮説5: コンピタンス、リーダーシップ、組織文化は、システム思考と正の関係にある。

Hypothesis 6: The five disciplines are positively associated with individual performance, knowledge sharing, self-efficacy, work–life balance, and strategic planning.

仮説6: 5つの規律は、個人のパフォーマンス、知識の共有、自己効力感、ワークライフバランス、戦略的プランニングと正の相関がある。

Hypothesis 7 (tested via the combination of hypotheses 1 through 6): The five disciplines mediate the relationship between the antecedents and outcomes.

仮説7（仮説1から仮説6の組み合わせで検証）：5つの分野が先行要因と結果の間の関係を媒介する。

図 2-10

The Learning Organization model with antecedents and outcomes of the Five Disciplines；先行者による学習型組織モデルと5つのDiscipline (規律) の成果

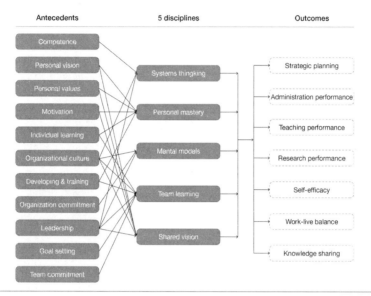

Note. This figure shows the Learning Organization model with antecedents and outcomes of the Five Disciplines. It is redrawn from "Learning Organizations in Higher Education: An Empirical Evaluation within an International Context", by Bui and Baruch, 2011, *Management Learning, 43(5)*, p. 518 (https://doi.org/10.1177/1350507611431212). Copyright 2011 by SAGE Publications.

　Bui and Baruch (2011) は、大規模なサンプルと厳密なデータ分析手法を用いて、ベトナムとイギリスの 2 つの大学でこの仮説モデルを検証しました。

　本研究の結果は、仮説を裏付けるものであり、それに基づいて、メンタルモデルとシステム思考には 3 つの先行要因が、個人の習得と共有ビジョンには 4 つの先行要因が、そしてチーム学習には 5 つの先行要因が特定されました。

　これらの先行要因のほとんどが人的資源管理（Human Resource Management：HRM）に関する文献に記載されていることから、本

研究では、組織が学習型組織になるためには、HRM の実践が確かに重要な役割を果たしていることを指摘しています。

　さらに、この著名な研究では、高等教育において期待される成果という点で、5 つの分野が異なる効果をもたらすことも明らかにしています。具体的には、高等教育の文脈では、メンタルモデルが研究成果、自己効力感、知識共有にマイナスの影響を与えるように見える一方で、組織的な戦略立案やワークライフバランスの追求を促進することがわかりました。

　また、チーム学習が教職員の教育の質の向上に役立つことも注目すべき点であり、高等教育機関が真の学習組織になることを目指すには、チームワークを重視する文化の醸成が不可欠でもあります。最後に集団主義的な文化 (ベトナムの大学に代表される) と個人主義的な文化 (イギリスの大学に代表される) の間に、学習する組織になる可能性の違いがあることも観察しています。

　したがって、学習する組織になるためには、「a stable；安定的」、「bureaucratic；官僚的」、「reactive；反発的」、「individual oriented；個人的指向」、「aggressive culture；攻撃的な文化」よりも「dynamic；行動的」、「interactive；対話的」、「proactive；積極的」、「group-oriented；グループ指向」、「accommodating culture；融和的文化」の方が有利であるとされています（Bui & Baruch, 2011）。

　Bui and Baruch (2011) の研究は、健全なデータ収集と厳密な研究方法を用いて、高等教育分野における学習する組織モデルの実証的な証拠の提供に貢献した文献の一つです。しかし、この概念に関するすべての研究が同様の評価を受けているわけではありません。

　現実的に、「learning organization；学習する組織」という概念は、学者や実務家から様々な議論や批判を生み出しました。

　その中でも雇用関係の性質や、より多くの力を得る必要性は、しばしば「learning organization；学習する組織」の概念に対する批判が最初に適用される分野です。Hislop et al. (2018) は、学習する組織の

構築に関して、組織の生存と適応性に資する学習を促進するために、オープンで民主的な職場文化が必要であることを示唆しているように見えるが、意思決定において管理者がどのようにして従業員と支配力を共有することに積極的になるべきかを具体的かつ実践的に説明する研究は乏しいと指摘しています。同様に、Caldwell (2012) は、学習する組織のユートピア的な理論的背景に基づいて、現実的に学習する組織を形成することができる社会的実践が明確に定義されていないことが、この概念に対する疑念と批判を高めていると指摘しています。Grieves (2008) は、この概念が単に「naively apolitical；素朴に非政治的」（p.470）であり、「impracticable and unobtainable myth；非現実的で達成不可能な神話」（p.472）であるとして、この概念を放棄することを提案しています。

　しかし、Senge (1990) の 5 分野のフレームワークは、他の研究者だけでなく、著者自身によっても何度も改良されており、今でも影響力を持ち続けています。

　学習と実践を真に結びつけ、雇用関係の性質に起因する政治的な問題を解決できる新しいタイプの リーダーシップを推奨できる理論モデルが登場するまでは、5 分野のフレームワークは、組織学習モデルに関する他の著名な概念を構築するための強力な理論的基盤となっています (Yeo, 2005)。

2.6 Discussion and assignment；ディスカッションと課題

2.6.1. Group discussion in classroom；グループディスカッション

What do you need to prepare to become a leader in near future?
近い将来、リーダーになるために準備すべきことは何ですか。

- What are the differences between generations in your

country in terms of the economic and social background, learning style, expected roles from social norm, etc. while they were in their 20s and 30s? ; あなたの国では、20代、30代の間に、経済的・社会的背景、学習スタイル、社会規範から期待される役割など、世代間でどのような違いがありましたか。

- What are the issues or problems in an organization caused by the generation gap? ; ジェネレーションギャップによる組織の課題や問題点は何ですか。

- How the different generation group harmonize each other in an organization? ; 組織の中で、異なる世代のグループがどのように調和していきますか。

- In the context of socio-economic and technological changes, who are the most successful global or nation-wide leaders 20 years ago, 10 years ago, and now? ; 社会経済的、技術的な変化の中で、20年前、10年前、そして今、最も成功しているグローバルあるいは国家規模のリーダーは誰ですか。

- How do you expect our society will be like in the next 10 years considering technology, education, working environment, economy, etc.? ; テクノロジー、教育、労働環境、経済などを考えると、10年後の社会はどのようになっていると思われますか。

- What type of person would remain in an obsolete organization? Conversely, what type of person would create

a new organization as a leader? ; 時代遅れの組織に残るのは
どのような人でしょう。逆に、リーダーとして新しい組織を作
るのはどんなタイプの人でしょうか。

- What and how do we need to learn as a leader during your
  graduate program as well as after the graduation? ; 大学院
  時代はもちろん、卒業後もリーダーとして何をどのように学ん
  でいく必要があるのでしょうか。

Each group discuss the questions above. You can select the
questions as many as possible ; 各グループで、上記の質問について
話し合ってください。できるだけ多くの質問を選択してください。

Group Size: 3-5 (depending on the class size and its diversity)
; **グループサイズ** : 3 〜 5 名(クラスの規模や多様性によって異なる)

Time: The group discussion is 25 minutes; preparation for the
presentation: five minutes; presentation: five minutes; Q&A: five
minutes
; **時間** : グループディスカッション 25 分、発表準備 5 分、発表 5 分、
質疑応答 5 分

Presentation: All group members should contribute to the
presentation's group discussion and preparation. The presenter
will be randomly selected by the instructor.
; **プレゼンテーション** : グループメンバー全員が、プレゼンテーショ
ンのグループディスカッションと準備に参加すること。発表者は講師
がランダムに決定します。

2.6.2. Assignment

Suggest influential factors which have been neglected in existing study or a process of learning for enhancing the individual or group learning in the organization you are belonging to. Reviewing the related academic papers on the topics below is required

；既存の研究では無視されてきた影響力のある要因や、所属する組織において個人やグループの学習を強化するための学習プロセスを提案してください。以下のトピックについて、関連する学術論文のレビューが必要です。

- Knowledge transfer；知識の伝達
- Learning process；学習プロセス
- Factors affecting learning；学習に影響を与える要因
- The dynamics of organizational learning；組織学習のダイナミクス

Key conceptual words

Post-industrial society（脱工業化社会）、society 5.0、quad helix innovation model（四重螺旋型イノベーションモデル）、learning（学習）、organizational learning（組織学習）、factors affecting learning（学習に影響を与える要因）、learning organization（学習する組織）

REFERENCES

✦ ✦ ✦

Altomonte, C., Aquilante, T. & Ottaviano, G. I. P. (2012). *The Triggers of Competitiveness: The EFIGE Cross-Country Report. Bruegel Blueprint Series* (Issue July).

Baltes, P. B., & Kliegl, R. (1992). Further Testing of Limits of Cognitive Plasticity: Negative Age Differences in a Mnemonic Skill are Robust. *Developmental Psychology*, 28(1), 121–125. https://doi.org/10.1037/0012-1649.28.1.121

Bauman, G. L. (2005). Pronoting Organizational Learning in Higher Education to Achieve Equity in Educational Outcomes. In *New Directions for Higher Education* (Vol. 131, pp. 23–35). Wiley Periodicals. https://doi.org/10.1002/he.184

Bell, D. (1973). *The Coming of Post-Industrial Society*. Penguin.

Bui, H., & Baruch, Y. (2010). Creating Learning Organizations in Higher Education: Applying a Systems Perspective. *Learning Organization*, 17(3), 228–242. https://doi.org/10.1108/09696471011034928

Bui, H., & Baruch, Y. (2011). Learning Organizations in Higher Education: An Empirical Evaluation within an International Context. *Management Learning*, 43(5), 515–544. https://doi.org/10.1177/1350507611431212

Burgess, S., Lane, J., & Stevens, D. (2000). Job Flows, Worker Flows, and Churning. *Journal of Labor Economics*, 18(3), 473–502. https://doi.org/https://doi.org/10.1086/209967

Cabinet Office. (n.d.). *Society* 5.0. Retrieved December 15, 2020, from https://www8.cao.go.jp/cstp/english/society5_0/index.html

Cabinet Office, G. of J. (2015). *Report on The 5th Science and Technology Basic Plan Council for Science, Technology and Innovation Cabinet Office, Government of Japan*. https://doi.org/https://www8.cao.go.jp/cstp/kihonkeikaku/5basicplan_en.pdf

Caldwell, R. (2012). Systems Thinking, Organizational Change and Agency: A Practice Theory Critique of Senge's Learning Organization. *Journal of Change*

Management, 12(2), 145–164. https://doi.org/10.1080/14697017.2011.647 923

Carayannis, E. G., & Campbell, D. F. J. (2009). "Mode 3" and "Quadruple Helix": Toward a 21st century Fractal Innovation Ecosystem. *International Journal of Technology Management,* 46(3–4), 201–234. https://doi.org/10.1504/ ijtm.2009.023374

Chen, Y., Lv, C., Li, X., Zhang, J., Chen, K., Liu, Z., Li, H., Fan, J., Qin, T., Luo, L., & Zhang, Z. (2019). The Positive Impact of Early-life Education on Cognition, Leisure Activity, and Brain Structure in Healthy Aging. *Aging,* 11(14), 4923–4942.

Cook, S D Noam, & Yanow, D. (1993). Culture and Organizational Learning. *Journal of Management Inquiry,* 20(4), 355–372. https://doi.org/10.1177/105649269324010

Cook, Scott D N, & Seely, J. (2014). Bridging Epistemologies: The Generative Dance Between Organizational Knowledge and Organizational Knowing. *Organization Science,* 10(4), 381–400. https://doi.org/10.1287/orsc.10.4.381

Crossan, M., Lane, H. W., & White, R. E. (1999). An Organization Learning Framework: From Intuition to Institution. *The Academy of Management Review,* 24(3), 522–537. https://doi.org/10.2307/259140

Cummings, T. G., & Worley, C. G. (2009). *Organization Development and Change.* Cengage Learning.

Drucker, P. F. (1981). *Behind Japan's Success.* Harvard Business Review. https://hbr. org/1981/01/behind-japans-success

Ehlers, U.-D. (2020). *Future Skills: Future Learning, Future Higher Education.* Springer.

Engle, R. W. (2002). Working memory capacity as executive attention. *Current Directions in Psychological Science,* 11(1), 19–23. https://doi.org/10.1111/1467-8721.00160

Ericsson, K. A., Krampe, R. T., & Tesch-Römer, C. (1993). The Role of Deliberate Practice in the Acquisition of Expert Performance. *Psychological Review,* 100(3), 363–406. https://doi.org/10.1037/0033-295x.100.3.363

Erwee, R., Harmes, M. K., Harmes, M. A., Danaher, P. A., & Padro, F. F. (Eds.). (2018). *Postgraduate Education in Higher Education.* Springer Nature Singapore. https://doi.org/https://doi.org/10.1007/978-981-10-5249-1

Etzkowitz, H. (2008). *The Triple Helix: University-Industry-Government Innovation in Action* (1st editio). Routledge.

Etzkowitz, H., & Leydesdorff, L. (1995). The Triple Helix---University-Industry-Government Relations: A Laboratory for Knowledge Based Economic Development. *EASST Review*, 14(1), 14–19.

Fiol, C. M., & Lyles, M. A. (1985). Organizational Learning. *Academy of Management*, 10(4), 803–813.

Fransson, A. (1977). On Qualitative Differences in Learning: IV-Effects of Intrinsic Motivation and Extrinsic Test Anxiety on Process and Outcome. *British Journal of Educational Psychology*, 47(3), 244–257. https://doi.org/https://doi.org/10.1111/j.2044-8279.1977.tb02353.x

Fukuyama, M. (2018). Society 5.0: Aiming for a New Human-centered Society. *Japan SPOTLIGHT, 27*(August), 47–50. http://www8.cao.go.jp/cstp/%0Ahttp://search.ebscohost.com/login.aspx?direct=true&db=bth&AN=108487927&site=ehost-live

Fuseda, K., & Katayama, J. (2021). A New Technique to Measure the Level of Interest Using Heartbeat-Evoked Brain Potential. *Journal of Psychophysiology*, 35(1), 15–22. https://doi.org/https://doi.org/10.1027/0269-8803/a000257

Gallagher, S. R. (2016). *The Future of University Credentials: New Developments at the Intersection of Higher Education and Hiring.* Harvard Education Press.

Goldin, C., & Katz, L. F. (2009). *The Race between Education and Technology.* Harvard University Press.

Grabner, R. H., Stern, E., & Neubauer, A. C. (2007). Individual Differences in Chess Expertise: A Psychometric Investigation. *Acta Psychologica*, 124(3), 398–420. https://doi.org/10.1016/j.actpsy.2006.07.008

Grieves, J. (2008). Why we Should Abandon the Idea of the Learning Organization. *The Learning Organization*, 15(6), 463–473. https://doi.org/10.1108/09696470810907374

Hambrick, D. Z., Oswald, F. L., Altmann, E. M., Meinz, E. J., Gobet, F., & Campitelli, G. (2014). Deliberate Practice: Is that all it takes to Become an Expert? *Intelligence, 45*(1), 34–45. https://doi.org/10.1016/j.intell.2013.04.001

Hensellek, S. (2020). Digital Leadership: A Framework for Successful Leadership in the Digital Age. *Journal of Media Management and Entreneurship*. https://doi.org/10.4018/JMME.2020010104

Hidi, S. (1990). Interest and Its Contribution as a Mental Resource for Learning. *Review of Educational Research*, 60(4), 549–571.

Hislop, D., Bosua, R., & Helms, R. (2018). *Knowledge Management in Organizations: A Critical Introduction* (Fourth Edi). Oxford University Press. https://learninglink.oup.com/access/knowledge-management-in-organizations-a-critical-introduction-4e-lecturer-resources#tag_classroom-activities

Huber, G. P. (1991). Organizational Learning: The Contributing Processes and the Literatures. *Organization Science*, 2(1), 88–115. https://doi.org/10.1287/orsc.2.1.88

Hunt, E. (2011). *Human Intelligence*. Cambridge University Press.

Kane, G. C. (2018). *Common Traits of the Best Digital Leaders*. MIT Sloan Management Review. https://sloanreview.mit.edu/article/common-traits-of-the-best-digital-leaders/

Kimatu, J. N. (2015). Evolution of Strategic Interactions from the Triple to Quad Helix Innovation Models for Sustainable Development in the Era of Globalization. *Journal of Innovation and Entrepreneurship*, 5(1), 0–6. https://doi.org/10.1186/s13731-016-0044-x

Lee, G. K., Lampel, J., & Shapira, Z. (2020). After the Storm Has Passed: Translating Crisis Experience into Useful Knowledge. *Organization Science*, 31(4), 1037–1051. https://doi.org/10.1287/orsc.2020.1366

Levitt, B., & March, J. G. (1988). Organizational Learning. *Annual Review of Sociology*, 14, 319–338. https://doi.org/https://www.annualreviews.org/doi/abs/10.1146/annurev.so.14.080188.001535

Macnamara, B. N., Hambrick, D. Z., & Oswald, F. L. (2014). Deliberate Practice and Performance in Music, Games, Sports, Education, and Professions: A Meta-Analysis. *Psychological Science*, 25(8), 1608–1618. https://doi.org/10.1177/0956797614535810

March, J. G. (1991). Exploration and Exploitation in Organizational Learning. *Organization Science*, 2(1), 71–87.

Marcus, G. (2012). *Guitar Zero: The Science of Becoming Musical at Any Age*. Penguin Books.

Meinz, E. J., & Hambrick, D. Z. (2010). Deliberate Practice is Necessary but Not Sufficient to Explain Individual Differences in Piano Sight-Reading Skill: The Role of Working Memory Capacity. *Psychological Science*, 21(7), 914–919. https://

doi.org/https://journals.sagepub.com/doi/10.1177/0956797610373933

Mitsuhiko, I. (2010). *Postwar Japanese Economy: Lessons of Economic Growth and the Bubble Economy.* Springer-Verlag New York. https://doi.org/10.1007/978-1-4419-6332-1

Namada, J. (2018). Organizational Learning and Competitive Advantage. In *Handbook of Research on Knowledge Management for Contemporary Business Environments* (pp. 86–104). IGI Global. https://doi.org/10.4018/978-1-5225-3725-0.ch006

Nonaka, I., & Takeuchi, H. (1995). *The Knowledge-Creating Company: How Japanese Companies Create the Dynamics of Innovation.* Oxford University Press.

Oberer, B., & Erkollar, A. (2018). Leadership 4.0: Digital Leaders in the Age of Industry 4.0. *International Journal of Organizational Leadership*, 7(4), 404–412. https://doi.org/10.33844/ijol.2018.60332

Organisation for Economic Cooperation and Development (OECD). (2015). ISCED 2011 Operational Manual: Guidelines for Classifying National Education Programmes and Related Qualifications. In *ISCED 2011 Operational Manual.* European Union. https://doi.org/10.1787/9789264228368-en

Otsubo, S. T. (2007). *Post - war Development of the Japanese Economy* (Issue April, pp. 1–73). Nagoya University. https://www.gsid.nagoya-u.ac.jp/sotsubo/Postwar_Development_of_the_Japanese Economy(Otsubo_NagoyaU).pdf

Promsri, C. (2019). Developing Model of Digital Leadership for a Successful Digital Transformation. *International Journal of Business Management*, 2(8), 1–8. http://gphjournal.org/index.php/bm/article/view/249

Razmerita, L., Kirchner, K., Nabeth, T., & Platforms, S. (2014). Social Media in Organizations : Leveraging Personal and Collective Knowledge Processes. *Journal of Organizational Computing and Electronic Commerce*, 24(1), 74–93. https://doi.org/10.1080/10919392.2014.866504

Renninger, K. A., & Hidi, S. E. (2019). Interest Development and Learning. In *The Cambridge Handbook of Motivation and Learning* (pp. 265–290). Cambridge University Press. https://doi.org/10.1017/9781316823279.013

Senge, P. M. (1990). *The Fifth Discipline: The Art and Practice of the Learning Organization.* Currency Doubleday.

Seo, M., Barrett, L. F., & Bartunek, J. M. (2004). The Role of Affective Experience in Work Motivation. *The Academy of Management Review*, 29(3), 423–439. https://doi.org/10.2307/20159052

Sheth, J. (2020). Impact of Covid-19 on Consumer Behavior: Will the Old Habits Return or Die? *Journal of Business Research*, 117, 280–283. https://doi.org/10.1016/j.jbusres.2020.05.059

Shrestha, N., Shad, M. Y., Ulvi, O., Khan, M. H., Karamehic-Muratovic, A., Nguyen, U. S. D. T., Baghbanzadeh, M., Wardrup, R., Aghamohammadi, N., Cervantes, D., Nahiduzzaman, K. M., Zaki, R. A., & Haque, U. (2020). The Impact of COVID-19 on Globalization. *One Health, xxxx*, 100180. https://doi.org/10.1016/j.onehlt.2020.100180

Smith, E. A. (2001). The Role of Tacit and Explicit Knowledge in the Workplace. *Journal of Knowledge Management*, 5(4), 311–321.

Spender, J.-C. (1996). Organizational Knowledge, Learning and Memory: Three Concepts in Search of a Theory. *Journal of Organizational Change Management*, 9(1), 63–78. https://doi.org/10.1108/09534819610156813

Stafford, T., & Dewar, M. (2014). Tracing the Trajectory of Skill Learning with a very Large Sample of Online Game Players. *Psychological Science*, 25(2), 511–518. https://doi.org/10.1177/0956797613511466

Sung, T. K. (2018). Industry 4.0: Korea Perspective. *Technological Forecasting and Social Change*, 132, 40–45.

Swieringa, J., & Wierdsma, A. (1992). *Becoming a Learning Organization*. Addison-Wesley Longman Ltd.

Tsang, E. W. K. (1997). Organizational Learning and the Learning Organization: A Dichotomy Between Descriptive and Prescriptive Research. *Human Relations*, 50(1), 73–89.

Vaittinen, I. (n.d.). *Guidelines for Living Labs in Climate Services*. Retrieved December 14, 2020, from http://eu-macs.eu/outputs/livinglabs/

Vince, R. (2014). Power and Emotion in Organizational Learning. *Human Relations*, 54(10), 1325–1351. https://doi.org/10.1177/00187267015410004

Yeo, R. K. (2005). Revisiting the Roots of Learning Organization: a Synthesis of the Learning Organization Literature. *The Learning Organization*, 12(4), 368–382.

Zhao, B. (2011). Learning from Errors: The Role of Context, Emotion, and

Personality. *Journal of Organizational Behavior*, 32(3), 435–463. https://doi.org/10.1002/job

Zietsma, C., Winn, M., Branzei, O., & Vertinsky, I. (2002). The War of the Woods : Facilitators and Impediments of Organizational Learning Processes. *British Journal of Management, 13*(2), S61–S74.

.

Topic 2 Flow and creativity

フローと創造性

Topic 2

Flow and creativity

フローと創造性

Thao Thanh Luong and Eunyoung Kim

　本章では、Csikszentmihalyi (1990) のフロー理論を紹介します。

　フロー状態を育む条件を提示することで、日常生活の経験の質をより高めることができる瞬間を個人的に考察し、成長と発見につなげることができます。

　また、フローと創造性の正の関係についても考察し、フローが人間の創造的な瞬間にどのように貢献しているのかを明らかにしていきます。

3.1 Flow theory；フロー理論

　ポジティブ心理学の主要な概念の中で、「happiness；幸福」という言葉は、歴史的に見ても、多くの学者によって数え切れないほど見直されてきた言葉です。

　偉大な哲学者である Aristotle は、「Nicomachean Ethics」という著作の中で、幸福とは「the end of human concerns；人間の懸念の終わり」であると述べています (Aristotle et al., 2012, p. 221)。

　このように、幸福とは何かという視点は、この言葉を定義しようとする学問的関心を絶えず喚起してきました。しかし、幸福の概念に関する膨大な文献が存在するにもかかわらず、人々は、なぜ同じような状況に置かれても、同じように幸福になれないのか、不思議に思っているのです。

　この疑問に魅せられた「the godfather of happiness studies；幸福学のゴッドファーザー」(Weiner, 2008) と呼ばれるオランダの心理学者 Ruut Veenhoven は、1984 年に「Data-Book of Happiness」を出版しました。この本は、1911 年から 1975 年の間に、さまざまな状況下で、幸せを促進する要因に関する数百件の実証研究を要約しています。

　また、公共政策の究極の目標としての幸福の意味を再定義しています。幸福とは、社会の発展を評価するための信頼できる尺度として使用することができると、主張しています。

　同様に、最近では、20 世紀を代表する英国の社会心理学者の一人である Michael Argyle が、「*The Psychology of Happiness*」(Argyle, 2001) という本で、幸福の本質に関する研究について最新の情報を提供しています。

　この研究では、社会学、生理学、経済学、心理学など様々な分野の研究を取り入れ、人間のポジティブな感情とネガティブな感情を純粋に構成するものについて、驚くべき結論を導き出しました。

　また、幸福に関する重要な研究を統合的かつ包括的に集めたものとして、Strack et al. (1991) による「*Subjective Well-being: An Interdisciplinary Perspective*；主観的幸福感」という本があります。この本は、主観的幸福の状態に関する異なる視点を記録することを目的としています。この共通のテーマに関する視点が分かれているにもかかわらず、こ

の研究では、幸福の概念の構築に関与している多数の学問分野間の相互作用とコミュニケーションを促進する方法が模索されています。

　幸福については包括的な定義や洗練された測定法があるにもかかわらず、様々な人や国の間で論争の的となっています。しかし、Aristotle's は先に述べた「Nicomachean Ethics」の中で、幸福という言葉について否定できない見解を示しています。

　「　…honor, pleasure, intellect, and every virtue we choose on their own account – for even if nothing resulted from them, we would choose each of them – but we choose them also for the sake of happiness, because we suppose that, through them, we will be happy.

　；名誉、快楽、知性、そしてあらゆる美徳は、それ自体のために選ぶのであって、たとえ何の結果ももたらさなかったとしても、私たちはそれぞれの美徳を選ぶでしょう。なぜなら、私たちがそれらを選ぶのは、幸福のためでもあるのです。」

　「But nobody chooses happiness for the sake of these things, or, more generally, on account of anything else. (Aristotle et al., 2012, p. 11)；しかし、これらのために、あるいは、より一般的には、他のもののために幸福を選ぶ人はいない。(Aristotle et al., 2012, p. 11)」

　現代人は、Aristotle's の時代と同じように、幸福につながる方法を探し続けています。ある人は、幸せとは喜びや満足感のことであり、社会的な接触や性的活動、成功など、外的で本能的な要因によってもたらされると考えています (Argyle & Martin, 1991)。一方で、日常生活の中での活動に没頭している内的な瞬間に幸せを求める人もいます。

　しかし、不摂生や怠け癖が伴う幸福への道を提示しようとはしていません。むしろ、人は日常生活の活動において、自分の経験の質を積極的に向上させることができるという理論を紹介することを目的としています。

　この影響力のある理論は、ポジティブ心理学の世界的な研究者であ

り、幸福や創造性に関する研究で多くの現代心理学者を魅了している Mihaly Csikszentmihalyi によって提唱され、「the flow status；フローの状態」と名付けられました。

　この章では、フロー理論に関する文献に注目することで、個人が自分の可能性を発揮するために努力し、そのやりがいや楽しさを振り返ることを期待しています。

　Csikszentmihalyi (1990) によると、幸福とは「happiness is a condition that must be prepared for, cultivated, and defended privately by each person；各自が個人的に準備し、育成し、守らなければならない状態」(p. 2) であると述べています。

　つまり、幸福とは、人が自分の意識をコントロールできるかどうかにかかっており、それによって人生経験の質が決まるのです。具体的に、Csikszentmihalyi (1990) は、自分の人生を完全にコントロールすることを本質的に楽しみながら経験するときの「*optimal experience*；最適体験」について述べています。最適体験は、著者が例示しているように、爽快な瞬間に起こるかもしれません。

　「It is what the sailor holding a tight course feels when the wind whips through her hair, when the boat lunges through the waves like a colt – sails, hull, wind, and sea humming a harmony that vibrates in the sailor's vein.；それは風が髪の毛を揺らすとき、船が子馬のように波を突き進むとき、厳しい航路を歩む船員が感じるものです。- 帆、船体、風、海が織り成すハーモニーが船乗りの血管を震わせる。」

　「It is what a painter feels when the colors on the canvas begin to set up a magnetic tension with each other, and a new thing, a living form, takes shape in front of the astonished creator.；それは、キャンバスに描かれた色彩が互いに磁力を帯び始め、画家の目の前で新しいものや生きた形が現れたときに感じるものです。」

　「Or it is the feeling of a father has when his child for the first time responds to his smiles. (p. 3)；あるいは、子供が初めて自分の笑顔に反応してくれたときの父親の気持ちです。(p. 3)」

とはいえ、そのような体験は、絶妙なコンテクストの中だけで行われるものではありません。

Csikszentmihalyi (1990) は、極度の苦難に見舞われた人生の瞬間が、「extraordinarily rich epiphanies；非常に豊かな閃き」をもたらすこともあると述べています。しかし、そのような閃きは、「hearing the song of a bird in the forest, completing a hard task, or sharing a crust of bread with a friend.；森の中で鳥のさえずりを聞く、困難な仕事をやり遂げる、友人とパンの耳を分かち合う」といった、最もささやかな行動の形で起きるかもしれません。(p. 3)

したがって、有利な状況でも不利な状況でも、最適体験は、純粋に挑戦的でありながらやりがいのあることを達成するための実質的な人の努力によって積極的に作り出されなければなりません。また、最適体験は、精神的に効率よく、高いインスピレーションを得て、同時に満足感を得られる状態をもたらします (Engeser & Schiepe-Tiska, 2012)。

Csikszentmihalyi (1990) は、最適体験をもたらすものは何かという理論を構築するために、フローの概念に基づいて展開しています。

当初、Csikszentmihalyi は、芸術家が空腹や疲れを忘れてしまうほど執拗に作品制作に集中していることに驚きました。以来、この現象を理解するために、フローに関する研究を発展させてきました (Nakamura & Csikszentmihalyi, 2014)。

その後、ベストセラーとなった「concept of flow and the psychology of optimal experience；フローの概念と最適体験の心理学」の中で、著者はフローを「the state in which people are so involved in an activity that nothing else seems to matter；人がある活動に夢中になり、他のことがどうでもよく思える状態」と定義しています (Csikszentmihalyi, 1990, p. 4)。

この観点からすると、フローは、自分の内面をうまくコントロール

することで達成されます。具体的には、精神的なエネルギー、つまり注意力が特定の目標に向かって完全に集中し、周囲で起こっていることを忘れてしまうような状態です。

　人がフロー状態にあるとき、その人のスキルは、特定の活動で認識されている課題にマッチしているのです。

　この活動がより困難なものになればなるほど、より高いレベルまで自分のスキルを向上させるための努力を惜しまないようになるのです。

　そのため、芸術家が作品づくりに没頭した後、複雑な人間に成長して名作を生み出すことができるように、フローは人間の成長や発見につながります。

　Mihaly Csikszentmihalyi は、フローの概念を構築した人物としてよく知られていますが、ポジティブ心理学の歴史を振り返ると、この概念には数多くの優れた理論的先駆者がいることがわかります。Engeser and Schiepe-Tiska (2012) は、フローの概念に関連するこれらの研究とそのキーワードをリストアップしています。(表 3-1 参照)

表 3-1 Theoretical precursors of flow theory, based on Engeser and Schiepe-Tiska (2012)；Engeser and Schiepe-Tiska (2012)によるフロー理論の理論的先駆者

Studies	Key Terms	Description(s)
Piaget (1951) Caillois (1958)	*Play* 遊び	Play pleases people through processes of stretching, exploring limits, seeking new experiences or risks, and reshaping consciousness. (遊びとは、「伸びる」「限界を探る」「新しい体験やリスクを求める」「意識を変える」といったプロセスを経て人を喜ばせるものである。)
Groos (1899) Bühler (1922)	*Funktionslust* 機能的欲求	Feelings of pleasure (or "lust") are intrinsically rewarding and can be achieved when an individual "functions" effectively. (快感（欲）は本質的な報酬であり、個人が効果的に「機能」することで得られるものである。)

Hebb (1955) Berlyne (1960)	*Optimal Stimulation* 最適な刺激	An appropriate level of stimuli is vital for constructing intrinsically motivated behavior. An optimal degree of stimulation is sought by animals and human beings. Novel stimuli can lead to enjoyable sensations. However, too much novelty causes anxiety, whereas too little leads to searching for more stimulation. (内発的に動機づけられた行動を構築するためには、適切なレベルの刺激が不可欠である。動物でも人間でも、最適な刺激を求めており、新しい刺激は楽しい感覚をもたらす。しかし、新奇性が高すぎると不安になり、低すぎるとさらなる刺激を求めるようになる。)
White (1959)	*Competence* 能力	The concept of "effectance" motivation in coping with environmental changes is introduced. Accordingly, as individuals enjoy creating effects on the environment, they also develop their learning and competencies. Such new developments lead to enjoyable and rewarding feelings of efficacy or competence. (環境の変化に対処するための「effectance」という動機付けの概念が紹介されている。それによると、個人が環境に影響を与えることを楽しむと同時に、学習や能力を向上させることができる。このような新しい開発は、エフィカシーやコンピテンスの楽しくやりがいのある感情につながる。)
DeCharms (1968)	*Personal Causation* 個人的因果関係	The state of being free ("Origin") and the state of being under someone else's control ; "Pawn" ; were compared. An Origin is a person who perceived his/her behavior as determined by his/her choosing; a Pawn is a person who perceives his/her behavior as determined by external forces beyond his/her control. From this perspective, the feeling of being free, or being the origin of one's action, is essential to one's enjoyment. (自由な状態("Origin")と誰かに支配されている状態("Pawn")を比較した。"Origin"とは、自分の行動が自分の選択によって決まると認識している人のことで、"Pawn"とは、自分の行動が自分の力の及ばない外力によって決まると認識している人のことである。このような観点から、自由であること、つまり自分が行動の起点であるという感覚は、人が楽しむために不可欠なものである。)

| Maslow (1968) | *Peak Experience* ピーク体験 | Peak experience refers to the feeling of being one whole and harmonious self, free of dissociation or inner conflict. A peak experience takes place during a person's loss of awareness of time and space, as he or she is in total control of his or her perceptions and behaviors. No fear, doubt, hindrance, or self-criticism exists during moments of peak experiences. The result is a free, open, and creative mind. Peak_experience (体験とは、解離や心の葛藤がなく、全体として調和のとれた自分であるという感覚のこと。ピーク体験は、時間と空間の意識が失われた状態で、自分の知覚と行動を完全にコントロールしているときに起こり、その瞬間には、恐れ、疑い、妨げ、自己批判などは存在しない。その結果、自由で、開放的で、創造的な心が生まれる。) |

　フロー理論は、ポジティブ心理学や人間の内発的動機づけに関する多くの研究に基づいているにもかかわらず、数多くの明確な特徴を持っています。フロー理論を紹介した Csikszentmihalyi (1975) の初期の著書では、フロー状態の６つの要素を挙げています。その後、他の研究者や Csikszentmihalyi が改訂し、フローの要素をさらに追加しましたが、わずかな変更にとどまっています。

　Csikszentmihalyi (1975) が構築した主要なものは、現在の研究にも影響を与えており、以下のように説明されています。

(1) *Merging of action and awareness* (p. 39): when experiencing an activity with a flow status, a person is aware of the activity but not of the awareness itself

；行動と意識の融合（p.39）：フロー状態で活動を体験しているとき、人は活動を意識しているが、意識そのものについては意識していない。

(2) *Centering of attention* (p. 40): an intense concentration on doing the activity that nothing else can cause a distraction

；注意の集中（p.40）：他に気が散らないように、その活動をすることに集中する。

(3) *Loss of self-consciousness* (p. 44): when in flow status, one seems to forget him/herself and experience what is called "the loss of ego"

；自意識の喪失（p.44）：フロー状態の時、人は自分を忘れ、いわゆる「the loss of ego；自我の喪失」を経験する。

(4) *The feeling of control* (p. 44): a person in flow status feels that he or she has full control over his or her actions during the activity, with confidence in being able to deal with the situation or what will come next during the activity

；コントロール感（p.44）：フロー状態の人は、活動中の自分の行動を完全にコントロールできていると感じており、活動中の状況や次の展開に対処できる自信がある。

(5) *Coherent, noncontradictory of demands* (p. 46): there are clear and consistent goals to achieve, as well as unambiguous and logically arranged ways to reach these goals；

；要求の一貫性、非矛盾性（p.46）：明確で一貫した達成すべき目標と、その目標に到達するための曖昧さのない、論理的に整理された方法が存在している。

(6) *Autotelic nature* (p. 47): Without the need to have extrinsic rewards, there is an intrinsic motivation for experiencing the activity. In other words, joy and satisfaction come from doing the activity.

；自己目的な特性（p.47）：外発的な報酬を必要とせず、活動を経験することに内発的な動機がある。つまり、活動をすることで喜びや満足感が得られる。

最後の構成要素は、しばしば「autotelic experience；オートテリックな体験」と呼ばれ、フロー状態の顕著な特徴となっています。autotelic という言葉は、ギリシャ語の「auto (self) and telos (goal)；自己と目標」という 2 つの語源から成り立っており、人がオートテリックな活動をするのは、その活動自体が目的であることを意味しています。活動を完了することで得られる可能性のある外発的な報酬よりも、そのような活動をしている間に得られる経験が第一の目標となるからです (Csikszentmihalyi et al., 2014; Hallowell, 2002; Heutte et al., 2016; Nakamura & Csikszentmihalyi, 2002)。

このようにオートテリックな体験を説明すると、フロー状態の達成には、本質的な性質を持つ遊びやゲームなどの娯楽活動のみが貢献できるという前提があるかもしれません。しかし、Csikszentmihalyi は「such an assumption is not necessary for flow；そのような仮定はフローには必要ない」(Csikszentmihalyi, 1975, p. 36) と述べています。

基本的に、オートテリックな瞬間は、比較的まれであるにもかかわらず、日常のあらゆる活動の中で起こりうるものです。手術のような特殊で高度な技術を必要とし、評価や金銭的な報酬が得られる仕事でも、フロー状態になることがあります (Csikszentmihalyi, 1990)。

本章の次のセクションでは、この精神状態を育む条件を説明することで、なぜフローがどんな活動でも経験できるのかを紹介します。

明確な目標設定、認識した課題と認識したスキルのバランス、明確で即時性のあるフィードバック、カルチャー、そして自律的な性格などです。

また、フローを測定するために過去の研究で確立された主な方法の概要も紹介します。

3.2 Conditions for flow experience；フローを体感できる条件

　Csikszentmihalyi は人がフロー状態を経験するためには、3 つの顕著な条件が必要であると述べています。(Csikszentmihalyi et al., 2014)。

　1 つ目の条件は活動中の目標を明確にすることが必要です。

　これらの目標は、活動を完了するためのガイダンスと目的を提供するものですが、それらを達成することがフロー状態を経験するための中心的なものではありません。むしろ、そのような目標は、活動中にフローを経験するために必要な注意力、つまり精神的エネルギーを向けるプロセスを助長するものです。

　2 つ目の条件は、認識された課題と認識されたスキルのバランスです。Csikszentmihalyi (1990) によると、活動に伴う課題とスキルは、フロー体験の最も重要な 2 つの次元です。

　フローの必要条件として、これらの次元の達成レベルは、「optimal arousal；最適覚醒」の概念で定義されたように、客観的に評価されるのではなく、活動に没頭している人が主観的に認識しなければなりません (Berlyne, 1960)。

　その際に、自分の課題とスキルが一致していれば、精神的なエネルギーが取り込まれ、フロー状態になることがあります。

　しかし、Csikszentmihalyi et al. (2014) は、この 2 つの次元のバランスは「intrinsically fragile；本質的に壊れやすい」(p.232) ものであるとも述べています。

　困難やスキルを過剰に感じることでバランスが崩れると、すぐに不安（極度の困難により、活動を継続するために必要なスキルが不足している状態）か退屈（活動が楽になり、必要なスキルが限られている状態）のどちらかに状態が切り替わります。

　具体的には、図 3-1 に示すように、課題の認識（縦軸）とスキルの認識（横軸）の不均衡によって生じる様々な心理状態を、

Csikszentmihalyi (1997) が描いています。

　注目すべきは、活動中に、自分が「Apathy；無気力」（低チャレンジ - 低スキルレベル）、「Boredom；退屈」（低チャレンジ - 中スキルレベル）、「Worry；心配」（中チャレンジ - 低スキルレベル）、「Anxiety；不安」（高チャレンジ - 低スキルレベル）とネガティブに認識した場合、フロー状態になりにくいということです。

　フロー状態に到達するために実験できる、よりポジティブな心理モードとしては、「Arousal；覚醒状態」（高チャレンジ - 中スキルレベル）、「Control；コントロール状態」（中チャレンジ - 高スキルレベル）、「Relaxation；リラックス状態」（低チャレンジ - 高スキルレベル）などが考えられます。

　また、図 3-1 で強調されているのは、Goldberg et al. (2011) が「a neuropsychiatric syndrome of primary motivational loss；一次的な意欲喪失の神経精神疾患」（p.650）と表現している無気力状態は、フロー体験とは逆のゾーンにあるということです。したがって、このような不利な心理状態を回避し、フローゾーンに近づくためには、特定の活動を行う上で認識される課題とスキルの両方をより高いレベルへと移行させることが不可欠であるのです。

図 3-1

Mental states in accordance with the levels of perceived challenges and skills in an activity (Csikszentmihalyi, 1997)；活動において認識された課題とスキルのレベルに応じた精神状態 (Csikszentmihalyi, 1997)

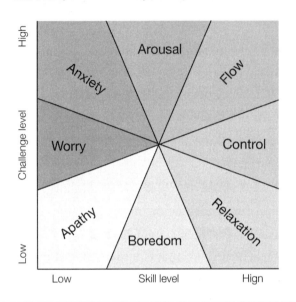

Note. This figure shows different mental states, in accordance with levels of perceived challenges and skills in an activity, as proposed by Csikszentmihalyi (1997). From Challenge vs Skill (2017) (https://en.wikipedia.org/wiki/File:Challenge_vs_skill.svg). In the public domain.

　最後の 3 つ目の条件として、自分の課題やスキルを効果的に向上させるために、明確で即時性のあるフィードバックが必要です。

　明確であるということは、フィードバックが具体的かつ建設的であり、自分がどれだけ効果的に活動を進めているかを認識できるようなものである必要があります。

　Kiili (2005) は、明確で適切なフィードバックによる「reflective observation；内省的観察」が、より創造的かつ生産的に活動を行う方法をよりよく理解するのに役立つと強調しています (p. 19)。

　即効性があるということは、集中力を持続させるため継続的に

フィードバックを与える必要があるということです。フィードバック
を何度も待たされると、自分の行動がどのような効果を生んだのかが
わからなくなり、気が散ってしまいます。

　ゲームベースの学習体験のデザインにフロー理論を採用した研究で、
Kiili et al. (2012) は、「the delayed feedback may create interpretation
problems and in the worst-case even lead to misconceptions and
negative learning transfer；フィードバックが遅れることで解釈の問題
が生じ、最悪の場合、誤解やネガティブな学習の伝達につながる可能性
さえある」(p.82) と警告しています。

　このような好ましくない状況は、人がフロー状態を経験しようとす
る努力を妨げます。したがって、フローの最適な状態を育むためには、
明確で迅速なフィードバックが重要な役割を果たします。

　フロー理論に関する膨大な文献によると、この3つの条件 (clear
goals, a balance between perceived challenges and perceived
skills, and clear and immediate feedback；明確な目標、認識され
た課題と認識されたスキルのバランス、明確で迅速なフィードバック
は、本章の前段で述べた様々なフローの構成要素を形成するために必
要不可欠です。

　Landhäußer and Keller (2012) は、これらのフロー条件と構成要素
を図 3-2 のように示しています。この図では、フロー状態がもたらす
いくつかの結果も紹介されています。

　Csikszentmihalyi and Hunter (2014) は、このような感情、認知、
生理的発達、パフォーマンスの質に対するポジティブな効果が、日常
生活におけるより多くの幸福につながると提起しています。

図 3-2

Preconditions, components, and consequences of the flow experience (Landhäußer & Keller, 2012)；フロー体験の前提条件、構成要素、結果の関係 (Landhäußer & Keller, 2012)

Preconditions	Components	Consequences
Clear goals Perceived challenge-skill balance Clear and immediate feedback	Concentration Merging of action and awareness Sense of control Autotelic experience Reduced self-consciousness Transformation of time	Affective Cognitive Physiological Quality of performance

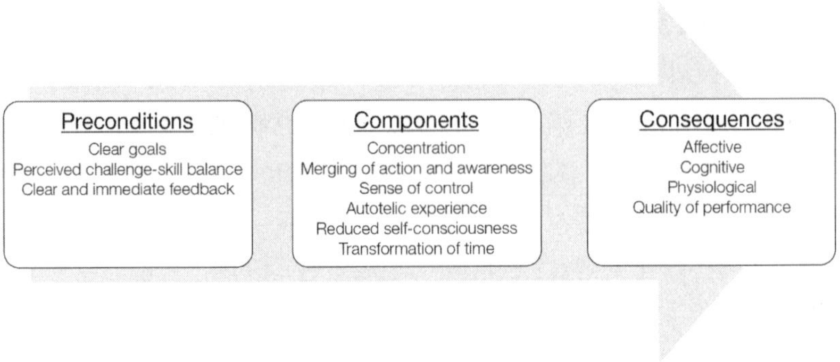

Note. This figure is redrawn from "Flow and Its Affective, Cognitive, and Performance-Related Consequences," by Landhäußer and Keller (2012). *Advances in Flow Research*, p. 68 (https://doi.org/10.1007/978-1-4614-2359-1_4). Copyright 2012 by Springer Science + Business Media, LLC.

　過去の研究では、前述の3つの条件に加えて、いくつかの他の要因も、人がフロー状態を経験する度合いに影響を与えることが示唆されています。

　研究者が挙げる条件は、カルチャーと自己目的型パーソナリティの2つです。特に、Csikszentmihalyi (1990) は、ベストセラーとなった著書の中で、フロー体験を助長する環境を作る上で、カルチャーの重要性を強調しています。

　この視点を説明するために、彼はアテネのポリス、ローマの法律、あるいは中国の「divinely-grounded bureaucracy of China；神に導かれた官僚制度」などを例に挙げて、文化が、その時代の人々のスキルに合った、力強く説得力のある目標や価値観を確立することに成功した例を挙げています。

　例えば、「virtus」の理念に基づいて生活していたアテネの市民やローマ人、行動の調和を執拗に追求することで知恵と喜びを得ていた中国

の知識人は、それ以前の時代に形成された文化によって心理学の流れを経験した人々です。

　しかし、Csikszentmihalyi (1990) のフローの概念では、道徳的原則は本質的にフロー体験の前提条件ではないことに留意すべきであるとしています。

　スパルタのルール、タタール人の大軍、トルコのイェニチェリ、ナチスのファシストなどは、戦いに勝つという課題から喜びを生み出した文化の例です。このように「needlessly cruel；必要以上に残酷な」文化 (Csikszentmihalyi, 1990, p. 81) では、フロー状態を達成するために、明確な目標、明白なフィードバック、要求の増加、スキルの向上が必要でした。

　Thatcher et al. (2008) や Schüler (2012) などの最近の研究では、フロー体験に関連する倫理的問題が取り上げられています。

　フローは快楽的な精神状態ではあるが、状況によっては人間が抱く倫理的・道徳的価値観に反するものでもあります。したがって、フローを求め、人生経験の質を高めながら、人間の生活に道徳的価値を植え付けるために、人々がどのような活動に取り組むべきかを明らかにする必要があります。

　フローのダークサイドは、理論的、実証的、実用的に十分な注意を払って、さらに研究されるべきなのです (Schüler, 2012)。

　Csikszentmihalyi (1990) によるとフローを促進する最後の条件は、「biological inheritance；生物学的な遺伝」、「early upbringing；早期の育成」、「the efforts needed to acquire and sharpen skills；スキルを身につけたり、磨いたりするために必要な努力」の組み合わせによって形成される可能性がある「autotelic personality；自己目的型パーソナリティ」です（p.93）。

　つまり、このような性格は、生まれつきのものである可能性もありますが、環境条件 (Moneta, 2012b) や、スキルを身につけるために必要な勤勉さ (Csikszentmihalyi, 1990) によって育まれる可能性もあるのです。

　オートテリックな人とは、人生を楽しむ傾向にあることが多い人 (Nakamura & Csikszentmihalyi, 2014)、あるいは「generally do things for their own sake, rather than to achieve some later external goal；一般的に、外的な目標を達成するためではなく、自分自身のために物事を行う」人 (Csikszentmihalyi, 1997, p. 117) のことを示します。

　このパーソナリティタイプは、好奇心、人生への愛情、粘り強さ、自己中心性の低さを生み出すことができる「meta-skills；メタスキル」やコンピテンシーの構成要素によって特徴づけられます (Nakamura & Csikszentmihalyi, 2014)。

　このように、オートテリックな人は、課題を克服する喜びとスキルアップのための努力とのバランスを管理し、楽しむことができる傾向にあるのです (Telążka, 2015)。

　逆に、統合失調症や無気力症と呼ばれる非オートテリックな性格の人は、快楽への関心が不十分なため、フロー体験を実現できないことが多いのです。

　統合失調症患者の悲劇は、一般的に「attending indiscriminately to everything；すべてのものに無差別に注意を払う」ことによる集中力の低下によって引き起こされ、このような患者は人生の活動を楽しむことができません (Csikszentmihalyi, 1990, p. 84)。

　自意識過剰になると、集中できないだけでなく、喜びを求めることができなくなります (Csikszentmihalyi, 1990)。

　また自意識の高い人は、自分が他人からどう見られているか、どう判断されているかを日頃から気にしています。そのため、チャレンジすることへの喜びより、リスクを追うことへの不安の方が大きいため、チャレンジすることへの喜びを上回り、人生を楽しむことができなくなります。

　もう一つの非オートテリック型の欠点は、自己中心的な性格です。自己意識と自己中心性は異なりますが、どちらもフローを体験する

努力を妨げます。自己中心的な人は、自分のことだけを考え、他人のニーズや感情を考えず、攻撃的になる傾向があります (Dean & Malamuth, 1997)。

このような攻撃性や自分に対する幻想は、新しい知識やスキルを形成しフローを経験する上で大きな障害となります。

要するに、フローを体験するためには、精神障害や性格的な問題に悩まされてフロー状態の達成を著しく妨げられている人よりも、生来のオートテリックな性格を持つ人の方が有利なのです。

しかし、意識や自己中心性をコントロールするための努力がなければ、生来のオートテリックな性格のみでフローを経験することができると保証するものではありません (Csikszentmihalyi, 1990)。

次に、フローの測定方法について述べていきます。先に述べたフローの中核となる概念や条件は、Csikszentmihalyi (1975) によって初めて紹介されたときから変わってはいませんが、過去の研究では様々な測定方法とそれぞれのフローの修正モデルが確立されています。

実際、Moneta (2012a) は、フローを測定するさまざまな方法が、改訂されたフローモデルの「corroborations and disconfirmations；裏付けと不信」をもたらしたとしています (p.23)。

したがって、筆者は、今後の研究では、フロー状態の定義とそのモデルが一貫したものになるように、既存の手法を統合、標準化、発展させることに焦点を当てるべきだという提案します。

これまでの研究で構築されたフローの測定方法には、主に「フロー質問票（FQ）」「経験サンプリング法（ESM）」「コンポネンシャル・アプローチの標準化された尺度」の３つがあります。

FQ は、Csikszentmihalyi, M., & Csikszentmihalyi, I. S. (1988) によって初めて構築され、使用されました。これは、Csikszentmihalyi (1975) がフローモデル（図 3-3 参照）を構築した際に行ったインタビューをもとに開発されたものです。

このアンケートには、人間の生活の様々な分野におけるフロー状態

が豊富な文章で書かれています。FQ では、フロー体験が詳細に特徴づけられており、回答者がどの程度のステータスを達成しているかを認識できるようになっています。

　FQ は、人がフロー次元を経験する頻度を推定するフロースケール (Mayers, 1978) と組み合わせることができます。

図 3-3

The first model of flow state by Csikszentmihalyi (1975)
; Csikszentmihalyi (1975)によるフロー状態の初期モデル

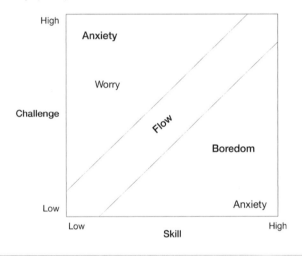

Note. This figure is redrawn from *Beyond Boredom and Anxiety: Experiencing Flow in Work and Play*, by Csikszentmihalyi, 1975, Jossey-Bass.

　2 つ目の測定方法である ESM は、1970 年代に研究者によって開発されたもので、日常的な経験におけるフローを捉えるためによく用いらています。

　この方法は、フロー理論の 3 つの修正モデルを構築するために行われました。それは、Quadrant Model (Csikszentmihalyi & LeFevre, 1989) (図 3-4)、Experience Fluctuation Model (Massimini et al., 1987) (図 3-1)、および Regression Modeling Approach (see. e.g., Moneta &

Csikszentmihalyi, 1996) です。なお、各モデルの説明、長所、短所
については、Moneta (2012a) の研究で十分に検討されています。

図 3-4

The Quadrant Model of the flow state (Csikszentmihalyi & LeFevre, 1989)
；フロー状態の4象限モデル(Csikszentmihalyi & LeFevre, 1989)

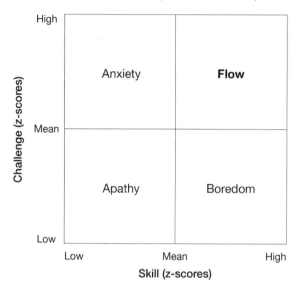

Note. Adapted from "Optimal Experience in Work and Leisure," by Csikszentmihalyi & LeFevre
(1989). *Journal of Personality and Social Psychology, 56*(5) (https://doi.org/10.1037/0022-
3514.56.5.815).

Nakamura and Csikszentmihalyi (2014) は、ESM の開発により、
フローに関する研究が大きく進展する道が開かれたと述べています。
この方法によると、被験者はポケベル、プログラムされた時計、ハン
ドヘルドコンピュータなどの機器を身につけます。これら装置は、あ
らかじめプログラムされた時間に、被験者が質問事項に答え、その瞬
間を描写することを要求します。
　そのため、ESM は日常生活の活動をランダムに抽出して実施するこ

とができます。ESM の原型は、被験者が装着したポケットベルからのランダムな信号に従って、1日に8件の自己報告を収集するものでした。

各信号の後、被験者は 13 のカテゴリー項目と 29 のスケール項目で構成される経験サンプリングフォーム（ESF）を記入します (Larson & Csikszentmihalyi, 2014)。

カテゴリー項目は、活動（主な活動、同時進行の活動、思考の内容など）や日付、事前にプログラムされた時間、記入された時間、場所、影響のある事実などの文脈上の状況を分類するために使用されます。

尺度項目は、特定の活動における感情の度合いを測定する役割を果たします。すべての回答は1週間以内に行い継続的に集められます。

最初の2つの方法である FQ と ESM は、後の測定のための基盤を整えたという点で不可欠なものですが、「far from being psychometrically sound；理測定的に健全であるとは言い難い」 (Moneta, 2012, p. 40) ものです。

フロー測定のより高度なアプローチとして、Jackson and Marsh (1996) によるフローのコンポーネンシャル・ビューがあります。

彼らは、本来のフローの概念に合致した9つの要素を含むフロースケールを構築しました。

この尺度は、後に Jackson and Eklund (2004) によって、Flow State Scale - 2 (FSS-2) と Dispositional Flow Scale - 2 (DFS-2) の開発に用いられました。FSS-2 がフローを状態として測定するのに対し、DFS-2 はフローを共通または領域特異的なパーソナリティ特性として捉えています。この2つの質問票は、心理測定学的に健全な心理測定的品質を有していると評価されています (Moneta, 2012a)。

この2つの高度な測定方法により、アイトラッキング、表情分析、脳波（EEG）、ガルバニック・スキン・レスポンス（GSR）など、より高度なツールや技術が考案され、人間の感情や情動をより正確に測定できるようになりました。

3.3 Flow and creativity；フローと創造性

　フローに関する研究は、Csikszentmihalyi が大学院生時代に創造性について研究していたとき、芸術家が空腹や疲労を忘れるほど作品に集中している様子を観察し、興味を持ったことから始まりました。この現象を目の当たりにした Csikszentmihalyi は、創造的な作品というのは、後から与えられる外的な報酬ではなく、非常に内在的な主観的体験が動機となっているのではないかと考えたのです。その結果、フローに関する膨大な文献が生まれました。その結果、ポジティブ心理学や創造性の分野では、フローと創造性は常に密接に関連しています (Cseh, 2016)。

　この章では、創造性に関する定義や幅広い文献を紹介するつもりはありません。そのような内容の詳細については、本書の第 4 章で説明します。その代わりに、本項では、フローと創造性の間にある肯定的な関係に関連する研究を紹介します。その目的は、フロー体験が人間の創造的な瞬間にどのように貢献しているかを明らかにするためです。

　創造性に関する膨大な文献の中では、数多くの創造性の条件が確認されています。しかし、本項では創造性の中のフローに焦点を当て、創造性をもたらすフロー体験に関連する条件を概観することを目的としています。

　人の創造性の度合いに直接影響を与える第一の要因は、フロー状態を経験しているかどうかです。例を挙げると、Zubair and Kamal (2015b) による職場の創造性に関する研究では、Rawalpindi and Islamabad (Pakistan) のソフトウェアハウスにいる 532 人の参加者をサンプルとして実施したところ、仕事に関連するフロー体験と、自己効力感、希望、回復力、楽観主義を指す心理的資本の次元が、従業員の創造性にプラスの影響を与える実質的な要因であることがわかりました。同様に、Zubair and Kamal (2015a) は、より狭いサンプルを対象とした研究において、スタッフの創造性に直接・間接的に影響

を与える別の要因であるオーセンティック・リーダーシップを発見しました。注目すべき点は、オーセンティック・リーダーシップと仕事に関する創造性の度合いとの関係において、心理的資本と従業員のフロー状態が媒介的役割を果たしていたことです。Zubair and Kamal's studies (2015a, 2015b) の結果を、次の図 3-5 に示します。

図 3-5

The positive effects of authentic leadership, psychological capital, and work-related flow on employees' creativity. Adapted from Zubair and Kamal (2015a, 2015b).；オーセンティック・リーダーシップ、心理的資本がもたらすポジティブな効果フローが従業員の創造性に及ぼすポジティブな効果。Zubair and Kamal (2015a, 2015b) からの引用

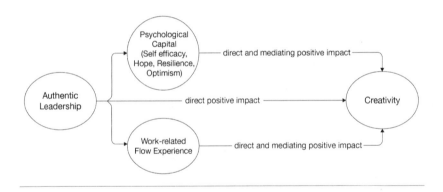

　仮想作業環境の文脈では、Yan et al. (2013) が中国で研究を行いました。この研究では、知識共有行動、フロー体験、従業員の創造性という形での知識創造の関係を明らかにするモデルを提案し、評価しています。具体的には、Web2.0 を利用してバーチャルな職場で知識を求め、共有する行動は、オートテリック（＝認識された課題やスキルが高い）であり、仕事に関するフローの2つの次元である従業員の認識された楽しさと注意集中と正の関係にあるという仮説を立てました。また、これら2種類のフロー体験は、従業員の仕事における創造

性にプラスの影響を与えるという仮説が立てられました。提案された
研究モデルを、次の図 3-6 に示します。

図 3-6

The hypothesized relationship between knowledge sharing, flow experience,
and knowledge creation (Yan et al., 2013)；知識共有とフロー体験の仮説関係と
知識創造 (Yan et al., 2013)

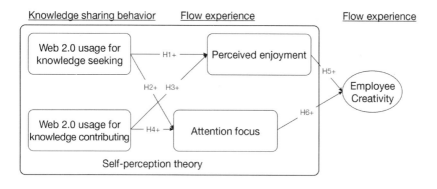

Note. This figure is redrawn from "Employee Creativity Formation: The Roles of Knowledge Seek-
ing, Knowledge Contributing and Flow Experience in Web 2.0 Virtual Communities," by Yan
et al. (2013). *Computers in Human Behavior*, 29(5), p. 1925. (http://dx.doi.org/10.1016/j.
chb.2013.03.007). Copyright 2013 Elsevier.

　著者らは、仮説の検証と理論モデルの評価のために、構造方程式モ
デリング（SEM）の手法を用いました。その結果、すべての仮説が確
認されました（図 3-7 参照）。つまり、Web2.0 を使って知識を探したり、
貢献したりすることは、フロー体験につながり、それが仕事上の創造
性につながると考えられるのです。
　本研究では、他のフロー構成要素を無視し、最適な体験の 2 つの次
元（すなわち、楽しさの認識と注意の集中）にのみ焦点を当てていま
すが、その実用的な意味合いは、組織のバーチャルワークプレイスの
創造性を育むために必要な知識管理の実践に不可欠です。具体的には、

本研究によれば、中国の中小企業は、Web 2.0 環境を非公式な知識共有活動に活用することを検討すべきであるのです。このような自由で快適な行動は、従業員の仕事に対する楽しみや関心を高め、さらには知識創造につながる可能性があります。

図 3-7

Using SEM to test the hypothesized relationships between knowledge-sharing behavior, flow experience, and knowledge creation；SEMを用いて、知識共有行動、フロー体験、知識創造との間の仮説的関係を検証

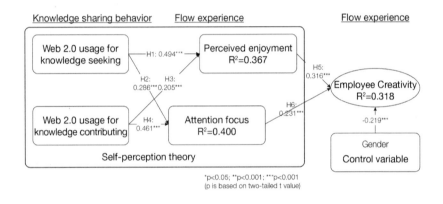

Note. This figure is redrawn from "Employee Creativity Formation: The Roles of Knowledge Seeking, Knowledge Contributing and Flow Experience in Web 2.0 Virtual Communities," by Yan et al., 2013. *Computers in Human Behavior*, 29(5), p. 1929. (http://dx.doi.org/10.1016/j.chb.2013.03.007). Copyright 2013 Elsevier.

　フローの心理が実際の創造的パフォーマンスにつながるかどうかを探る試みとして、Cseh et al. (2015) は、視覚的な創造的パフォーマンスを刺激するために、参加者に「creative mental synthesis task；創造的精神合成課題」(Finke & Slayton, 1988) を行わせる実験を設計しました。

　この実験では参加者に英数字と幾何学的な基本パターンを与え（図3-8）、これらの図形を組み合わせて、意味のある図形を描くことを求

めました（図 3-9）。参加者に、タスクのルールを守りながら、可能な限り創造性を発揮することを要求し、それによる参加者のフロー体験を測定しました。

　また、事前と事後の質問票を用いて、フローがタスクの刺激による感情の変化と正の関係にあることを明らかにしました。しかし、この感情変化の改善は、自己評価された創造性（課題中に生み出された創造物の数で示される）と関連するものの、創造的パフォーマンスの質との関係は見出されませんでした。このように、本研究では、フローと客観的な創造性との直接的な関係は強調されていませんが、人が優れた成果を得るための動機付けにおける自己認識の役割とその力を重視しています。フローが創造的パフォーマンスに直接影響を与えることを検証するには、さらなる実証研究が必要であることは間違ありません。

図 3-8

The creative mental synthesis task by Finke and Slayton (1988): a set of basic
alphanumeric and geometric patterns that were provided to participants Finke
and Slayton ; Finke and Slayton (1988)による創造的精神合成課題：参加者に提
供された英数字と幾何学模様の基本セット

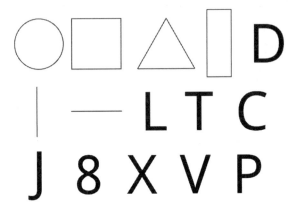

図 3-9

Examples of sets of parts of noncreative pattern reported by participants in the creative mental synthesis task by Finke and Slayton (1988)；Finke and Slayton (1988)の創造的精神合成課題において参加者が報告した非創造的パターンのパーツセットの例

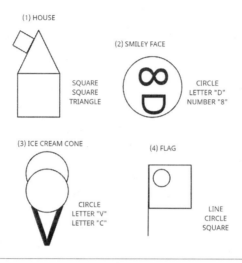

Note. This figure is redrawn from "Explorations of Creative Visual Synthesis in Mental Imagery," by Finke and Slayton (1988). *Memory & Cognition, 16*(3), p. 254. (https://doi.org/10.3758/ BF03197758). Copyright 1988 Springer Nature.

3.4 Quality of experiences: types of flow；体験の質：フローの種類

　ここでは、フローが様々な日常生活の活動でどのように経験できるかについての Csikszentmihalyi (1990) の基本的な考え方を紹介します。Csikszentmihalyi は、フローに関する研究の中で、どんな生活活動もオートテリックになりうると主張しています。したがって、もし人間が十分なフロー状態を持つことができれば、楽しく自分の能力を最大限に発揮し、挑戦的でありながらやりがいのある仕事を達成することができるのです。

Flow experience in physical activities；フィジカルアクティビ
ティのフロー経験

「Everything the body can do is potentially enjoyable；身体がで
きることはすべて、潜在的に楽しい」(Csikszentmihalyi, 1990, p. 95)
ということです。つまり、人間が日常的に行っている身体活動のほと
んどは、最適な経験と喜びをもたらすことができるということです。
単に歩くことから、ヨガや格闘技のように精神と肉体の両方のエネル
ギーを必要とする複雑なスポーツまで、身体はフローを経験する機会
を豊富に提供しています。

　スポーツにおけるフローに関する実証的な研究は数多く確立されて
います。個人がスポーツや運動での活躍に関する最初の研究は、1992
年に発表されました (Swann, 2016)。注目すべき点は、身体活動を行
うことで生まれるフロー状態は、プロのアスリートにだけ起こるもの
ではないということです。最も単純な身体運動であっても、主要なフ
ロー条件 (clear goals, a balance between perceived challenges and
perceived skills, and clear and immediate feedback；明確な目標、
認識された課題と認識されたスキルのバランス、明確で迅速なフィー
ドバック) をすべて包含する文脈で発生した場合、オートテリックな
活動に変化する可能性があります。例えば、ウォーキングでは、健康
効果を得るために、通るルート、見るべきランドマーク、目標とする
距離など、具体的で測定可能な目標を設定することができれば、その
進捗状況を把握したり、改善したりすることができ、それに応じてフ
ロー状態を体験することができるのです。

　ヨガや武術のようなより複雑な身体的行為では、心や身体、経験を
コントロールする必要性からくる課題が、フローを達成するのに有利
に働きます。ヨガとフローは、自己に関して相反する結果をもたら
すと批判されていますが、Csikszentmihalyi (1990) は、陽気で自己
を忘れ、高い精神的エネルギーを持つヨガを「one of the oldest and
most systematic methods of producing the flow experience；フロー

体験を生み出す最も古く、最も体系的な方法の一つ」（p.106）としています。ヨガとよく比較される同様の身体的実践方法は、武器を使わずに戦う数々の形態を指す武術です。肉体的なパフォーマンスが要求されるにもかかわらず、これらの戦闘技術は、純粋に自意識をコントロールし、精神的な強さを向上させることを目的としています。そのため、プロの武術家たちは、日々の練習を心と体が調和した変化と表現します。武道とは、身体の動きが生み出すフローの一例と言えるでしょう。

Experiencing flow through senses；感覚的にフローを感じる

　喜びに満ちた身体の動きだけでなく、フローは身体の感覚を通しても体験できます。

　例えば、視覚は、美的なフロー体験のひとつであるとよく言われます。単に日常の風景を見ているだけではフローにはなりませんが、自然や優れた芸術作品を見ることを純粋に楽しめるように視覚能力を高めることで、フロー状態を誘発することができます。ただし、視覚能力を向上させるためのトレーニングは必須であり、特定の風景を見るために必要な注意力もフロー体験には必要であることに留意すべきです。

　Csikszentmihalyi (1990) は、シカゴに住んでいて、毎朝高架鉄道で通勤していた男性の話を引用しています。なぜなら、街を見ること、街の上にいること、そこにいても街の一部ではないこと、これらの形や形状、素晴らしい歴史ある建物、中には完全に廃墟となっているものもありますが、それらを見ることはとても魅力的なことだからです。彼は屋根などを非常に鮮明なスタイルで描いていました。視覚的な表現手段に完全にのめり込んでいる人は、その言葉で世界を見てしまうことがよくあります。例えば写真のような空を見て、「This is a Kodachrome sky. Way to go, God. You're almost as good as Kodak.；これはコダクロームの空だ。さすが、神様。あなたはコダックと同じくらい優れている」というようにです (p. 108)。

　聴覚によって作られる音楽を聴くことは、もうひとつの醍醐味です。しかし、聴く＝聞くではありません。人生経験の質を向上させるのは、聞くプロセスではありません。Csikszentmihalyi (1990) のいう聴くとは、音楽に埋め込まれている組織化された聴覚情報に、自分の精神的エネルギー、つまり注意を大量に投入するプロセスであり、耳がもたらす快感を体験することができます。また、音楽を楽しむための最新機器は、音楽のフローには必要ありません。むしろ、音楽を聴くための工夫をしている人のほうが、フローを実感できる機会が多いのではないでしょうか。そのような人は、好きな音楽を聴くための時間を確保することが多く、また、照明を調整するなど、曲に集中できるような工夫をしていることもあります。このような人たちは、自分が音楽のフローを体験し、それによって生活の質を向上させるために、綿密な計画を立てている傾向があります。

　Csikszentmihalyi (1990) によると、音楽を聴いているときのフロー状態は、感覚的な体験、アナログ的なモード、分析的な聴取という 3 つの異なる段階を経て到達することができると述べています。感覚的な経験とは、様々な楽器から出る様々な音の質に対する最初の反応のことです。このような音は、「pleasant physical reactions that are genetically wired into our nervous system；私たちの神経に遺伝的に組み込まれている快い身体反応」（p.110）を活性化します。特に、ドラムやベースから奏でられるメロディーやリズムは、この最初の段階で注目されます。第 2 段階のアナロジックモードでは、音楽のパターンで語られるストーリーを視覚化し、感情を誘導するスキルを高めていきます。この段階では、それぞれの楽器の音が、その人の気分の変化や風景を想像させ、音楽の体験を高めます。リスニングの最後の段階、つまりフロー状態になるための最も高度なステップは、分析的リスニングです。このプロセスは、音楽の構造を分析する能力を意味します。音楽のパターンを理解する能力が向上した分析的聴取者は、様々なアーティストによって演奏された同じ楽曲を比較・評価することが

できるようになります。この分析的リスニングの段階では、高度なリスニングスキルによってフロー状態になり、心地よく調和のとれた音楽の音を心から楽しむことができるのです。

　見たり聞いたりする感覚に加えて、味わうこともフロー体験の源となります。Csikszentmihalyi (1990) は、電子ポケベルを用いた ESM 研究において、高い集中力や低い認識などのフロー要素がないにもかかわらず、食事の時間は人々に楽しい時間を体験させる機会を提供していると指摘しています。世界的な美食の急速な発展が、飲食という生物学的な必要性を刺激し、かなり高いレベルに引き上げたことは言うまでもありません。モダンなファインダイニングでは、調理人やソムリエなどの専門家が卓越した技術を駆使して、フロー体験につながる洗練された食文化の発展に貢献しています。とはいえ、洗練されたテイスティングを楽しむためには、外から与えられた課題としてではなく、本質的に自分の味覚を満足させる必要があります。つまり、グルメなシェフや料理通でなくても、食事中にフロー状態になることは可能なのです。自分の専門知識を披露するためではなく、経験のために食べ物の可能性を探り、「approaches eating – and cooking – in a spirit of adventure and curiosity, exploring the potentials of food for the sake of the experience rather than as a showcase for one's expertise；冒険心と好奇心を持って食事や料理に取り組み、自分の専門知識を披露するためではなく、体験のために食の可能性を追求すること」(Csikszentmihalyi, 1990, p. 115) ができれば、誰でも食事中にフロー状態を体験することができます。

　最後になりましたが、体の動きや感覚による大きな喜びは、フローの暗黒面である依存症の状態を引き起こす可能性があることも指摘しておきます。この精神的な問題は、人の健康状態と、人生の他の本質的な目標に必要な精神的エネルギーを奪います。そのため、Csikszentmihalyi (1990) は、フロー状態を経験するためには、本能的な欲求を管理しなければならず、幸せを感じるためには、その

ような快楽の瞬間に依存してはならないと警告しています。同様に、
Schüler (2012) は、フローを生み出す特定の活動に依存して健康を害
することを避けるために、人々は自分の精神的エネルギーを知的運動や
身体的運動などの活動に投資することを学ぶべきだと強調しています。

　次項では、人間の存在の大部分の質を高めるために必要なフローに
ついて説明します。獲得することが難しいと考えられているにもかか
わらず、仕事にまつわるフローは世界のさまざまな場所で発生し続け
ています。また、生活の質を向上させるために、仕事をオートテリッ
クな活動に変えるための戦略を提案します。

Work-related flow；仕事に関するフロー

　人は生活の大部分を金銭を獲得するということに費やしているこ
とは間違いありません。そのため、働くことで幸せになるというこ
とは、歴史的に見ても人間社会にとって魅力的なテーマでした。し
かし、仕事の性質はどこにでもあるように見えますが、その形態
やレベルは、人々が仕事を楽しいと思う度合いに影響を与えます
(Csikszentmihalyi, 1990)。したがって、働くことで生活の質を高め
るためには、仕事におけるフローを経験できる条件や方法を探ること
が重要なのです。

　仕事が辛くて単調な状況であっても、フロー状態を醸成するために
は、人はオートテリックな性格を身につけざるを得ないようです。
Csikszentmihalyi (1990) は、この視点を示すために、仕事でフロー
を求めることについての研究で多くの事例を挙げています。彼は、フ
ローに関する一連の研究でインタビューした Joe Kramer(溶接工) の
ケースを取り上げています。この溶接工は、シカゴ南部の鉄道車両を
組み立てる工場で働いており、オートテリックな性格を持つ労働者の
例外的な例であると思われました。Joe Kramer の性格を同じ場所で
同じ仕事をするにもかかわらず、職場でフロー心理を経験することが
できなかった他の溶接工と区別する際に、Csikszentmihalyi (1990)

は次のように強調しています。

「鉄道工場の中で、チャレンジングな機会を察知して行動できるビジョンを持った男は、彼だけだったのだ。他の溶接工たちは、仕事を重荷と考え、仕事が終わるとすぐに、工場を囲む碁盤の目のような道路の３つ角に戦略的に設置された酒場に繰り出し、ビールと仲間との会話で一日の退屈を忘れていた。そして、家に帰ってテレビの前でビールを飲み、妻と小競り合いをして、これまでと同じように１日が終わるのである。(p. 149)」

Joe Kramer の経験が無菌状態の職場環境でどのように流れていくのかを解釈するために採用された視点は、仕事の活動が人生をより楽しいものにする方法を探る上で不可欠であることは間違いないのです。仕事を経験の質を変化させる手段としてとらえることは、オートテリック・パーソナリティの典型的な特徴です。このような視点を持つことで、仕事をこなすことで得られる外的な報酬ではなく、自分が行う仕事の複雑さが増していくことを認識できるため、自分自身を最大限に成長させることができ、その結果、自己管理のできる熟練した専門家になることができるのです (Fraga & Moneta, 2016)。さらに、このようなオートテリックな考え方を採用した場合、個人は自分のパフォーマンスに精神的エネルギーを投入する傾向があります。このような献身的な姿勢は、社会的に最も地味な仕事にも没頭するのに役立ちます。仕事をフローを求める機会と考えない人に比べて、オートテリックなアプローチを持つ人は、自分のスキルや人生経験の質をより高いレベルにまで高めることができ、本質的な楽しさや満足感を得ることができることは間違いありません (Csikszentmihalyi, 1990)。

オートテリック・パーソナリティの育成に加えて、仕事をより楽しめるように再設計することも、仕事を通じた生活の質を向上させるための戦略です。フローの概念に関する膨大な文献によると、どんな日常業務でも、フロー活動の特徴を持つように作り変えることができると述べています。これらの特性とは、明確な職業上の目標、継続的な

フィードバック、より高いレベルのスキルを必要とする課題に遭遇する機会などを指します (Csikszentmihalyi, 1990)。

これらの要素の重要性をさらに強調するために、Haworth (2004) は、オートテリックな職業は、人間の幸福感の認識をより助長する傾向があると指摘しています。ここで強調しておきたいのは、こうしたフロー活動の構成要素は、客観的に評価されるものではなく、主観的に認識されるものだということです。つまり、非常に複雑でオートテリック度が高いと思われがちな仕事でも、不満を感じることがあるということです。Csikszentmihalyi (1990) は、フロー活動の特徴をすべて備えている外科手術を例に挙げて、この状況を説明しています。しかし、Csikszentmihalyi によれば、外科医の中にはフロー状態を経験できない人もいると言います。このように、仕事でフロー状態を体験するためには、仕事の構造は重要ですが、それだけでは十分ではありません。人は、たとえ不毛な仕事の環境であっても、努力して成功する能力を継続的に訓練する必要があります。言い換えれば、オートテリックな人格を育てることと、仕事の条件を再設計することは、仕事におけるフロー体験に到達し、それによって人生の質を高めるために採用できる2つの補完的な戦略であるのです (Csikszentmihalyi, 1990)。

しかし、人類の歴史の中で仕事が悪いという評価を受けてきたため、仕事中に自律的な人格を育むことは容易ではありません。Csikszentmihalyi (1990) は、「strongly rooted cultural stereotype of what work is supposed to be like；仕事はこうあるべきだという文化的なステレオタイプ (固定観念) が強く根付いている」と仮定しています。人々は仕事を「an imposition, a constraint, an infringement of their freedom, and therefore something to be avoided as much as possible；押しつけ、束縛、自由の侵害、できるだけ避けるべきもの」と呼ぶ傾向があります。(p.160)。そのため、仕事をしているときのほうが、自由な時間よりもフロー体験が多いにも

かかわらず (Csikszentmihalyi & LeFevre, 1989; Haworth & Evans, 1995; Haworth & Hill, 1992)、仕事に対する心理的な葛藤が続いているのです。Csikszentmihalyi (1990) は、このような内面の矛盾を「paradox of work；仕事のパラドックス (逆説)」と呼んでいます。

　仕事では、人はスキルやチャレンジ精神を感じ、そのため、より幸せで、強く、創造的で、満足を感じます。一方、自由な時間には、やることが少なく、自分の能力が生かされていないと感じ、悲しみ、弱さ、退屈さ、不満を感じる傾向があります。しかし、彼らは仕事を減らし、余暇の時間を増やしたいと思っています。(p. 159)

　研究者たちは、この逆説的な状況をもたらしたと思われる仕事の不満の要因を明らかにしようと試みてきました。その結果、数多くの決定要因が提案されました。例えば、仕事の属性や環境条件により、仕事中に退屈を感じることが、仕事の不満の理由としてよく取り上げられます。Fisher (1993) and van Hooff and van Hooft (2014) は、多くの仕事のルーチンワークや非活動的な側面が退屈に関連した行動を誘発し、それが職場でのネガティブな心理と正に関連していると警告しています。それとは逆に、Aiken et al. (2002) による医療業界の影響力のある研究によると、患者対看護師の比率が膨大で、「failure-to-rescue；救助の失敗」の症例数が多い病院では、労働力不足によるバーンアウトが顕著になり、看護スタッフの不満レベルがエスカレートしたことが示されています。

　Csikszentmihalyi (1990) は、退屈やストレスといった感情は、特定の仕事に対する主観的な認識であるため、意識のコントロールに最も影響されやすいと主張していますが、これらの精神的な問題は、自分ではコントロールできない環境条件によって刺激されることがよくあります。例えば、職場でのいじめも、仕事を楽しむ精神を失わせる有害な職場の雰囲気を作り出す外的要因の一つです (Vega & Comer, 2005)。一般的に、働くことに対する文化的ステレオタイプを考えると、なぜ人間は生活をしている間は幸せではないのかということについて

膨大な文献があります。

　Csikszentmihalyi (1990) が「paradox of work；仕事のパラドックス（逆説）」を指摘しているのは、仕事中にフロー体験を求めようとする人々の努力を阻止するためではなく、むしろ、人々が構造化されていない受動的な余暇活動を好むことは、心理的エネルギーの損失につながり、その見返りとして何の力も得られないことを綿密な研究によって、確信しているのです。知識やスキルを最大限に伸ばせる活動に時間と労力を費やすことで、人はより強く、より健康で、より幸せになることができるのです。

　Csikszentmihalyi (1990) は、仕事に関連するフローの見つけ方についての章を終えるにあたり、次のように熱弁しています。

　「Most jobs and many leisure activities – especially those involving the passive consumption of mass media – are not designed to make us happy and strong. Their purpose is to make money for someone else. If we allow them to, they can suck out the marrow of our lives, leaving only feeble husks. But like everything else, work and leisure can be appropriated for our needs. People who learn to enjoy their work, who do not waste their free time, end up feeling that their lives as a whole have become much more worthwhile." (p. 163)；ほとんどの仕事や多くの余暇活動、特にマスメディアを受動的に消費する活動は、私たちを幸せにしたり強くしたりするためのものではありません。その目的は、誰かのためにお金を稼ぐことです。私たちがそれを許せば、彼らは私たちの人生の髄を吸い取り、弱々しい殻だけを残します。しかし、他のすべてのものと同様に、仕事と余暇は必要に応じて利用することができます。仕事を楽しむことを学び、自由な時間を無駄にしない人は、結果的に人生全体がより価値あるものになったと感じるのです。」(p. 163)

Flow in mental activities；精神活動のフロー

　フローは、筋肉や感覚を使うものから、知的な努力を必要とするものまで、あらゆる種類の活動で経験することができます。Csikszentmihalyi (1990) は、思考をコントロールできれば、心の中の活動が最も爽快な体験の引き金になると主張しています。人は日々の習慣を簡単に実行することができるため、心に秩序を与えることは容易であると考えがちです。しかし実際、多くの若年層は、加齢の影響を受けていないにもかかわらず、心の迷いを止めることが難しく、「absentminded；ぼんやり」としたミスを犯すことが多いのです (McVay et al., 2013)。同様に、エントロピーという精神状態も不満を引き起こします。エントロピーとは、熱力学や情報理論から派生した概念で、心理学の分野では、「uncertainly-related anxiety；不確実性に関連した不安」につながる人間の意識の混乱や無秩序の度合いを意味します (Hirsh et al., 2012, p. 304)。エントロピーを経験すると、人は自分の心をほとんどコントロールできなくなります。否定的な考えを忘れられるように、無関係な情報で心を詰まらせるような、受動的なレジャーに心理的エネルギーを投入しがちになるのです (Csikszentmihalyi, 1990)。このような理由から、エントロピーの状態は、楽しい精神活動を行うのに適していません。

　知的活動でフローを体験したいと思ったら、意識をコントロールして心の秩序を作る方法を学ぶ必要があります。ここでは、Csikszentmihalyi (1990) の刺激的な提案に基づいて、心理的・認知的発達を支える精神活動の喜びを追求するための、記憶、言語、科学の戦略的役割を紹介します。アカデミー賞を受賞した Luis Buñuel Portolés (1984) は、その魅力的な著書 My Last Sigh の中で、記憶の重要性を熱烈に訴えています。「Life without memory is no life at all, just as an intelligence without the possibility of expression is not really an intelligence. Our memory is our coherence, our reason, our feeling, even our action. Without it, we are nothing.；表現の可能性のない知性が本当の知性ではないように、記憶のない人生は本当の人生ではない。記憶は、私たちの一貫性であり、理性であり、感情であり、行動でさえある。それがなければ、私たちは何者でもない。」

　記憶は、人生を豊かにするために重要な役割を果たします。記憶力の高い人は、物語や出来事、詩や科学的原理など、思考の秩序を確立するのに有利な情報を覚えています。これは、心の中に蓄積された知識によって、テレビやマスメディアなどの外部の情報源に頼らず、自分で意味を探り、混沌とした心の世界を防ぐことができるからです (Csikszentmihalyi, 1990)。また、推論、言語習得、学習などの認知活動における記憶の重要性は、神経学 (Schacter et al., 2012) や心理学 (Baddeley & Hitch, 1974) に関する広範な文献で強調されています。退行性記憶がないと、さまざまな情報を理解して結びつけ、論理的かつ感覚的に思考することが難しくなります。そのためには、何が必要で何が楽しいのかを選択的・内発的に判断し、記憶力を鍛える必要があります。このような判断は、心のルールを確立し、自分の意識をコントロールするのに役立ちます (Csikszentmihalyi, 1990)。

　言語は、精神的な流れを経験する機会を提供するもう一つの精神活動の領域です。Csikszentmihalyi (1990) によると、日常会話で言葉を使うのは、単に言葉の意味を伝えるためだけではありません。実際、歴史的に見ても、言語は人間関係の発展に大きく貢献してきました。

　Tannen (2007) は、対話の聴覚的側面を鋭く分析することで、人間関係構築における言語の役割に関する一連のベストセラーを拡張しました。この影響力のある研究は、「Studies in Second Language Acquisition」誌が評価したように、「how complex conversational interactions are；会話のやりとりがいかに複雑であるか」ということを思い出させてくれます。間違いなく、様々な複雑さのレベルにおいて、会話術は人々に思考の整理を促し、適切な言葉を選び、適切に配置することができます。巧みな言葉の使い方で話し手が聞き手を喜

ばせるような会話では、双方の会話者がコミュニケーションの経験の質を高め、結果としてより刺激的でポジティブな感情を持つことができるのです。

　また、書き言葉は、成長と幸福を育む機会でもあります。学習ツールとして使われるだけでなく (Arnold et al., 2017)、書くプロセスは、ポジティブな感情を育み、人間関係の解消を処理するのに有効であることが Lewandowski (2009) によって証明されています。とはいえ、現代社会ではマスメディアが普及したことで、書かれた文章の主な役割が減少しています。今日では、創造するために書くのではなく、単に情報を伝えるために書くというプロセスになっています (Csikszentmihalyi, 1990)。また、Amabile (1985) や Sabarun et al. (2020) などの研究では、創作における内発的動機の重要性が指摘されていますが、現代社会においては、外発的な報酬が文章に与える影響が非常に大きいことは言うまでもありません。Csikszentmihalyi (1990) は、現代人は文章を書くことを報酬を得るための作業と考えがちであり、この精神活動においてフローを純粋に経験することができないかもしれないと指摘し、文章を書くことが苦手な人であっても、文章を書く技術を内発的に習得し、そのような娯楽的なプロセスを通じて喜びを得ることができるというアプローチを提唱しています。Csikszentmihalyi (1990) はまた、書くことは誰かをフロー状態に導く他の活動と同様であると主張しています。書くことを不快な現実から逃避するために利用し、それによって自分の心をコントロールしてしまうと、有害な中毒性を持つ可能性があります。ですから、書くことで自分の経験や考えに秩序を持たせるのではなく、心に秩序と規律を持たせるようにしなければなりません。このように意識をしっかりとコントロールすることが、文章を書いているときにフロー状態に入るのに有利なのです。

　最後になりましたが、Csikszentmihalyi (1990) によると、歴史や科学の領域での活動は、あらゆる形のメンタルフローを助長します。

教養を身につけるために学んだり暗記したりする対象としての歴史は、喜びをもたらすものではありません。しかし、歴史上の重要な出来事の意味を自分なりに解釈しようとすることで、過去についての知識を自発的に求めるようになれば、その過程で歴史への愛着が生まれ、フローを体験することができるようになります。

　歴史と同様に、科学も様々な形で精神的な流れに身を任せることができます。Jindal-Snape and Snape (2006) は、英国のある政府機関における科学者のモチベーションについて、興味深い洞察を示しています。彼らは、外発的な報酬はこれらの研究員の動機付け要因としてはほとんど影響しないと述べ、さらに、「high quality, curiosity-driven research；質の高い、好奇心に駆られた研究」(p.1338)、研究活動を実施するためのリソース、経営者のフィードバックが、これらの科学者の動機付けとなる条件であると強調しています。したがって、フロー要素が提供されている環境で科学的作業を行えば、確実にオートテリックな活動になります。研究の精神的フローを経験するために、必ずしもプロの科学者になる必要がないのはこのためです (Csikszentmihalyi, 1990)。アマチュアの科学者は、自然現象や社会現象の根本的な法則を観察し、疑問を持つことで、その規則性を説明するための規律ある方法を確立することができます。また、数十億ドル規模の科学プロジェクトは、プロの著名な研究者によって行われているにもかかわらず、科学の全領域を象徴しているわけではないことにも留意する必要があります。科学的な研究によって、誰もが自分の心のルールを確立する喜びを得ることができます。つまり、コントロール可能な方法で心の成長を継続的に促すことで、生活の質を大きく向上させることができるのです。

　Csikszentmihalyi (1990) は、次のように述べています。

「The mental framework that makes science enjoyable is accessible to everyone. It involves curiosity, careful observation, a disciplined way of recording events, and finding ways to tease out the underlying regularities in what one learns. It also requires humility to be willing to learn from the results of past investigators, coupled with enough skepticism and openness of mind to reject beliefs that are not supported by facts. (p. 137)；科学を楽しむための精神的な枠組みは、誰にでも理解できるものです。科学には、好奇心、注意深く観察すること、出来事を記録する規律ある方法、学んだことの根本的な規則性を解明する方法などが含まれます。また、過去の研究者の結果から学ぼうとする謙虚さと、事実に裏付けられていない信念を否定する懐疑心と心の広さが必要です。(p. 137)」

3.5 The social psychology of flow；フローの社会心理学的考察

　個人レベルでのフローについては膨大な文献がありますが、グループでの最適体験の実現に焦点を当てた研究はほとんどありません。Walker (2010) によると、このような社会的状況は非常に複雑であるが、多くの場合、「mere presence；単なる存在」、「co-active；協働」、「highly interdependent interactive；高度に相互依存的なインタラクティブ」の３つのタイプに分類されます（p. 4）。この３つの社会グループを区別しながら、著者は、単なる存在や協働のグループでは、個人は受動的であり、相互作用が少ない傾向があると指摘しています。これに対し、相互依存度の高いインタラクティブなグループでは、各個人がお互いにフローの促進者になることができると考えられます。孤独なフローを個別に体験するのではなく、グループのメンバーが相互に、そして互恵的にピーク体験に到達することができるのです。Triberti et al. (2016) は、このフローの社会心理学を、クリエイティブなグループが達成できる特異なタイプの最適体験と呼んでいます。この特異な最適体験は、潜在的には孤独なフローよりもさらに楽しいものであるのです (Walker, 2010)。そこで、ここでは、ソーシャルフローの概念とその構成要素を紹介します。より具体的には、この共有体験

の前提条件を育む要因を説明するために、組織的なコンテクストにおけるチームフローの概念を議論したいと思います。

　フローと社会文化的コンテクストの関連性を探るため、Boffi et al. (2016) は一連の研究を行い、環境条件がポジティブ心理学と密接な関係を持っていることを発見しました。この発見は、フローと社会的コンテクストが及ぼす相互の影響を指しています。特に、最適な心理は、社会的な愛着や社会的価値の追求への関与を促すと著者は指摘しています。逆に、社会文化的なコンテクスト（教室や遺産など）は、若年層が刻々と変化する環境と自分とのつながりを育むのに役立ちます。また、これらの環境は、若い世代がフローを促進する活動を選択するための多くの要因を提供しています。したがって、フローに関する初期の研究は、個人ベースでの経験を特徴づけるものであったが、研究者たちは、社会的文脈がどのようにしてこの心理的状態を集団レベルにまで進めるかをより詳細に調べ始めています。

　ソーシャルフローの可能性について、Walker (2010) は、「the individual act of instructors preparing for a challenging lecture was certainly associated with flow; however, the most joyful flow experiences recalled were vigorously engaging classroom discussions；講師が難しい講義の準備をするという個人的な行為は確かにフローと関連しているが、最も楽しいフロー体験として思い起こされるのは、教室での活発な議論である」(p.3) と述べています。同様に、Csikszentmihalyi & Csikszentmihalyi (1988) は、ESM を用いて、フローとその特別でポジティブな感情は、個人的な状況よりも社会的な状況で見られると報告しています。このような視点が存在するのは、完成させるべき共通の課題は、しばしばより困難で、より高度なスキルを必要とするからです。このような視点があるのは、共通の目標を一人では達成できないことが多いからです。また、個人のポジティブな感情が、一緒に課題をこなす中で自由に共有されることで、集団のメンバーが社会伝染の大きな効果を経験する可能性があることも注目されています

(Totterdell, 2000)。要するに、ソーシャルフローに関する既存の文献によると、この共有された心理状態は、非常に結束力の高いインタラクティブなチームの間でより定期的に起こるようです (Hackman et al., 2000; Sawyer, 2007)。

　これまで、孤独なフロー、集団のフロー、チームダイナミクスに関する文献がまとまっていないため、フローの研究をチームレベルに適用することは困難でした (van den Hout et al., 2016)。それにもかかわらず、チームフローの研究は、そのような広範な研究からかなりの利点を得ています。Tuckman (1965), Tuckman and Jensen (1977), and Decuyper et al. (2010) などの影響力のある研究は、研究者が、メンバーが一緒に働いている間にチームがパフォーマンスを発揮し、発展し、ポジティブな感情を共有する方法をさらに探求するための具体的な基盤を築いています。

　Tuckman (1965) は、小集団の開発に関する文献を詳細に検討した結果、「forming, storming, norming, performing, adjourning」の5段階からなる集団開発プロセスを提案しました。これらの5つの段階は、以下の表 3-2 のように示されています。

表 3-2 Stages of group development, based on Tuckman (1965) and Tuckman & Jensen (1977)；Tuckman (1965) and Tuckman & Jensen (1977) によるグループの開発ステージ (Tuckmanモデル)

Stage	Characteristics
1. Forming 形成期	The first step is about bringing a group of individuals together. Experienced emotions tend to be high anxiety, uncertainty, and politeness. Group members are concerned with ensuring psychological safety, reducing uncertainty, and defining boundaries. (最初のステップは、個人のグループをまとめることである。経験した感情は、高い不安、不確実性、礼儀正しさである傾向がある。グループのメンバーは、心理的な安全性の確保、不確実性の低減、境界線の定義に関心がある。)

2. Storming 混乱期	Group members need clarity about their activities, roles, and goals. Conflicts and power struggles can emerge. The group's internal structure is developing. Various members or coalitions may have different ideas about how to proceed. (グループのメンバーは、自分の活動、役割、目標を明確にする必要がある。コンフリクトや権力闘争が発生する可能性がある。グループの内部構造が発展している。様々なメンバーや連合が、どのように進めるべきかについて異なる考えを持っている場合もある。)
3. Norming 統一期	The group consensually settles on a goal, structure, roles, and division of labor. Communication shifts from internal negotiation to the shared task. (グループが合意の上で、目標、構造、役割、分業などを決定する。コミュニケーションは、内部の交渉から共有のタスクに移行する。)
4. Performing 機能期	A high-performing group in which members are comfortable and share information openly is formed. Each person knows others' strengths and expertise, and tasks are distributed optimally. (メンバーが心地よく、オープンに情報を共有できる、パフォーマンスの高いグループが形成されている。各個人が他の人の強みや専門性を知り、タスクが最適に配分されている。)
5. Adjourning 散会期	Tasks are complete, and the group dissipates. (タスクが終了し、グループは解散する。)

　Tuckman (1965) and Tuckman & Jensen (1977) によって構築されたグループ発展モデルは、数多くの研究によって実験的に評価されていますが、その中でも Sweet and Michaelsen (2007) は、前述の段階が必ずしも提案された順序で起こるわけではないことを指摘しています。「Like individuals, groups may get stuck in a stage of development for some time, may regress when under stress, and may not always develop to full maturity；個人と同じように、グループもしばらくの間、ある発展段階に留まり、ストレスを受けると後退し、必ずしも完全に成熟するまで発展しないこともある」(p.35) と明確に指摘しています。この発見から、個人が破壊的な対立を克服し、最適な経験を共有することを可能にする方法を模索するために、チームフローの研究が不可欠である理由が明らかになりました。

van den Hout et al. (2016) によると、チームフローとは、「are completely involved in their common activities as part of a collaboration toward the common purpose；共通の目的に向けたコラボレーションの一環として、共通の活動に完全に関与している」と述べており、これはチームメンバー全員が経験する共通の心理状態を指します（p.244）。著者らは、Csikszentmihalyi (1996) が提唱したフローのオリジナル条件と、個人のフローとチームダイナミクスに関する現在の文献に基づいて、チームフローの前提条件のリストを提案しています。これらの前提条件の特徴を、表 3-3 に示します。

表 3-3 Precursors for team flow, based on van den Hout et al. (2016)；van den Hout et al. (2016) によるチームフローを実現するための前提条件

Precursor	Characteristics
1. Common goal 共通のゴール	This is a shared goal of all the team members. This common goal should be clear, meaningful, compatible with members' individual goals, internalized by all members, and growth-promoting. （これは、チームメンバー全員の共通の目標である。この共通目標は、明確で、意味があり、メンバー個々の目標と両立し、メンバー全員が内包し、成長を促進するものでなければならない。）
2. Aligned personal goals 個人目標の一致	Personal goals should be aligned and contribute to the achievement of the shared goal. These goals are like the common goal (i.e., clear, meaningful, specific, growth-promoting) despite being at the individual level. （個人の目標は整合性があり、共有目標の達成に寄与するものでなければならない。これらの目標は、個人レベルであるにもかかわらず、共通目標のようなもの（すなわち、明確で、意味があり、具体的で、成長を促進するもの）である。）
3. High-skill integration 高スキルの統合	Complementary, high-level skills of the team members are integrated. Each member is assigned a challenging task or role that suits his or her preferences and competency. Individual forces are optimally utilized and combined to create synergy (win-win) through collaboration. （チームメンバーの相補的で高度なスキルが統合されている。各メンバーは、自分の好みや能力に合ったチャレンジングな仕事や役割を与えられている。個々の力が最適に活用され、コラボレーションによるシナジー (Win-Win) を生み出す。）

4. Open communication オープンなコミュニケーション	Open and transparent communication ensures that all members know exactly how they contribute to the team's performance. Each member has his or her perspectives that are broadened by the other team members. Clear, constructive, and encouraging feedback is necessary for collaboration as well as individual and team performance. Active listening is also essential for this open communication process, as this helps members achieve familiarity with each other. (オープンで透明性の高いコミュニケーションにより、メンバー全員が自分がチームのパフォーマンスにどのように貢献しているかを正確に知ることができる。各メンバーは自分の視点を持ち、それが他のメンバーによって広げられる。明確で、建設的で、励ましに満ちたフィードバックは、コラボレーションだけでなく、個人やチームのパフォーマンスにも必要である。積極的に耳を傾けることも、このオープンなコミュニケーションプロセスには欠かせない。)
5. Safety 安全性	A psychologically safe environment amid which performing personal tasks to serve the team's interests. Unnecessary and unacceptable risks need to be eliminated, although possible failures exist. Failures are considered growth opportunities, and challenges are for releasing high skills. Such failures push the team toward a flow experience rather than being intimidated. This precursor is vital for a team-flow component, namely a sense of shared trust. (心理的に安全な環境の中で、チームの利益のために個人的なタスクを遂行すること。失敗する可能性はあっても、必要のないリスクや受け入れられないリスクは排除する必要がある。失敗は成長の機会であり、チャレンジは高いスキルを発揮するためのものである。このような失敗は、チームを脅かすのではなく、フロー体験へと向かわせる。この前兆は、チームフローの構成要素である信頼感の共有に不可欠である。)
6. Mutual commitment 相互のコミットメント	The responsibility to engage with each other to achieve the desired common goal with devotion and dedication. All members are aware of how tasks are distributed, the process of completing them, and the project's current state. Members, when mutually committed, are intensely involved in a shared, meaningful activity and can remain concentrated on this activity as long as necessary to achieve the common goals. (目的とする共通の目標を達成するために、献身的に関わり合う責任がある。メンバー全員が、タスクの分配方法、完了までのプロセス、プロジェクトの現状を把握している。メンバーは、相互にコミットしている場合、共有された意味のある活動に集中的に関与し、共通の目標を達成するために必要な限り、この活動に集中し続けることができる。)

van den Hout et al. (2016) は、チームフローの前提条件に加えて、この社会心理学の構成要素についても概説しています。それらを表3-4 に示します。

表 3-4 Components of team flow, based on van den Hout et al. (2016) ; van den Hout et al. (2016) によるチームフローの構成要素

Precursor	Characteristics
1. Shared identity 価値観の共有	The team's collective ambition, constituting the reason for its existence and also known as the shared sense of intrinsic motivation to operate and perform as a team, is based on shared values and recognition of complementary skills. (チームの存在理由を構成するチームの集団的野心は、チームとして活動しパフォーマンスを発揮するための内発的動機の共有感覚として知られており、価値観の共有と相互補完的なスキルの認識に基づいている。)
2. A sense of unity 一体感	A shared feeling that the team, together, forms a unity by expressing a collective ambition. This feeling of unity is partly the result of establishing aligned personal goals that contribute to the common goals that result from the collective ambition. This unity may be considered a blending of egos. (チームが一丸となって、集団的な野心を表現することで一体感を形成しているという共有感。この一体感は、集団的野心の結果である共通の目標に貢献する、整合性のある個人の目標を確立した結果でもある。この一体感は、エゴの融合とも言える。)
3. Trust 信頼感	A feeling of trust results from the fact that people feel safe to act (i.e., no worry of failure), and they, through open communication and feedback, know exactly how they are doing. Trust reflects a willingness to accept a limited degree of control over the outcome and the readiness to depend on each other. Trust leads to the achievement of team flow by feeling reciprocally related. (信頼感は、人々が安心して行動でき（つまり、失敗の心配がない）、オープンなコミュニケーションとフィードバックによって、自分たちがどのように行動しているかを正確に知ることができるという事実から生まれる。信頼とは、結果に対する限られたコントロールを受け入れる意思と、お互いに依存する準備ができていることを意味し、相互に関係していると感じることで、チームフローの達成につながる。)
4. Sense of joint progress 共同歩調	The shared feeling of cooperatively making progress together toward achieving goals. This component is the result of open communication and high-skill integration. (目標達成に向けて共に協力して進んでいくという共通の感覚。この要素は、オープンなコミュニケーションと高いスキルの統合の結果である。)

5. Holistic focus 全体論的焦点	This is the realization that there is a collective consciousness among team members that promotes collective ambitions, resulting in a shared focus on their cooperation and achievement of the established goals. (これは、チームメンバーの間に集団的な意識があり、集団的な願望を促進し、その結果、彼らの協力と確立された目標の達成に向けての共通の焦点となっていることを認識することである。)

　チームフローに関する既存の文献はかなり限られていますが、この種の社会心理学が多くのポジティブな結果をもたらすことを実証しています。満足度が高くなり、パフォーマンスが向上するだけでなく (Csikszentmihalyi, 1990, 1996; Landhäußer & Keller, 2012)、チームフローは、個人とグループの両方のレベルで開発を促進します (Asakawa, 2004)。共同作業の過程で育まれるポジティブな感情や心理は、チームメンバー全員の経験の質を高めます。このようなソーシャルフローの大きなメリットを考えると、ソーシャルフローがグループ、組織、コミュニティの成果にどのように貢献しているかを探るために、より厳密な研究を行う必要があります。さらに、チームフローに関する研究は、人間の人生経験の質をますます高め、その結果として、Csikszentmihalyi (1990) が強調したことを考慮に入れた幸福と喜びをもたらすことができるでしょう。

　人と一緒にいるかいないかで、体験の質は大きく変わります。私たちは生物学的に、他の人間を世界で最も重要な対象と見なすようにプログラムされています。他人は人生を魅力的で充実したものにすることも、全く惨めなものにすることもできるので、他人との関係をどう管理するかによって、私たちの幸福度は大きく変わってくるのです。他者との関係をよりフロー体験に近いものにすることを学べば、人生の質は全体として大きく向上するはずです (p. 164)。

3.6 Discussion and assignment ; ディスカッションと課題

3.6.1. Group discussion in the classroom ; グループディスカッション

Using the Quadrant Model (Figure 3-4, share your personal experiences of flow status. ; Quadrant Model（図3-4）を使って、フローの状態を感じた個人的な経験を共有してください。

- How did you reach the state of flow?
  どのようにしてフローの状態に到達したのでしょうか。

- Have you felt the state of flow in your graduate school life? When?
  大学院生活でフローの状態を感じたことはありますか。それはいつですか。

- Do you feel anxiety about your graduate school studies? When and in what ways?
  大学院での勉強に不安を感じる時がありますか。それはいつ、どのような形でですか。

- Do you feel bored in your graduate school life? When and in what ways?
  大学院での生活に退屈さを感じる時がありますか。それはいつ、どのような形でですか。

- How do you evaluate your current skillsets compared to the skill level that is required for a graduate student?
  自分の現在のスキルセットを、大学院生に求められるスキルレベルと比較してどう評価しますか。

- Do you experience enough challenges that require you to advance your skillsets?

  自分のスキルセットを向上させなければならないような課題を十分に経験していますか。

- What are the obstacles that hinder you from reaching the state of flow?

  フロー状態に到達するのを妨げている障害は何ですか。

Each group discuss the questions above. You can select the questions as many as possible.

各グループで、上記の質問について話し合ってください。できるだけ多くの質問を選択してください。

Group Size: 3-5 (depending on the class size and its diversity)

グループサイズ：3〜5名（クラスの人数や多様性に応じて異なる）

Time: The group discussion is 25 minutes; preparation for the presentation: five minutes; presentation: five minutes; Q&A: five minutes.

時間：グループディスカッション25分、発表準備5分、発表5分、質疑応答5分。

Presentation: All group members should contribute to the presentation's group discussion and preparation. The presenter will be randomly selected by the instructor.

プレゼンテーション：すべてのグループメンバーはディスカッションと準備に参加しなければなりません。発表者は講師がランダムに選びます。

3.6.2. Assignment

Design a series of tasks in your area of interest to encourage us to reach the flow status. Reviewing the academic literature on the topic of flow is required (see this chapter's References section, or you can do a keyword search that is based on your topic of interest).

興味のある分野で一連のタスクを設計し、フロー状態への到達を促します。フローをテーマにした学術文献のレビューが必要です（本章の「参考文献」セクションを参照するか、関心のあるテーマに基づいたキーワード検索を行ってください）。

Key conceptual words

happiness（幸福（感））、flow（フロー（状態））、flow theory（フロー理論）、experience sampling method (ESM)（経験サンプリング法 (ESM)）、flow scale（フロースケール）、positive psychology（ポジティブ心理学）、creativity（創造性）、structural equation modeling (SEM)（構造方程式モデリング (SEM)）、optimal experience（最適体験）、social flow（ソーシャルフロー）

REFERENCES

✦ ✦ ✦

Aiken, L. H., Clarke, S. P., Sloane, D. M., Sochalski, J., & Silber, J. H. (2002). Hospital Nurse Staffing and Patient Mortality, Nurse Burnout, and Job Dissatisfaction. *Journal of the American Medical Association*, 288(16), 1987–1993. https://doi.org/10.1001/jama.288.16.1987

Amabile, T. M. (1985). Motivation and Creativity: Effects of Motivational Orientation on Creative Writers. *Journal of Personality and Social Psychology*, 48(2), 393–399.

Argyle, M. (2001). *The Psychology of Happiness*. Routledge.

Argyle, M., & Martin, M. (1991). The Psychological Causes of Happiness. In F. Strack, M. Argyle, & N. Schwarz (Eds.), *International series in experimental social psychology, Vol. 21. Subjective well-being: An interdisciplinary perspective* (pp. 77–100). Pergamon Press.

Aristotle, Bartlett, R. C., & Collins, S. D. (2012). *Aristotle's Nicomachean Ethics* (reprint). University of Chicago Press.

Arnold, K. M., Umanath, S., Thio, K., Reilly, W. B., McDaniel, M. A., & Marsh, E. J. (2017). Understanding the Cognitive Processes Involved in Writing to Learn. *Journal of Experimental Psychology*, 23(2), 115–127.

Asakawa, K. (2004). Flow Experience and Autotelic Personality in Japanese College Students: How do they Experience Challenges in Daily Life? *Journal of Happiness Studies*, 5(2), 123–154.

Baddeley, A. D., & Hitch, G. (1974). Working Memory. *Psychology of Learning and Motivation - Advances in Research and Theory*, 8(C), 47–89.

Berlyne, D. (1960). *Conflict, Arousal, and Curiosity*. McGraw-Hill.

Boffi, M., Riva, E., Rainisio, N., & Inghilleri, P. (2016). Social Psychology of Flow: A Situated Framework for Optimal Experience. In L. Harmat, F. Ø. Andersen, F. Ullén, J. Wright, & G. Sadlo (Eds.), *Flow Experience: Empirical Research and Applications* (pp. 215–231). Springer International Publishing Switzerland.

Bühler, K. (1922). *Die Geistige Entwicklung Des Kindes*. Fischer.

Caillois, R. (1958). *Les Jeux et les Hommes*. Gallimard.

Cseh, G. M. (2016). Flow in Creativity: A Review of Potential Theoretical Conflict. In L. Harmat, F. Ø. Andersen, F. Ullén, J. Wright, & G. Sadlo (Eds.), *Flow Experience: Empirical Research and Applications* (pp. 79–94). Springer International Publishing Switzerland.

Cseh, G. M., Phillips, L. H., & Pearson, D. G. (2015). Flow, Affect and Visual creativity. *Cognition & Emotion*, 29(2), 281–291. https://doi.org/10.1080/0 2699931.2014.913553

Csikszentmihalyi, M. (1975). *Beyond Boredom and Anxiety: Experiencing Flow in Work and Play*. Jossey-Bass.

Csikszentmihalyi, M. (1990). *Flow: The Psychology of Optimal Experience*. Harper Perennial.

Csikszentmihalyi, M. (1996). *Creativity: Flow and the Psychology of Discovery and Invention*. Harper Perennial.

Csikszentmihalyi, M. (1997). *Finding Flow: The Psychology of Engagement with Everyday Life*. BasicBooks.

Csikszentmihalyi, M., Abuhamdeh, S., & Nakamura, J. (2014). Flow. In M. Csikszentmihalyi (Ed.), *Flow and the Foundations of Positive Psychology": The Collective Works of Mihaly Csikszentmihalyi* (pp. 227–238). Springer Science+Business Media.

Csikszentmihalyi, M., & Csikszentmihalyi, I. S. (1988). *Optimal Experience: Psychological Studies of Flow in Consciousness*. Cambridge University Press.

Csikszentmihalyi, M., & Hunter, J. (2014). Happiness in Everyday Life: The Uses of Experience Sampling. In *Flow and the Foundations of Positive Psychology": The Collective Works of Mihaly Csikszentmihalyi* (pp. 89–101). Springer Science+Business Media.

Csikszentmihalyi, M., & LeFevre, L. (1989). Optimal Experience in Work and Leisure. *Journal of Personality and Social Psychology*, 56(5), 815–822. https://doi.org/10.1037/0022-3514.56.5.815

Dean, K. E., & Malamuth, N. M. (1997). Characteristics of Men Who Aggress Sexually and of Men Who Imagine Aggressing: Risk and Moderating Variables. *Journal of Personality and Social Psychology*, 72(2), 449–455.

DeCharms, R. (1968). *Personal Causation*. Academic.

Decuyper, S., Dochy, F., & Van den Bossche, P. (2010). Grasping the dynamic complexity of team learning: An integrative model for effective team learning in organisations. *Educational Research Review*, 5(2), 111–133. https://doi.org/10.1016/j.edurev.2010.02.002

Engeser, S., & Schiepe-Tiska, A. (2012). Historical Lines and an Overview of Current Research on Flow. In *Advances in Flow Research* (pp. 1–22). Springer Science+Business Media.

Finke, R. A., & Slayton, K. (1988). Explorations of Creative Visual Synthesis in Mental Imagery. *Memory & Cognition*, 16(3), 252–257. https://doi.org/https://doi.org/10.3758/BF03197758

Fisher, C. D. (1993). Boredom at Work: A Neglected Concept. *Human Relations*, 46(3), 395–417. https://doi.org/10.1177/001872679304600305

Fraga, D. De, & Moneta, G. B. (2016). Flow at Work as a Moderator of the Self-Determination Model of Work Engagement. In L. Harmat, F. Ø. Andersen, F. Ullén, J. Wright, & G. Sadlo (Eds.), *Flow Experience: Empirical Research and Applications* (pp. 105–123). Springer International Publishing Switzerland.

Goldberg, Y. K., Eastwood, J. D., Laguardia, J., & Danckert, J. (2011). Boredom: An Emotional Experience Distinct from Apathy, Anhedonia, or Depression. *Journal of Social and Clinical Psychology*, 30(6), 647–666. https://doi.org/10.1521/jscp.2011.30.6.647

Groos, K. (1899). *Die Spiele Der Menschen*. Fischer.

Hackman, J. R., Wageman, R., Ruddy, T. M., & Ray, C. R. (2000). Team Effectiveness in Theory and Practice. In C. L. Cooper & E. A. Locke (Eds.), *Industrial and Organizational Psychology: Linking Theory with Practice* (pp. 109–129). Blackwell.

Hallowell, E. M. (2002). *The Childhood Roots of Adult Happiness: Five Steps to Help Kids Create and Sustain Lifelong Joy*. Ballantine Books.

Haworth, J. T. (2004). Work, Leisure and Well-being. In J. Haworth & A. J. Veal (Eds.), *Work and Leisure* (pp. 168–183). Routledge. https://doi.org/10.1080/03069880412331335902

Haworth, J. T., & Evans, S. (1995). Challenge, Skill and Positive Subjective States in the Daily Life of a Sample of YTS Students. *Journal of Occupational and*

Organizational Psychology, 68(2), 109–121. https://doi.org/https://doi. org/10.1111/j.2044-8325.1995.tb00576.x

Haworth, J. T., & Hill, S. (1992). Work, Leisure, and Psychological Well-being in a Sample of Young Adults. *Journal of Community & Applied Social Psychology*, 2(2), 147–160. https://doi.org/https://doi.org/10.1002/casp.2450020210

Hebb, D. O. (1955). Drives and the CNS. *Psychological Review*, 62(4), 243–254.

Heutte, J., Fenouillet, F., Kaplan, J., Martin-Krumm, C., & Bachelet, R. (2016). The EduFlow Model: A Contribution Toward the Study of Optimal Learning Environments. In *Flow Experience: Empirical Research and Applications* (pp. 127–143). Springer International Publishing Switzerland.

Hirsh, J. B., Mar, R. A., & Peterson, J. B. (2012). Psychological Entropy: A Framework for Understanding Uncertainty-related Anxiety. *Psychological Review*, 119(2), 304–320. https://doi.org/https://doi.org/10.1037/a0026767

Jackson, S. A., & Eklund, R. (2004). Relationships between Quality of Experience and Participation in Diverse Performance Settings. *Australian Journal of Psychology*, 56(Supplement), 193.

Jackson, S. A., & Marsh, H. W. (1996). Development and Validation of a Scale to Measure Optimal Experience: *The Flow State Scale. Journal of Sport and Exercise Psychology*, 18(1), 17–35.

Jindal-Snape, D., & Snape, J. B. (2006). Motivation of Scientists in a Government Research Institute: Scientists' Perceptions and the Role of Management. *Management Decision*, 44(10), 1325–1343. https://doi. org/10.1108/00251740610715678

Kiili, K. (2005). Digital Game-based Learning : Towards an Experiential Gaming Model. *The Internet and Higher Education*, 8(1), 13–24. https://doi. org/10.1016/j.iheduc.2004.12.001

Kiili, K., Freitas, S. De, Arnab, S., & Lainema, T. (2012). The Design Principles for Flow Experience in Educational. *Procedia Computer Science*, 15, 78–91. https:// doi.org/10.1016/j.procs.2012.10.060

Landhäußer, A., & Keller, J. (2012). Flow and Its Affective, Cognitive, and Performance-Related Consequences. In *Advances in Flow Research* (pp. 65–85). Springer Science+Business Media.

Larson, R., & Csikszentmihalyi, M. (2014). The Experience Sampling Method. In

M. Csikszentmihalyi (Ed.), *Flow and the Foundations of Positive Psychology":* *The Collective Works of Mihaly Csikszentmihalyi* (pp. 21–34). Springer Science+Business Media.

Lewandowski, J. G. W. (2009). Promoting Positive Emotions following Relationship Dissolution through Writing. *Journal of Positive Psychology*, 4(1), 21–31. https://doi.org/https://doi.org/10.1080/17439760802068480

Maslow, A. H. (1968). *Toward a Psychology of Being.* Van Nostrand Reinhold.

Massimini, F., Csikszentmihalyi, M., & Carli, M. (1987). The Monitoring of Optimal Experience A Tool for Psychiatric Rehabilitation. *The Journal of Nervous and Mental Disease*, 175(9), 545–549.

Mayers, P. L. (1978). *Flow in Adolescence and its Relation to School Experience.* University of Chicago.

McVay, J. C., Meier, M. E., Touron, D. R., & Kane, M. J. (2013). Aging Ebbs the Flow of Thought: Adult Age Differences in Mind Wandering, Executive Control, and Self-evaluation. *Acta Psychologica*, 142(1), 136–147. https://doi.org/10.1016/j.actpsy.2012.11.006

Moneta, G. B. (2012a). On the Measurement and Conceptualization of Flow. In *Advances in Flow Research* (pp. 23–50). Springer Science+Business Media.

Moneta, G. B. (2012b). Opportunity for Creativity in the Job as a Moderator of the Relation between Trait Intrinsic Motivation and Flow in Work. *Motivation and Emotion*, 36(4), 491–503. https://doi.org/10.1007/s11031-012-9278-5

Moneta, G. B., & Csikszentmihalyi, M. (1996). The Effect of Perceived Challenges and Skills on the Quality of Subjective Experience. *Journal of Personality*, 64(2), 275–310.

Nakamura, J., & Csikszentmihalyi, M. (2002). The Concept of Flow. In C. R. Snyder & S. J. Lopez (Eds.), *Handbook of Positive Psychology* (pp. 89–105). Oxford University Press.

Nakamura, J., & Csikszentmihalyi, M. (2014). The Concept of Flow. In M. Csikszentmihalyi (Ed.), *Flow and the Foundations of Positive Psychology: The Collective Works of Mihaly Csikszentmihalyi* (pp. 239–263). Springer Science+Business Media.

Piaget, J. (1951). *Play, Dreams And Imitation In Childhood.* Routledge.

Portolés, L. B. (1984). *My Last Sigh*. Jonathan Cape Ltd.

Sabarun, Nurbatra, L. H., Wiidiastuty, H., & El-Muslimah, A. H. S. (2020). The Relationship among Intrinsic/Extrinsic Motivation and Interest Toward L2 Writing Performance at Higher Education. *Elementary Education Online, 19*(2), 60–68. https://doi.org/10.17051/ilkonline.2020.02.107

Sawyer, R. K. (2007). Group Genius: The Creative Power of Collaboration. BasicBooks.

Schacter, D. L., Addis, D. R., Hassabis, D., Martin, V. C., Spreng, R. N., & Szpunar, K. K. (2012). Review The Future of Memory : Remembering, Imagining, and the Brain. Neuron, 76(4), 677–694. https://doi.org/10.1016/j.neuron.2012.11.001

Schüler, J. (2012). The Dark Side of the Moon. In S. Engeser (Ed.), Advances in Flow Research (pp. 123–137). Springer Science+Business Media.

Swann, C. (2016). Flow in Sport. In L. Harmat, F. Ø. Andersen, F. Ullén, J. Wright, & G. Sadlo (Eds.), Flow Experience: Empirical Research and Applications (pp. 51–64). Springer International Publishing Switzerland.

Sweet, M., & Michaelsen, L. K. (2007). How Group Dynamics Research can Inform the Theory and Practice of Postsecondary Small Group Learning. E*ducational Psychology Review*, 19(1), 31–47. https://doi.org/10.1007/s10648-006-9035-y

Tannen, D. (2007). *Talking Voices: Repetition, Dialogue, and Imagery in Conversational Discourse*. Cambridge University Press.

Telążka, B. (2015). A Qualitative Study on Subjective Attitudes and Objective Achievement of Autotelic and Non-autotelic Students of English as a Foreign Language. In E. Piechurska-Kuciel & M. Szyszka (Eds.), *The Ecosystem of the Foreign Language Learner* (pp. 59–70). Springer. https://doi.org/https://doi.org/10.1007/978-3-319-14334-7_4

Thatcher, A., Wretschko, G., & Fridjhon, P. (2008). Online Flow experiences, Problematic Internet Use and Internet Procrastination. *Computers in Human Behavior*, 24(5), 2236–2254. https://doi.org/10.1016/j.chb.2007.10.008

Totterdell, P. (2000). Catching Moods and Hitting Runs: Mood Linkage and Subjective Performance in Professional Sport Teams. *Journal of Applied Psychology, 85*(6), 848–859. https://doi.org/10.1037/0021-9010.85.6.848

Triberti, S., Chirico, A., & Riva, G. (2016). New Technologies as Opportunities for

Flow Experience: A Framework for the Analysis. In L. Harmat, F. Ø. Andersen, F. Ullén, J. Wright, & G. Sadlo (Eds.), *Flow Experience: Empirical Research and Applications* (pp. 249–263). Springer International Publishing Switzerland.

Tuckman, B. W. (1965). Developmental Sequence in Small Groups. *Psychological Bulletin*, 63(6), 384–399.

Tuckman, B. W., & Jensen, M. A. C. (1977). Stages of Small-Group Development Revisited. *Group & Organization Studies*, 2(4), 419–427.

van den Hout, J. J. J., Davis, O. C., & Walrave, B. (2016). The Application of Team Flow Theory. In L. Harmat, F. Ø. Andersen, F. Ullén, J. Wright, & G. Sadlo (Eds.), *Flow Experience: Empirical Research and Applications* (pp. 233–247). Springer International Publishing Switzerland.

van Hooff, M. L. M., & van Hooft, E. A. J. (2014). Boredom at Work: Proximal and Distal Consequences of Affective Work-related Boredom. *Journal of Occupational Health Psychology*, 19(3), 348–359. https://doi.org/https://doi.org/10.1037/a0036821

Veenhoven, R. (1984). *Data-Book of Happiness*. Springer Netherlands.

Vega, G., & Comer, D. R. (2005). Sticks and Stones may Break your Bones, but Words can Break your Spirit: Bullying in the Workplace. *Journal of Business Ethics*, 58(1), 101–109. https://doi.org/10.1007/s10551-005-1422-7

Walker, C. J. (2010). Experiencing Flow: Is Doing It Together Better than Doing It Alone? *Journal of Positive Psychology*, 5(1), 3–11. https://doi.org/10.1080/17439760903271116

Weiner, E. (2008). *The Geography of Bliss: One Grump's Search for the Happiest Places in the World*. Twelve Books.

White, R. W. (1959). Motivation Reconsidered: the Concept of Competence. *Psychological Review*, 66(5), 297–333. https://doi.org/https://doi.org/10.1037/h0040934

Yan, Y., Davison, R. M., & Mo, C. (2013). Employee Creativity Formation: The Roles of Knowledge Seeking, Knowledge Contributing and Flow Experience in Web 2.0 Virtual Communities. *Computers in Human Behavior*, 29(5), 1923–1932. https://doi.org/10.1016/j.chb.2013.03.007

Zubair, A., & Kamal, A. (2015a). Authentic Leadership and Creativity: Mediating Role of Work-Related Flow and Psychological Capital. *Journal of Behavioural*

Sciences, 25(1), 150–171.

Zubair, A., & Kamal, A. (2015b). Work Related Flow, Psychological Capital, and Creativity Among Employees of Software Houses. *Psychological Studies, 60*(3), 321–331. https://doi.org/10.1007/s12646-015-0330-x

CHAPTER

04

Topic 3 Theories of Creativity
創造性の理論

Topic 3

Theories of Creativity

創造性の理論

Sun Qianang and Eunyoung Kim

　本章では、まず、創造性研究の発展を振り返り、その後、創造的プロセスを理解するための個別のアプローチを紹介します。このアプローチは、その後の議論の土台となるものです。

　創造性と問題解決能力の関係を探ることで、創造性の構造、構成要素、プロセス、評価などを参照しながら、創造性の理論を多角的に紹介していきます。

　また、認知科学の分野で厳密に設計された一連のテストを紹介し、その結果と創造性研究の現在のトレンドへの影響について議論します。さらに、個人の研究をより多様な社会環境に拡張するために、いくつかの伝統的なトピックを取り上げます。

　その理由は、世界を変えるほどのイノベーションを平等に理解するためには、個々のアイデアの背景にある認知プロセスを理解することが不可欠だと考えているからです。

　言うまでもなく、ここで議論するに値するトピックは他にも数多く

ありますが、それを行うことは、この章の範囲を超えてしまいます。しかし、いくつかの分野における創造性とその表れについての議論が、これらの分野や他の分野でのさらなる研究の動機付けとなることを願っています。

4.1 History of Creativity Research；創造性研究の歴史

創造性とは、個人、集団、社会環境を問わず、人生の中で浮き沈みする重要な能力です。発達の観点から見ると、創造性にはさまざまな意味合いがあります。

創造性の本質に関する議論には長い歴史がありますが、創造性が心理学研究の分野になったのは 1950 年代 (Guilford, 1950) です。創造性の定義については、合理的なコンセンサスがありました。創造性とは、最も簡単に言えば、目の前の課題に関して新しいものを形成することを意味します (Barron, 1955; Hennessey, 2015；J. C. Kaufman, 2002; Simon, 1990)。さらに、この定義を構成するいくつかの要素として、高品質 (Sternberg, 1999)、驚き（Boden, 2004；Bruner, 1962；Simonton, 2012)、美学、真正性 (Kharkhurin, 2014)、革新性の誘発 (Plucker, Beghetto, & Dow, 2004) などが挙げられています。

1920 年代以降、アメリカの心理学は行動主義を志向してきました。パブロフの犬やスキナーの鳩など、一連の古典的な実験によって、行動は学習されるものであり、被験者に条件を付ければ学習させることができることが示されました。行動主義者は、主に直接観察可能な現象、つまり外側で起こること、目に見えることに注目します。一方、心の中で起こる現象は、直接観察することができないため、行動主義が避けようとする経験的な無人地帯となっています。行動主義者が創造性に関する研究をあまり行っていないのは、このためです。行動主義の最盛期である 1950 年代まで、心理学で注目すべきアプローチはフロイトの精神分析でした (Thurschwell, 2009)。フロイトは、創造

性とは、表現されていない欲求や本能的な欲求を覆い隠す潜在的な活動であるとしました。芸術の領域は、抑圧され満たされていない性的欲求を明確にし、方向転換させる創造的な場であると考えられていました (Fuss, 1993)。極端に言えば、芸術とは本質的に幻覚の創造であり、空想の世界の生成であり、さまざまな無秩序な神経症を秩序立てて具体化するものなのです (Gregory & Paidoussis, 1966)。

　第二次世界大戦後、創造性に対する学者の関心は高まり、個人主義的なアプローチと社会主義的なアプローチの間の溝を埋めることになりました。現代の創造性研究は 3 つの波に分かれており、それぞれの波は時系列で見ていくことができます。第 1 の波は、1950 年代から 1960 年代に現れ、特にクリエイターの個性に焦点を当てました。第 2 の波は、1970 年代から 1980 年代にかけて、認知心理学が創造性の研究に導入され、研究者の関心は認知的なアプローチへと移っていきました。

　具体的には、実験的な認知心理学が導入されました。実験的な認知心理学とは、人々がどのように考え、知覚し、学習し、創造的なプロセスを記憶するかを実証的に評価することです。特筆すべきなのは、この視点では、創造性と呼ばれるものを定義する構造とプロセスを構成するものとして、「personal journey；個人的な体験」を認め、個々のクリエイターを考慮していることです。その結果、世の中の新しい精神や表現の組み合わせに創造性というラベルが貼られるようになりました。

　創造性研究の第 3 の波は、社会文化的な方法論が適用されたものであり、創造的な人々は、個別の社会的・文化的システムの中での協力関係に関して調べられました。経験的なレンズは、集団が社会的・文化的プロセスの多様な流れの中で効果的にイノベーションを生み出す方法を説明するために調整されました。このような複雑な状況において、創造性とは、知識を持った社会集団が生み出すものであり、その結果は、新規性、適切性、有用性、価値があるものであると定義されます。社会文化的な創造性の定義では、社会的に価値のある製品を作

られなければ、行動や人は「creative；創造的」とは言えないとされています。また、巨大な問題を解決したり、天才的な作品を生み出したりしなければ、創造性の発現とは言えません。

　そのため、社会学者、人類学者、歴史家など、さまざまな研究者の専門知識を結集し、さまざまな分野の研究を取り入れる学際的なアプローチが求められています。何十年にもわたる研究の結果、私たちはこれまで以上に、十分な情報を得て、創造性を探求することができるようになりました。とはいえ、特に難解な問題が1つ残っています。それは創造性研究の3つの波のそれぞれが「narrow isolation；狭義の孤立」(Greene et al., 2019) の状態で存在しているということです。逆に言えば、これらの3つの波が学際的に統合されていないことは、創造性を説明するためにも、その説明を妨げるためにも役立つかもしれないということです。結局のところ、本当に必要なのは、創造性を構成するものについての合意であり、これはテーマ的に言えば、社会科学全体にとって最も困難なテーマの1つを表しているのかもしれません。そこで本章では、伝統的な研究分野でありながら、今後の創造性研究の足がかりとなるような、個々のアプローチを紹介したいと思います。

4.2 Structure of Creativity；創造性の構造

　現代において創造性が盛んに研究されるようになると、その構造を明らかにすることで本質を捉えることができると考え、いくつかの研究が提唱されました。この提唱を受けて登場した理論やモデルは、創造性の構造をさまざまな角度から形づくることを目的としていました。その中で、Rhodes (1961) が提唱した基本的なモデルは、創造的実践のすべての側面を Person、Product、Process、Press (Environment) に分類し、4P フレームワークと名付けられました。4P フレームワークは、4つの重要な問いに対応しています。その問

いとは、どのような人がクリエイティブなのか、どのような結果が創造的とみなされるのか、創造的なプロセスとは何か、環境は創造性にどのような影響を与えるのかです。一方、Glăveanu (2013) の研究では、151 の特定の語彙で構成され、Actor、Audience、Action、Artifacts、Affordance に分類される 5A フレームワークを提唱しています (Glăveanu, 2013)。このフレームワークは、社会的・物理的領域における現代の関心事に対応しており、クリエーターと観客の関係、社会文化的な力と素材の関係、新しい人工物と既存の人工物の関係など、さまざまな創造的要素の間の相互関係を問題化し、新しい問題を提起しています。

　個人の存在と社会文化の領域は、創造性研究の 2 つの基本的な構成要素です。このような構成要素間の関係をフレーム化するだけでなく、対応する創造性のレベルを区別することで、創造性研究の様々な次元を豊かにすることができます。3C モデル (Feldman & Pentland, 2003) では、ピアノの鍵盤をメタファーにして、創造性を鮮明に表現しています。High-C は重要な創造性を意味し、様々な非凡な発明を生み出すことを意味します。Low-C は小さな創造性を意味し、Middle-C は両極端の創造性の中間点を意味しています。3C モデルを拡張すると、Little-C（日常的な創造性）、Big-C（優れた創造性）に加えて、Mini-C（小さな創造性）、Pro-C（ある領域における専門的な創造性）という概念につながります (Barbot & Reiter-Palmon, 2019)。このモデルは、創造性と学習プロセスが相互に依存していることを示唆し、創造的学習の理論 (J. C. Kaufman, Beghetto, & Watson, 2016) とも関連しています。Mini-C は Little-C への適切な指導とフィードバックにより進歩することができるとされています。

　ある分野で何年も意図的に練習することで、その分野の創造的なプロである Pro-C になれる可能性があります (J. C. Kaufman & Beghetto, 2009)。最後に、創造的な仕事が長年にわたって他者に実質的な影響を与え続けている才能のある人は、Big-C と考えられます。

　同様に、創造性がどのように現れるかについても、様々な分野で様々な理論が取り入れられています。Gardner (1993) が提唱した多重知能の概念 (Cacioppo, Gardner, & Berntson, 1999; Gardner, 1993) によれば、知能は一義的な様式ではなく、対人知能 (他者との対話能力)、個人知能 (自己洞察力)、視空間知能、自然知能、言語的知能、論理数学的知能、身体 - 感覚的知能 (運動知能)、音楽的知能など多面的なものであり、また潜在的で創造的でもある。言い換えれば、Mini-C から Big-C まで、すべてのレベルの創造性をつなぐために適用される知能です。

　モダリティの文化と、それらが創造性の全体像にどのように関わるかに焦点を当てたもう一つの理論は、創造性のアミューズメントパーク理論（APT）モデルと呼ばれています (Baer et al., 2004; Glaveanu & Baer, 2017; Kaufman et al., 2009)。APT モデルは、遊園地というメタファーを用いて、遊園地を訪れる人が直面するような多様な選択肢、オプション、要件（アトラクション、乗り物、アクティビティ、チケットなど）に対応するために、創造的なアイデアや表現に頼る程度を説明しています。このモデルによると、創造性には一定の知能、モチベーション、環境が必要な場合があります (Gajda, Karwowski, & Beghetto, 2017)。また、このメタファーを拡張すると、特にディズニーワールドなどの大規模な遊園地には、テーマに沿った小さなゾーン（＝テーマパーク）が多数存在し、その中には個々の乗り物やアトラクションなども数多く存在しています。これらのテーマパークは、規模や複雑さの点で階層的に区別されており、これは、人々があらゆるライフタスクに取り組む際に選択できる創造性の領域に相当します。同様に、芸術と科学 (Snow & Nunn, 1959)、美学と機能 (Cropley & Cropley, 2009) などの基本的な二項対立も、創造性の領域の違いを示す指標となり得るのです。

　上述した構造モデルは、創造性領域の多くの中核的な問題をカバーしており、それぞれが特定の創造的行動に対する有益な洞察を提供し

ています。このように創造性の問題にはさまざまなモデルがあります
が、創造性は概念的に多様で非常に複雑です。したがって、創造性を
完全に理解するためには、ダイナミックな視点が不可欠なのです。

　創造性についての新しい視点は、ダイナミズム以上に、グローバル
化した世界に位置するため、グローバルな性格を持たなければなら
なりません。現代の創造性研究はこのような性格を反映しています
が (Mason, Gunst, & Hess, 2003; Reckwitz, 2017; Weiner, 2000)、
同じように、例えば個性の力や新奇性をもたらす能力などに関する
現代的な信念を反映し、それによって強化もされています (Negus &
Pickering, 2004)。現在の私たちの創造性への関心と欲求は、世界の
「normal;普通」の状態を反映するのではなく、実際の社会的、文化的、
科学的、技術的、経済的、政治的な次元と文脈の観点から精査されな
ければなりません。社会が常に流動的であるように、創造性や創造的
な人々についての概念も固定的ではなく、絶対的なものでもありませ
ん。もちろん、創造性を理解するためには、私たち自身の先入観や主
観的な限界を問わなければなりません。なぜ私たちは創造性が重要な
役割を果たしていると考えるのか、今後どのように変化していくのか
といった、一見すると基本的な質問を反射的に投げかけなければなり
ません。その意味で、創造性やその関連理論を細心の注意を払って研
究することは、人間のアイデンティティや社会、現在、そして未来を
意味あるものにするための最良の方法であり、唯一の方法でもあるの
です。

4.3 Individual Approach；個別のアプローチ

　Guilford のように、第二次世界大戦中に多くの学者が創造性の研
究に携わるようになりました。意外なことに、創造性に関する初期
の研究は、安全保障情報や軍事訓練と結びついていました。中央情
報局（CIA）の前身である戦略サービス局（OSS）に勤務していた

MacKinnon and Maurice Stein は、創造性に関する論争の的となった理論を、スパイ、反スパイ活動の要員、レジスタンス指導者の選定など、海外での非正規戦に最適な候補者の評価に応用しました (Melosh & McKinnon, 1978)。Guilford は、アメリカ空軍で、必要な知識や能力を特定するためのテストを開発する役割を担っていました。

　第二次世界大戦後、これらの軍事心理学者たちは、創造的な個人を研究するために、いくつかの研究機関を設立しました。1949 年、MacKinnon はカリフォルニア大学バークレー校に IPAR（Institute for Personality Assessment and Research）を設立しました。1950 年代初頭、Guilford は南カリフォルニア大学に Qualification Research Program を設立しました。Stein は、1952 年にシカゴ大学に Center for Creativity and Mental Health を設立しました。創造性研究は核武装中の高難易度ゲームであるため、心理学者の Carl Rogers and Morries Stein は、自分たちが核による消滅から自由を守っていると信じていました (R. Keith Sawyer, 2017)。その頃、アメリカ政府は、ユニークな才能を持つ子どもを特定するテストの開発など、創造性の研究を支援してきました。この場合、学校は潜在的な天才を認識し、その才能を育て、最終的に国に報いる科学技術分野の高度に創造的なキャリアに位置づけることができます (Parnes & Harding, 1963)。このような時代に登場した IPAR は、創造的な社会を次のように表現しています。それは、「It has freedom of speech and action, no fear of dissent or conflict, a willingness to break conventions, and a spirit of entertainment and dedication to work；言動の自由があり、異論や対立を恐れず、慣習を破る意欲があり、娯楽や仕事への献身の精神がある」(Parnes & Harding, 1963, p.152) というものです。

　1950 年代から 1960 年代にかけて、創造性という概念は、科学的創造性とほぼ同義でありました。アメリカでは、国立科学財団（NSF）が創設され、創造性の標準的な測定法の開発を目的とした多数のプロ

ジェクトを支援し、資金を提供していました。心理学者は心を直接観察することができないため、モチベーション、パーソナリティ、知性、記憶、感情などの心の構造やプロセスは、本質的に仮説的な構成概念となります。構成概念は直接観察することはできませんが、観察可能な行動からその存在を推測することができます。構成概念の運用化は、その提案と定義の後、心理学者が最初に行う行動です。なぜなら、運用化とは、心理プロセスを観察可能な行動と結びつけて測定するような、仮説的な構成概念を測定するための方法論的手続きだからです。

　創造性研究が初めて学問として取り入れられて以来、100 種類以上の創造性テストが開発されてきました (Hocevar & Bachelor, 1989)。次に、最も広く使われている創造性テストと、発散的思考に基づく一連の注目すべきテストに焦点を当てていきます。

4.3.1. Gough Adjective Check List (ACL)；Gough 形容詞チェックリスト

　創造性テストの初期の例として、Gough Adjective Check List (ACL) があります。これは 300 の形容詞からなる一般的な性格評価ツールで、1950 年代から 1960 年代にかけてバークレーの IPAR でよく使われていました。このテストでは，参加者は自分自身を最もよく表すと思われる形容詞を選択します (Gough, 1976)。300 の形容詞のうち、Gough は 30 の形容詞を創造性の予測を目的とした下位尺度、Creative Personality Scale (CPS) に組み込みました。さらに Gough は、創造性と関連があると思われる 18 の形容詞（能力がある、賢い、自信がある、自己中心的である、ユーモアがある、非公式である、個人主義的である、洞察力がある、知的である、興味がある、創造的である、独創的である、反射的である、資源がある、自信がある、セクシーである、俗物的である、型破りである）を特定しました (Gough, 1976)。また、創造性と負の関係にある形容詞として、11 項目（下品、目立たない、安定している、保守的、伝統的、不満がある、興味が少

ない、礼儀正しい、誠実、従順、疑わしい) を挙げています。トータルスコアは、ポジティブな項目数からネガティブな項目数を差し引いて算出します。その後、Domino (1970) によって CPS の変形版である Domino Creativity Scale(Cr) が開発されました。この尺度は、Gough の 300 の形容詞を参考にして、創造性が高いとされる 59 項目を抽出したものです。

　これらのテストは価値があるにもかかわらず、ジェンダーやカルチャー的なバイアスの影響を受けやすいとされています。例えば、Gough (1979) は、1,121 人の女子大学生と 760 人の男子大学生を対象に調査を行い、男子学生の平均点が 5.03 点であったのに対し、女子学生の平均点は 3.97 点であったと指摘しています。否定できないのは、これらの形容詞がどうしてもジェンダーの固定観念と結びついてしまうことです。それ以来、一連のテストが開発され、改良され続けています。創造性研究において、個人へのアプローチは最も生産的なタイプであり、深い洞察と幅広い適用性を生み出しています。

4.3.2. Remote Association Test ; 遠隔連想テスト

　連想思考は、John Locke、Alexander Bain、David Hume などの哲学者が何百年も前から研究してきた古典的なテーマです (Levine & Ross, 2002; Marx & Cronan-Hillix, 1987)。創造的認知理論の多くは、連想思考プロセス、すなわち、アイデアがどのようにして生成され、他のアイデアと結び付けられるのかに焦点を当てています。この分野では、時折、仮説が提案されていますが、十分な実証的検証は行われていません。例外として、Mednick (1962) は、現代心理学の連想理論を、特に創造的プロセスの文脈で提唱し、その理論を検証するための実証実験を行いました。Mednick の主な研究の 1 つは、独創的なアイデアの稀少性を主張したことにあります。Mednick は、既存のアイデアを使い切ったときに初めて、オリジナルのアイデアにアクセスできると

主張しています。言い換えれば、洞察力は連想の連鎖の後半に現れるということです。

　Mednick は、画期的なイノベーションは、異なる分野の素材を組み合わせた結果であることが多いという歴史的な研究に触発されました(Simonton, 1999)。例えば、テーブルと椅子の組み合わせを考えてみましょう。ダイニングテーブルと椅子、学校の机と椅子などです。椅子もテーブルも同じ種類の家具に属するので、これらの家具から組み合わせを作るのは簡単です。しかし、椅子とカバの組み合わせと言われても、その結果は千差万別です。なぜなら、椅子とカバは明らかに違うものなので、人は「remote；離れた」ところから連想しなければならないからです。人は、主に教育や学習の経験に基づいて、関連する概念の間に強い結びつきを形成する傾向があります。Mednick はこれを「a steep hierarchy of associations；急峻な連想の階層」と表現しました。Mednick は、大きく異なる 2 つの概念を関連づけて組み合わせる方が、よく似た 2 つの概念を組み合わせるよりも創造的であると仮定したのです。

図 4-1

Steep and flat associative hierarchies according to Mednick's theory.；Mednick 理論による急峻な連想階層と平坦な連想階層

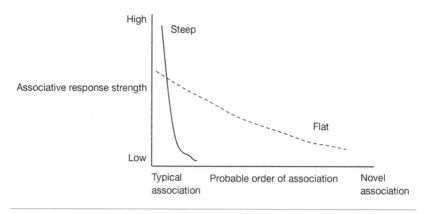

Note. This figure is redrawn based on *Origins of genius: Darwinian perspectives on creativity.* (Simonton, 1999) Oxford University Press. Inc.

　同様に、創造的な人は他の人よりも遠隔関連付けを行うのが得意なのかもしれません。この点について、Mednick (1962) は、遠隔地からの連想を行う頻度で創造性を評価する遠隔連想テスト (Remote Association Test；RAT) を開発しました。このテストでは、新しい組み合わせを作ることだけが要求され、社会的・文化的な定義や主観的な判断の妥当性などは一切要求されませんでした。

　これらの利点から、RAT は最近のいくつかの経験的研究 (Ansburg & Hill, 2003) や一連の認知神経科学の研究 (Isen, Labroo, & Durlach, 2004; White & Shah, 2006) において、創造性の指標として使用されています。当然のことながら、RAT はさまざまな目的のために適応されてきました (Jones et al., 2005)。例えば、あるバリエーションでは、参加者は 3 つの単語で短い物語を書くように求められました。ただし 2 つの変数が強調されました。(1) 創造的／非創造的、(2) 関連語／非関連語です。その結果、関連性のない単語を使ったストーリーの方

が、関連性のある単語を使ったストーリーよりも創造性が高いことがわかりました。創造性を要求されたストーリーは、要求されなかったストーリーに比べて、制約を受けないということです。無関係な単語を与えられ、創造性を発揮しないように指示された参加者であっても、関連する単語を与えられ、創造性を発揮するように指示された参加者が書いた物語よりも優れていました。この変型 RAT テストは、無関係な概念の組み合わせが創造性を刺激する可能性が高いことを示す証拠となったのです。

　RAT は便利ですが、いくつかの顕著な欠点があります。まず、言語による制限があります。従来の RAT では、与えられた 3 つの単語と空欄の間で類推を行います（例えば、水：血：空）。しかし、RAT の実証的な調査によると，このテストは弁別的な妥当性を欠いており、結果として得られるスコアは収束的思考テストや言語能力テストのスコアと中程度の相関関係を持つ傾向があることがわかっています。このような経験的バイアスは、IQ テストが議論されたときに早くから定義されていました。言語的バイアスは、同様の問題で、言語能力などの特定の要因が、テスト対象とはほとんど関係がないのに、RAT の結果に大きく影響することを示しています。これは、RAT が言語能力ではなく、連想力や創造力を測定するように設計されているにもかかわらず、中程度以上の言語能力を持つすべての人が RAT で良い結果を出す可能性が高く、逆に言語能力の低い人は RAT で悪い結果を出す可能性が高いことを意味しています。

　RAT には限界があるにもかかわらず、いくつかの創造性調査では、このテストが創造的な可能性に関する有用な情報を提供できると判断されています (Caraco, Martindale, & Whittam, 1980; J. Lee & Lee, 2009)。一方、いくつかの貴重な研究では、創造的な洞察は、遠隔地のつながりからではなく、密接に関連する素材間のつながりから得られる可能性があることが示唆されています (Gough, 1976; McKinnon, 1962; Perkins, 1983)。

4.3.3. Divergent Thinking (DT) Test；発散的思考テスト

　最初の発散的思考（DT）テストは、IQ テストの創始者である
Binet が 1896 年に開発した自由形式の多問テストでした (Barron &
Harrington, 1981)。20 世紀初頭には、同様の「想像力」の測定が盛
んに行われました。

　DT テストの多くのバージョンは、南カリフォルニア大学の適性研
究プロジェクトの中で、Guilford のような異なる研究者によって開発
されました。もう一つのバージョンは、DT を 6 つの作業の一つとし
て識別する知能構造（Structure of Intelligence；SOI）モデルです
(Frick, Guilford, Christensen, & Merrifield, 1959; Joy P Guilford,
1967)。他の操作には、認知、記憶記録、記憶保持、収束生産、評価
があります (R. Keith Sawyer, 2017)。Guilford は、発散的生産プロセ
スの必須要素として、4 つの能力 -fluency（流暢性）、flexibility（柔
軟性）、originality（独創性）、elaboration（精巧性）- を提唱しまし
た。そして、彼らのチームは、この 4 つの構成要素を測定するために
多くの影響力のあるテストを開発し、後に最も有名な 2 つの DT テス
ト、Torrance テスト (Raithby & Torrance, 1974) と Wallach-Kogan
creativity テスト (Wallach & Kogan, 1965) に採用されました。この
テストでは、参加者に身近な物の機能をできるだけ多く挙げてもらい
ます。そして、前述の 4 つの要素に基づいて評価が行われます。流暢
性は回答数で、独創性は回答が独自に行われたかどうかで、柔軟性は
異なるカテゴリーに分類できる回答数で、精巧性は各回答の記述内容
で測定します。

　創造的心理プロセスの試験は、数十年にわたって研究者に広く利用
されており、創造的プロセスや創造的潜在能力を測る尺度として、今
もなお人気があります。創造的プロセスの評価は、学校でもよく行わ
れています (Csikszentmihalyi & Sawyer, 2014)。しかし、この評価
は、ほとんどの一般的な学力テストや能力テストとは異なり、DT テ

ストでは、個人が特定のプロンプトに対していくつかの回答をすることが求められます。回答を重視することは、しばしば思考の流暢性と呼ばれ、アイデア出しに重要な役割を果たしますが、創造的プロセスの唯一の部分というわけではありません。DT テストは、(多くの一般的なテストのように) 与えられた問題に対する包括的または可能な解決策を生み出すために認知プロセスが使用される収束的思考とは対照的なものです。実用的な観点から、多くの学者は、一つの創造性評価を行うために、これほど多くの時間をかけることは信じられないと主張しています (J. C. Kaufman, Plucker, & Baer, 2008)。しかし、その一方で、DT テストは、今日でも創造性の研究や教育に広く使われています。SOI (Joy P Guilford, 1967)、TTCT (「the creative thinking test；創造的思考テスト」) (Almeida, Prieto, Ferrando, Oliveira, & Ferrándiz, 2008a; Raithby & Torrance, 1974)、DT タスク (Getzels & Jackson, 1962; Wallach & Kogan, 1965) などです。しかし、知能と創造性の最も明らかな違いの一つは、知能は単一の正解にたどり着くために収束的思考を必要とすることです。それに対して、創造性には、多くの可能性のある答えを導き出すために、DT が必要なのです。

　現在の研究 (Acar & Runco, 2015) では、Guilford の異なる独創性の概念に基づいて 13 のディメンションが開発されています。DT テストに対するこれらの回答は、Literal Divergent Thinking (LIDT；リテラル発散思考) テストにおいて、分類 (非現実的、実現不可能、遊び心があるなど) することができます。LIDT テストは、その次元が異なる DT プロジェクト間で一般化されることを意図している点で、従来の柔軟性評価とは異なります。対照的に、従来の柔軟性のカテゴリーは、DT テストの中で変化します (Runco & Albert, 1985)。テストのディメンションは、どちらの極性に傾くかによって、現実の「divergent；発散」反応を評価するために作られます。これは、DT テストの回答を作成する際に発生する可能性のあるプロセスを評価するのに役立ちます。これらのディメンションは、程度の差こそあれ、

多くは非常に一般的であり、伝統的な独創性や流暢性のスコアと正の相関があります。LIDT テストは、従来の DT テストよりも創造的思考の予測因子として価値があるかどうかを判断するために、さらに検討されるべきです。

　SOI モデル (Joy P Guilford, 1967) では、24 種類の DT タイプを、4 つの要素 (graphical, symbol, semantic, behavior) と 6 つのカテゴリー (unit, class, relation, system, transformation, connotation) に大別しています。SOI のよく知られている例として、マッチ棒問題（図形変換）があります。この問題にはいくつかのバージョンがあり、それぞれ 17 本のマッチ棒を使って 3 列のグリッドを 2 列（つまり 6 個の正方形）を作ります。参加者は 3 本のマッチを外して 4 つの正方形を作ることを求められます。他の例では、スケッチ課題と同様に、図の単位を上手に作ることが求められます。この課題では、丸や四角などの特定の形の絵をたくさん描かなければなりません。SOI タスクは通常、無数の試行錯誤によって柔軟な思考を促すものです。Guilford らは、SOI モデルを検証するために大量のデータを収集し、その結果はおおむね良好なものでした (Gastl et al., 1993)。このモデルは完全なものではなく、いくつかの批判を招くこともありました (Gao, Chen, Weber, & Linden, 1999; Horn & Knapp, 1973; Sternberg & Grigorenko, 2001) が、TTCT などの DT テストのさらなる発展につながっています。

4.3.4. Torrance Tests of Creative Thinking (TTCT) ; Torrance の創造的思考力テスト

　Torrance Tests of Creative Thinking (TTCT) (Almeida et al., 2008a; Torrance, 1972) は、SOI モデルから着想を得た有名なアセスメントで、数え切れないほどの創造性研究に広く用いられており、32 以上の言語に翻訳されているほどです (Frasier, 1991)。1960 年代の TTCT の主な目的の一つは、子供の頃に天才を認識し、創造性を生か

せる職業に導くことでした。数十年にわたり、TTCT(Frasier, 1991)
は運営や採点の面で改良され続けており、それが人気を維持している
理由であると考えられます。

　TTCT (Almeida, Prieto, Ferrando, Oliveira, & Ferrándiz, 2008b;
Torrance, 1972) は、口述と図式テストの2種類の形式で構成されてい
ます。それぞれのテストタイプには、フォームAとBがあり、交互に
使用します。例えば、図式テストには、次のような段階があります。
絵の構造：参加者は、基本的な形を使って、元のパターンに基づいて絵
を作るように求められます。絵の完成：参加者は、不完全な図（図4-2
参照）に従って、わくわくするような物を描くように求められます。

図 4-2

Three examples of incomplete figures are used in the TTCT
; TTCTで用いられた不完全な図の例

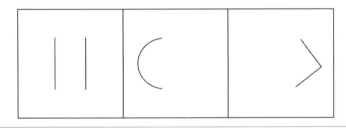

Note. It is redrawn from Franck, K., & Rosen, E. (1949). Franck drawing completion test. Austra-
lian Council for Educational Research.

　線 / 円：被験者にはできるだけ多くの物体を描いてもらい、それぞ
れの創作は一対の垂直な線（例：Aの形成）または円（例：Bの形成）
から始まるものとします。

　TTCTのもう一つのパートは動詞テストと呼ばれ、7つの小問題が
あります。参加者は、テストの冒頭にある絵に沿って3つの質問に答
えます。フォームAでは、妖精が水に映る自分の姿をながめています (R.
Keith Sawyer, 2017)。さらに、質問は次のように考えるべきであります。

- 「Inquiring: Participants need to ask as many questions as possible about the picture.
  ; 探究心を持つ 参加者は、絵についてできるだけ多くの質問をする必要がある。」

- 「Guess the reason: Participants have to list the possible result of the action they have drawn.
  ; 理由を推測する。参加者は、自分が描いたアクションの結果として考えられることを挙げなければならない。」

- 「Guess the result: Participants are required to list possible outcomes of the actions they have drawn.
  ; 結果を推測する。参加者は、自分が描いたアクションの結果として考えられることを列挙する。」

- 「Improve the product: Participants are asked to make changes to improve an object (such as a stuffed animal).
  ; 製品を改良する。参加者は、対象物（ぬいぐるみなど）を改良するための変更を求められる。」

- 「Unusual function: Participants are asked to consider several possible uses for an ordinary object, such as a paper clip.
  ; 変わった機能。参加者には、ペーパークリップのような普通の物体の用途をいくつか考えてもらう。」

- 「Unusual questions: Participants are required to list as many questions as possible about an ordinary object (this item will not appear in a later version).

　　；変わった質問。参加者は、普通の物に関する質問をできるだ
　　け多く挙げてもらう（この項目は後のバージョンでは登場しま
　　せん）。」

- 「Hypothesis: Participants are asked to imagine that an
  impossible situation has happened and then list the possible
  ramifications.
  ；仮説。参加者には、不可能な状況が起こったことを想像して
  もらい、考えられる影響を挙げてもらう。」

　TTCT は、その管理、採点、最終報告書において、測定を標準化す
るための詳細な仕様を採用しています。Torrance は、採点者のトレー
ニングを推奨していますが、採点マニュアルを読む程度の簡単なト
レーニングでも、初心者の採点者が許容できる信頼性に関わるスコア
を出すことができることを見出しました。しかし、訓練を受けていな
い採点者は、自分の判断で結果を評価する傾向があり、特に独創性の
評価において、採点システムから逸脱していると警告しました。最初
に作られたテストは、DT の伝統的な 4 つの分野「fluency, flexibility,
originality, and elaboration；流暢性、柔軟性、独創性、精巧性」を
組み合わせたものでした。1984 年に発表された改訂版で導入された合
理的な採点システムには大きな変更が加えられました。流暢性、独創
性、精巧性という評価のほかに、早すぎる閉鎖への抵抗力やタイトル
の抽象性も加点対象となった (K. Sawyer, 2017) のです。柔軟性の評
価は，この項目の評価が流暢性の評価とあまり変わらないことから，
廃止されました (Tang & Gero, 2002)。

　TTCT や各種 DT テストのような創造性テストは、主に創造的プロ
セスの研究に焦点を当てています。アイデアを生み出す能力は創造的
プロセスの一面に過ぎませんが、現実世界の問題解決において創造性
がどのように働くかは、不用意に無視されがちです。一部の研究者

は、個人の創造性の可能性を評価するために DT テストを使用できる
と提案していますが、慎重に検討して使用する必要があります (Runco
& Vega, 1990)。Barron & Harrington, (1981) は、何百もの研究のレ
ビューを行いました。彼らは、いくつかの DT テストが採用され、特
定の条件下で採点され、特定の分野における創造的能力の証拠となっ
たことを指摘しています (Barron & Harrington, 1981)。しかし、DT
テストの要件がファイルごとに異なるため、これらの結果は領域間で
一貫していませんでした。つまり、創造性の達成には、さまざまな思
考能力や批判的評価などの複合的な能力の組み合わせが必要であり、
さらに創造的な人は通常、創造的なプロセスを満たすために異なる能
力を切り替えるのが得意であるということも考慮しなければならない
のです。

4.3.5. Cattell-Horn-Carroll (CHC) Theory；CHC 理論

　創造性の研究が目白押しだった頃、無視できなかったのが
「intelligence；知能」というテーマです。創造性と知能には相関関係
があるのでしょうか。IQ は通常、特に初期の創造性研究において、人
間の潜在能力を評価するための重要な測定値と考えられています。最
初の IQ テストは 19 世紀末から 20 世紀初頭にかけて開発されました。
それ以来、心理学者たちは、あるテストで好成績を収めた人は、他の
テストでも好成績を収める傾向があることに気付きました。これらの
現象を統合するために、Spearman（1923）は、すべての測定の中心
となる 2 つの要素を提案しました。「g (general ability；一般的な能
力)」と「s (task-specific ability；課題特異的な能力)」(Spearman,
1923) です。第二次世界大戦まで、ほとんどの心理学者は、創造性は
知性の二次的産物に過ぎず、IQ は創造的潜在能力の正確な測定値で
あると考えていました。因子分析という高度な統計技術が洗練された
ことで、どんな特定のテストでも、おそらく「g」である一般的な認

知能力に起因するパフォーマンスを測定できるようになりました。さらに、認知能力は事実上、階層化されていることが多くの学者の間で認められています。一般的な因子である「g」が階層の一番上にあり、次に流動的な思考や作業記憶などの広い能力が続き、一番下には特定の課題に通常関連する特に狭い能力があるとされています (Carroll, 1993; KAUFMAN, COLE, & BAER, 2009)。

才能のある子供たちを対象に行われた最新の研究では、IQ の違いが大人になってからの優れた創造性を予測することはできないことが示唆されました。しかし、大きな成功を収めるために必要な IQ の最低条件があるようでした。具体的には、IQ が 120 であれば優秀であることを示しますが、このレベルを超えると、IQ が高いからといって成功の可能性が高まるとは予測できません (Barron & Harrington, 1981)。

研究者たちは、創造的な科学者、芸術家、作家は一般的な知能テストで高得点を得ることを示しています (Barron & Harrington, 1981)。とはいえ、創造性と知能をめぐる議論を複雑にしている要因のひとつは、1960 年代以降、知能テストが劇的に変化したことです。さらに、ほとんどの IQ テストは心理学的理論に基づいておらず、「g」や研究に基づいた能力を測定するように設計されていません (KAUFMAN et al., 2009)。「g」を正確に測定できる単一のテストは存在せず、既知の各テストには一般的な能力と特殊な能力の両方が含まれています。現時点での課題は、多くの特定のテストを統合し、そのすべてのスコアを統計的手法と組み合わせて、「g」を測定することです。そのため、1960 年代から焦点が移り、10 因子理論が目前に迫ってきました。10 因子理論は、Cattell-Horn-Carroll（CHC）理論として知られており、Cattell-Horn の流動的知能と結晶化知能の理論 (Horn & Cattell, 1966)、キャロルの 3 層構造理論 (McGrew, 2009) を組み合わせたものです。現在、すべての IQ テストは CHC 理論に基づいています (Flanagan, Ortiz, & Alfonso, 2013)。

CHC 理論には 10 の要素があり、それぞれの要素はさらに以下のよ

うな 2 つ以上の限定された能力で構成されています。

- 「Gf (fluid intelligence; the ability to apply a variety of mental operations to solve novel)
  ; Gf（流動性のある知性：新しい問題を解決するために様々な精神的操作を適用する能力)」
- 「problems that do not benefit from past learning or experience ; 過去の学習や経験が生かされていない問題 」
- 「Gq (quantitative knowledge) ; Gq（定量的知識)」
- 「Gc (crystallized intelligence; the breadth and depth of a person's accumulated knowledge of culture and the ability to use that knowledge to solve problems)
  ; Gc（結晶化された知性。人が蓄積してきた文化に関する知識の幅と深さ、およびその知識を使って問題を解決する能力のこと)」
- 「Grow (reading and writing) ; Grow（読み・書き)」
- 「Gsm (short-term memory) ; Gsm（短期記憶)」
- 「Gv (visual processing) ; Gv（視覚処理)」
- 「Ga (auditory processing) ; Ga（聴覚処理)」
- 「Glr (long-term storage and retrieval) ; Glr（長期保存と検索)」
- 「Gs (processing speed) ; Gs（処理速度)」
- 「Gt (decision speed/reaction time) ; Gt（決定速度／反応時間)」

　現代の知能テストの測定では、ほぼすべてがこの 7 項目を含んでいます。Gq と Grow は学業成績であり、Gt は一般的なテストでは測定されません (Barbot & Reiter-Palmon, 2019)。さまざまな IQ テストは通常、4 〜 7 項目を測定します。最もポピュラーなテストは、Wechsler Scale（WISC-IV および WAIS-IV）と呼ばれるもので、言語理解、知覚的推論、ワーキングメモリ、処理速度に関わる 4 つの能

力を測定します (J. C. Kaufman & Beghetto, 2009)。知能と創造性の関係については、前世紀から議論されてきました。創造性が価値ある研究分野であるならば、他の科学分野とは切り離す必要があります。もちろん、創造性と知性が同じものではないことを検証するための証拠が必要でした。創造性に関する初期の研究の中には、創造性が知性とは異なる可能性を検証することを目的としたものがありました。創造性が知性に依存するのであれば、知性に注目する意味はなく、つまり、知能を探究すれば創造性は後からついてくるということです。しかし、念のために言っておきますと、初期の研究では、創造性は伝統的な知能に依存しないことが確認されています。

4.3.6. Threshold Theory ; 閾値理論

議論に値するもう一つの理論は、閾値理論です。具体的には、IQ と創造性は IQ120 までは相関関係があり、それ以上になるとスコアと相関関係は無関係になるという閾値理論です。

閾値理論 (Getzels & Jackson, 1962) が提案され、その後の数十年間に多くの研究によって急速に精緻化されました (Fuchs-Beauchamp, Karnes, & Johnson, 1993)。この理論は、創造的な人々の知能が通常は平均レベル以上であることを示す一般的な観察結果と一致しています。しかし、いったん平均的な知能レベルを超えてしまうと、高い知能はもはや高い創造性の役割を果たさなくなってしまうというものです。一部の学者は、高い知能が創造性を阻害する可能性を示唆しています (Simonton, 1999)。しかし、ほとんどの証拠は閾値理論を支持していません (Runco & Albert, 1985; Sligh, Conners, & Roskos‐Ewoldsen, 2005)。流動性知能と DT の関係は、すべての知能レベルで発見されています (Preckel et al., n.d.)。いくつかの研究を統合し、IQ と DT の間に異なる相関関係を見出した後、異なる IQ の範囲が観察されました (Kim, 2011)。例えば、IQ が 100 未満の場合、相関係数

は 0.260、IQ が 100 〜 120 の場合、相関係数は 0.140、IQ が 120 〜 135 の場合、相関係数は 0.259、IQ が 135 以上の場合、相関係数は 0.215 などの相関関係です。

　これらの結果は統計的に有意ではありませんが、一般的な見解では、創造的なパフォーマンスを発揮するためには、最低限の知能の閾値があるとされています。正確には、この考え方は、従来からの知能の閾値を指しています。なぜなら、知能は人によって異なる意味を持つことが多いからです。つまり知能を学業成績と同一視する人もいれば、言語能力や機転と同一視する人もいるのです。さらに、テストによって重視される多様な能力は異なります。

　閾値理論とは、人が創造性を発揮できない閾値があるというものです。しかし、創造性と知能が同じであると結論づける証拠はなく、閾値理論は、IQ と創造性が特定のレベルでのみ関連している可能性を判断しようとするものです。閾値理論の重要な意味は、知能は創造性の達成に必要ですが、それだけでは十分ではないということです。したがって、人が閾値を下回ると、独自に考えることができず、創造的な作品を生み出すこともできません。閾値を超えると、創造的な可能性を秘めていますが、創造的であるという保証はありません。なお、高い創造性と低い知能を併せ持つ人はいません。最後に、すべてのデータは創造性と知能のテストから得られており、閾値理論は実際の環境でのパフォーマンスではなく、テストされた能力に基づいているのです。

　閾値理論は、知能に対する他のテストよりも適用範囲が広いとされています (Runco & Albert 1986b; Sligh et al., 2005)。論理と実証研究の両方に合致しており、創造性の一般原理に最適なパフォーマンスを発揮します。閾値理論を改善するために行われた多くの研究では、反復計算アルゴリズムの区分け回帰のような複雑な統計的手法を用いて、初期の理論を支持していますが、潜在的な創造性の尺度でしかありませんでした (Jauk et al., 2013)。しかし、能動的な実践における創造的なパフォーマンスを分析する際には、その閾値は存在しません。

さらに、このことは、創造的成果と創造的可能性との間の大きな違い
を反映しています (Runco, 2008)。また、この閾値は、IQ100 前後で
最も顕著であり、独創性をゆるやかに定義した場合にのみ存在するこ
とを示しています (Jauk, Benedek, Dunst, & Neubauer, 2013)。Jauk
ら（2013）のもう一つの結果は、閾値（一般知能と創造性の関係）が
あるときには、性格が創造的達成に大きな影響を与えるというもので
す。これは、ある知的レベル以上になると、創造性のある人とそうで
ない人がいることを説明しているのかもしれません。

4.4 Motivation and the Creative Process
; モチベーションと創造的プロセス

4.4.1.Motivation for Creativity ; 創造性のモチベーション

　Amabile (1988, 1998) は、知能と創造性の関係に関する研究に基づ
いて、創造的な個人や組織に不可欠で、本質的に相互に関連する 3 つ
の構成要素を提案しました。まず、曖昧さを許容し、リスクを取るなど、
特定の創造的なプロセスにおいて、現場の知識、専門性、ノウハウが
重要な役割を果たします。次に、内発的な動機づけ、つまり、実践に
参加する人は、このプロセスで意味を決定することが容易になるから
です。そして、金銭的な報酬や名声などの外発的な動機付けです。また、
仕事の方向性が、その人の創造的動機、さらにはキャリアに対する使
命感や情熱にも影響を与えるということにも注意が必要です (Pratt,
Pradies, & Lepisto, 2013)。

　しかし、創造とは、壮大な響きを持つ探索的な活動でありながら、
実際には必ずしも成功した作品に結びつかず、困難を伴うものである
ことがわかっています。しかし、人間の成長の核心であることに変わ
りはありません。Gruber と Wallace の進化的システムアプローチで
は、創造的な人をシステム全体として、創造的な活動を相互に結びつ

いたネットワークとして扱います (Gruber & Wallace, 1999)。その動機は、創造者の好奇心をかき立てる質問に答えることです。この視点は、創造的プロセスにおける知識、感情、目的の間のダイナミックな関係を考察し、何がクリエーターを情熱的にさせるのかを理解する機会を提供します。

　フローとは、Csikszentmihalyi (2006) が提唱した概念で、人は好きではあるが困難な活動に熱心に取り組んでいるとき、完全に集中している爽快で楽しい瞬間を迎えることがあると指摘しています。このような経験は、クリエイティブな人にとってはご褒美のようなものです。このように、フロー体験は、特定の最終目標や外的原因をあまり気にすることなく、常に創造することで超越的な体験をすることができる内在性の一形態です。

　では、内的要因と外的要因は具体的にどのように創造性に影響を与えるのでしょうか。産業・組織心理学のマトリックス (Unsworth, 2001) は、創造性を4つのタイプに分けて考える視点を提供しています。

- 「Responsive creativity: This involves completing a specific task for an external reason.
  ; 敏感な創造性。これは、外的な理由で特定のタスクを完了させるというものです。」

- 「Desired creativity: Here there is more freedom, which is required to be creative, but it is still driven by other people.
  ; 望まれる創造性。ここでは、創造性を発揮するために必要な自由度は高いのですが、それでも他人に振り回されてしまうのです。」

- 「Contributive creativity: This requires people to be engaged and interested but also focused on a specific and narrower

problem.
；貢献的な創造性。人が関心を持ち、具体的で狭い範囲の問題
に焦点を当てる必要があります。」

- 「Positive creativity: This is created for personal reasons,
  which is probably the most familiar creative concept.
  ；ポジティブな創造性。これは個人的な理由で作られたもので、
  最も身近なクリエイティブコンセプトと言えるでしょう。」

　創造的になるための自分なりの理由を持つことが、より良い結果に
つながります。ただし、モチベーションは潜在的に創造的な行動を引
き起こすものであり、創造的な行動を起こした後は、次のセッション
で取り上げる創造的なプロセスに注意を払うべきであることに留意す
る必要があります。

　何世紀にもわたって、哲学者たちは創造的プロセスについて2つの
対立する理論を展開してきました。理想主義者は、一度、創造的なア
イデアを思いついたら、そのアイデアが実現されようが、他人がその
アイデアを知ろうが関係ないと主張しています。アイデアが頭の中で
完全に形成された時点で、創造的な仕事は完了するのです。この考え
方は、20世紀に2人の哲学者によって展開された「Croce-Collingwood
理論」と呼ばれています (Robert Keith Sawyer et al., 2003)。この理
論は、創造性の本質はある瞬間に突然発生するという信念として、西
洋文化モデルに現れています。一方、行動理論家は、創造性には創造
的な作業が不可欠だと考えています。この考え方は、現実の生活では、
創造的な思考は素材を処理しているときに起こることが多いという観
察に基づいています。あるアイデアを実行し始めると、それが期待通
りに機能していないことに気付き、変更しなければならないことがよ
くあります。最終的には、当初のアイデアとはまったく違うものにな
ることもあります。

　創造性に関する初期の理論的研究では、明白な疑問に答えようと
しました。創造的プロセスとは一体何なのか。Wallas, G. (1926) の
「The art of thought」という本の中で、この疑問を創造的な認知プ
ロセスで扱っています。以前の調査 (Koenigsberger, 1902) から着
想を得た「Five-stage model；5 段階モデル」は、現在でも使用さ
れており、「preparation, collection, incubation, enlightenment,
verification；準備、収集、孵化、啓発、検証」が含まれています。

　クリエーターは、学習と情報収集を経験した後、思考を続け、その
後、インキュベーション (孵化) や一連のリフレクション (内省) を経
て、最終的にブレイクスルーに至ります。最後に、アイデアをテスト
し、拡張し、実行するための検証段階が実施されます。創造性の 5 段
階モデル (Wallas, 1926) が開発された後、主に認知革命以降、創造的
プロセス全体を支える精神的プロセスに新たな関心が寄せられるよう
になりました (Lubart, 2001)。Guilford's (1950, 1967) の知能モデル
は構造的な影響を及ぼしました。これは主に知能に関する理論ですが、
創造性が重要な役割を果たしています。認知スタイル、知能、パーソ
ナリティに関する理論 (Sternberg & Grigorenko, 1997) とその修正版
(Sternberg & Grigorenko, 1997) が開発されるまでは、知能研究は創
造性を重視していました (J. C. Kaufman, Plucker, & Russell, 2012)。

　Guilford が提唱する思考プロセスは、DT と「convergent thinking；
収束的思考」の 2 つです。DT とは、問題に対してさまざまな解決策を
導き出す能力のことで、収束的思考とは、最適なアイデアや答え、つま
り最も追求する価値のあるものを選択することです。この 2 つの思考プ
ロセスは、「idea generation；アイデア創出」や「idea exploration；
アイデア探索」と呼ばれることもあります。DT の概念は、TTCT の
ようなほとんどの創造性テストの中核となる概念です (Almeida et al.,
2008b; Raithby & Torrance, 1974)(Guilford, P. (1976)。

　その後、準備、アイデアの生成、アイデアの評価、検証を含む創造
的プロセスを意味する統合モデルが開発されました (S. M. Sawyer et

al., 2012)。

　最も大きな貢献は、複合的な問題の特定 (Mumford & Connelly, 1991; Reiter-Palmon & Robinson, 2009) であり、創造プロセスの初期段階で、解決すべき問題を理解することが求められます。というのも、練習やテストでは、問題が明示されていることが多いのですが、現実の世界では、問題が十分に定義されているとは限らないからです。問題が明確に定義されているかどうかは、解決策の選択に大きく影響します（問題定義と問題解決については第 6 章で紹介します）。問題解決のためには、頭を使うことが必要なのです。

　「Theory Blind Variation and Selective Retention；BVSR 理論」(Campbell, 1960) は、1960 年に初めて提唱され、その後、数十年を経て拡張・改良されました (Simonton, 2011)。BVSR は、アイデアは通常、盲目的に出現すると考えています。自然に生まれるものもあれば、時間をかけて保存されたものもあります。保存されたアイデアだけが永続し、実際に影響を与えることができます。Galenson（2009）は、優れた創造的プロセスを 2 つのタイプに分類しています。1 つ目は、コンセプトの創造で、これは多くの場合、アイデアから始まり、それを実際に適用するための最良の方法という観点から繰り返し評価されます (Galenson, 2009)。2 つ目は、実践の創造であり、どの解決策が最善であるかを決定するために、思考と実践を継続的に洗練させていくことです。しかし、この理論の経験的な裏付けは、例外的なものではありません (Durmysheva & Kozbelt, 2010)。次に、創造的合成プロセスを表示するための統合モデル (R. Keith Sawyer, 2018) である 8 つの段階について説明していきます。

1.「Define a problem；問題の定義」
2.「Acquire knowledge related to the problem；問題に関連する知識の獲得」
3.「Collect information；情報収集」

4.「Incubate the information；情報のインキュベーション」

5.「Generate ideas；アイデアの創出」

6.「Combine ideas；アイデアの組み合わせ」

7.「Select the best idea；最適なアイデアの選択」

8.「Externalize the Ideas；アイデアの外部化」

4.4.2. Eight Stages of the Creative Process ；創造的プロセスの 8 つの段階

1) Define the Problem；問題の定義

　現代の認知心理学では、創造性は本質的に問題解決の一形態であることが示されており、研究者たちは創造的プロセスの段階を問題解決の段階と比較してきました (Blum et al., 2000; Flavell & Draguns, 1957; Joy P Guilford, 1967; Y. J. Kaufman & Sendra, 1988)。1962 年に発表された Newell らの論文では、創造性は問題解決の中でも特別な種類の実践であるようだと最初に提唱されました。さらに Guilford は、創造性は問題解決と非常によく似ているとさえ主張しています。

　心理学者が人がどのように問題を解決するかを研究するとき、参加者に明確に定義された問題、その解決方法が明らかに分かっている問題を提示します。Newell ら (1962) は、問題解決の一般的なプロセスは、頭の中の地図のような想像上の解決空間で起こると提唱しました。これは、頭の中の地図のようなもので、出発点があり、終点である解決策に到達することが課題となります。全体が見えないからこそ、様々な戦略を立てて目標にたどり着かなければなりません。しかし、芸術でも科学でもビジネスでも、このような問題が現実の文脈の中で正確に表現されることはほとんどありません。最も現実的なのは試験でしょう。しかし残念ながら、創造性を発揮するのは、試験を受けているときではなく、曖昧な問題を解決しているときなのです。

　したがって、定義されていない問題は、その解決に向けて進む前

に、特定され、よりよく定義されるべきであるのです (Jay & Perkins, 1997)。収束的思考は、主に定義された問題を解決することに関係しているので、定義されていない問題は、高いレベルの DT を必要とする可能性が高いと考えられます。探索空間を作るための最初で唯一のステップは、特定された問題を追うことです。

2) Acquire Knowledge Related to the Problem
；問題に関連する知識の獲得

　第 2 段階では、問題が定義された後に、その問題に関連する知識を獲得します。適切な背景の知識と深い蓄積が創造の基礎となるため、このプロセスでは創造者が自分の専門知識を十分に熟知し、ドメイン内の知識を内在化する必要があります。創造性は、既存の要素が何らかの方法で効果的に組み合わされ、新しいコンセプトが生み出されたときに生じます。多くの研究者は、創造的な貢献ができるようになるには、ある分野を約 10 年間研究する必要があると考えています (Gardner, 1993)。この 10 年という期間は、この分野を学ぶことの重要性を示しています。

　優れたクリエイターは、この時期に独自の学習を積極的に行いますが、これを Anders Eriksson は「deliberate practice；意図的実践」と呼んでいます (Ericsson, 2006; Ericsson, Krampe, & Tesch-Römer, 1993)。しかし、この意図的実践は、同じプロセスを何度も繰り返すだけでなく、以前よりも少し先に進むために行われるものであり、コミットメントと絶え間ないフィードバックによって最終的にはマスターレベルになるのです。Ericsson et al. (1993) が提唱した 10,000 時間の専門知識とは、特定の分野に意識的に 10,000 時間の練習を投入した人だけが、世界レベルのパフォーマンスを達成できるというものです。この予測は、チェス、医学、プログラミング、ダンス、音楽の世界においていえるとされています。また同様の数字は、他の研究者が著名なクリエーターの伝記をもとにした研究でも提示されて

います。

　また、分野別の知識は、受動的な内面化がすべてではありません。逆に、分野別の知識は、最初の学習プロセスにおいても、創造的に変化させることも可能です。これは自然なプロセスです。芸術家がギャラリーを歩くとき、現在取り組んでいる問題を創造的に解決するために、インスピレーションを与えてくれそうな絵画やアート作品を本能的に選択的し、検討するのだそうです。

　先行研究 (Mumford, Baughman, Maher, Costanza, & Supinski, 1997) では、仮想的に符号化された情報が、その情報を革新のために使用する能力にどのように影響するかが示されています。特定の分野の知識を内在化する方法を知らなければ、人は創造性を発揮できないため、創造性を発揮するにはフォーマルな学習が不可欠です。いくつかの研究では、創造性は、教育レベルに関して「inverted "U" function；逆 U 字型の関数」を持つことがわかっています（図 4-3 参照）。しかし、過度な教育は創造性を阻害します。

図 4-3

The relationship between formal education and ranked eminence for creators (Simonton, 1981). ;学校教育と創造者たちの卓越したランクの関係性 (Simonton, 1981).

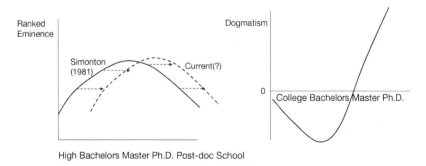

Note. It is redrawn from Simonton, D. K. (1981). Formal education, eminence, and dogmatism. *Journal of Creative Behavior*, 17, 149–162.

　具体的には、その分野で十分な教育を受けた後、さらにトレーニングを重ねると、人は過剰に社会性を失い、硬直した考え方になってしまう可能性があります。ノーベル賞受賞者を長年研究してきた研究者たちは、高い創造性を持つ人は、同じ分野で同じように高い創造性を持つロールモデルを積極的に求めることを発見しました (Zuckerman, 1974)。さらに、メンターを持つことと、認められた創造的貢献の数との間には相関関係が見られます (Almeida et al., 2008b; Nakamura, Shernoff, & Hooker, 2009)(Guilford, P. 1976)。

3) Collect Information ; 情報の収集

　創造的思考とは、問題に関連するあるいは関連する可能性のある環境情報に絶えず注意を払うという、一種の知覚です。私たちの脳は、さまざまな情報源から吸収した膨大な量の情報を、意味のある単位として処理しなければなりません。これは、創造という変容を伴う精神的なプロセスです。生理学者であり神経科学者でもある Rodolfo Linas は、結局私たちの世界観は、脳が作り出した投影であると考えています。私たちの目は、視覚データを視覚野から思考や創造性を司る脳の高度な領域へと伝達し、処理していると考えられています。

　この 10 年間に神経科学がもたらしたさらなる証拠により、何百万ものニューロンが、脳の高次領域から視覚野へ情報を送る役割を担っていることが明らかになりました。これらの視覚野への接続のうち、目から直接つながっているものは半分以下で、大部分は脳からつながっています。これらの知見 (Bakker & Niemantsverdriet, 2016) は、私たちの知覚のうち、外部の情報から得られるものはわずか 20% であること、すなわち、知覚の 80% は脳によって決定されることを示しています (Bakker & Niemantsverdriet, 2016)。

　さらに、心理学者は、創造的思考に関連する多くの知覚技術を特定しています。人は情報を整理すると、より創造的になり、理解を

促進するために必要で有用な情報を意識的に保持することができます (Mobley, Doares, & Mumford, 1992)。そのためには、情報を求めるときに批判的・評価的であることが必要です (Lonergan, Scott, & Mumford, 2004)。言い換えれば、創造的な人々は、現在の情報と関連して、ギャップを見つけ、潜在的な関係を特定し、問題を解決するための機会を利用することに長けているのです (Burger, Perkins, & Striegler, 1981)。

4) Incubate the Information；情報のインキュベーション（孵化）

インキュベーションは、創造的なプロセスの重要な部分です。ここでは、すべての関連情報を処理するための時間を与え、創造的な問題解決に役立つ新しい適切な組み合わせを見つけることに重点を置いています。多くの偉大なクリエイターたちは、最高のアイデアは、無意識のうちに行われるインキュベーションから生まれたと主張しています。

偉大な数学者であるアルキメデスについて、次のような話があります。ある日、アルキメデスは、シラキュースの王ヒエロンのために作られた新しい王冠が、純金で作られていないことを証明する任務に就きました。アルキメデスは考えに考え抜きましたが、その方法を見つけることができませんでした。アルキメデスは、この問題についてしばらく考えることをやめ、ゆっくり風呂に入って少し休むことにしたのです。アルキメデスは浴槽にお湯を入れて入ったとき、ふと気がつくと浴槽の縁からこぼれ落ちるお湯の量が自分の体と置換されていることに気がついたのです。つまり、こぼれるお湯の量は自分の体重と同じ重さになっているということです。金が他の金属よりも重いことを知っていたアルキメデスは、こうして王冠が純金ではないと判断する方法を思いついたのです。

これはあくまで物語ですが、複数のプロジェクトを同時にインキュベートする際の潜在意識の役割が鮮やかに描かれています (Moneta

& Csikszentmihalyi, 1996)。多くのクリエイターは、インキュベーションのプロセスを料理を作るというメタファーで表現します。困難な課題に直面したときは、しばらくの間、その課題を脇に置き、コンロの上の料理のように時間をかけて創造性を煮詰めることが推奨されます。この潜伏期間中は、アイデアが急速に結合したり、無秩序に組み替えられたりします。このことについて、アインシュタインは、「Mental entities seem to be elements of thought, the certain symbols and clear images that can more or less be combined... This combination seems to be a fundamental feature of creative thinking；精神的実体とは、思考の要素であり、多かれ少なかれ組み合わせることのできる特定の記号や明確なイメージのことであるようだ。この組み合わせは、創造的思考の基本的な特徴であると思われる」(Defoe, Adams, Rogers, & Cowper, 1945) と表現しています。したがって、インキュベーションの研究は、前意識的なプロセス思考が二次的なプロセス思考に支配されている洞察理論と密接に関連しています。意識はこれらの根底にある力に対して、大きく反応しているのです。Kris（1952）は、芸術家精神とは、「return to self-efficiency；自給自足への回帰」と呼ばれるような、より積極的な役割を果たすべきだと主張しました。成功するクリエイターとは、無意識の主要なプロセスを意識的に吸収する人のことです。

　さらに、インキュベーションを理解するためには、固定観念いう別の概念も理解する必要があります。最も重要なのは、行き詰まっていることを気づくこと、つまり固定観念であり、それは問題を少なくとも一時的に脇に置いておくべき瞬間だということです。

　しかし、インキュベーションについては、固定観念がなくても、逆効果の行動を止める必要があります。しかし、どの方向に、どのような解決策があるのかという疑問が残ります。この問題には明確な答えはありませんが、固定された質問が有効なヒントになることもあります。

5) Generate Ideas；アイデアの創出

associationist 理論は、20 世紀初頭にアメリカの心理学を支配した心理学パラダイムである行動主義を強く支持しています。しかし、ゲシュタルト派は連想主義を否定し、代わりに思考の統合性は不可逆的な現象であると提唱しました (Duncker, 1926)。アメリカの心理学者 William James は、突発的な洞察は、多くの情報を持ち、異なる要因を結びつけることから生じると考えていました。一方、ゲシュタルト科学者の Duncker は、問題の中には突然解決されるものがあり、それには漸進的なプロセスの証拠はないと指摘したのです。このことを証明するために、彼は 20 のパズルを作り、それらのパズルに対応する問題は、関連性を高めることでは解決できないと主張しました。これらの問題の中で最も有名なものの一つが、Duncker (1945) の放射線問題です。

「*Suppose you are a doctor and you are confronted with a patient who has a malignant tumour in his stomach. Surgery is out of the question, but the tumour must be destroyed, or the patient will die. There is a kind of X-ray that can be used to destroy tumours. If the X-ray is powerful enough to destroy the tumour, it also destroys the stomach's healthy organs. However, the soft X-ray does not harm other organs but also any sense to remove tumours. So the question is, how do you use X-ray to cure the patient?*；あなたは医師で、胃に悪性の腫瘍がある患者が目の前にいます。手術はできませんが、腫瘍を破壊しなければ患者は死んでしまいます。腫瘍を破壊するのに使える放射線治療があります。しかし強力な放射線で腫瘍を破壊すると、他の健康な臓器も破壊されてしまいます。だからと

いって、弱い放射線量だと他の臓器は安全だが、腫瘍は破壊
できません。では放射線をどのように使って患者を治療すれ
ばいいのでしょうか。」

　Dunker が 42 人にこの問題を提示したところ、正解したのは 2 人だ
けでした。これは予想通りの結果でした。多くの研究者は、声に出し
て考えるプロトコルを採用することで、思考のプロセスを描こうとし
てきました。しかし、研究者たちは、それが実現不可能であることに
気づきました。ほとんどの人は、解決策に集中するあまり、他の視点
から問題を見ることができないのです。他の例としては、9 つの点を
4 本の線を使って接続しなければならないが、鉛筆を紙から離しては
いけないという 9 点問題（図 4-4 参照）があります。

図 4-4

Nine-Dot Problem. Connect the nine dots with four straight lines without lifting
the pencil from the paper (Maier, 1930). ; 9ドット問題。紙から鉛筆を離さずに、9つ
の点を4本の直線で結ぶ課題(Maier, 1930)

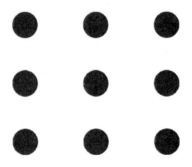

　多くの参加者がこの課題を難しいと感じているのは、普段から点を

直線で結ぶことに集中していて、常にローマ字の「Ⅵ」を書こうとしていたからです。一つの理由として、人は根拠のない思い込みをしていることが考えられますが、枠の外に線を伸ばすことはほとんど考えられません。ゲシュタルト理論の研究者は、洞察が生まれるのは、連想の連鎖が増えていくからではなく、固定観念が崩れるからだと主張しています。その結果、問題が再構成され、解決されるのです。

　Dunker の古典的な問題の中には、今でも使われているものが多くあります。例えば、ロウソク問題（図 4-5 参照）。これは、画鋲、マッチ、ロウソクが入った箱があり、ロウソクに火をつけて壁に貼り付けるという課題があります。ロウソクの問題は、機能的固定化 (Glucksberg, 1962) という別の問題を浮き彫りにしています。つまり箱が単なる容器ではなく、棚としても使えることに気づかないのです。

図 4-5

Using only the pictured items, mount the candle on the wall and light it.
；写真のものだけを使って壁にロウソクを取り付け火を灯す課題

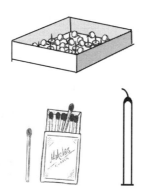

Note. It is redrawn from the Duncker's (1945) candle problem.

　洞察すると理解できるのです。しかし、人々は、厳密に順序付けられた演繹法では答えを示すことができないため、問題がどのように解

決されているのかがわからずに驚いています。しかし、ひとつはっきりしているのは、洞察の問題には、DT、収束思考、固定観念の克服など、創造性に関連するいくつかの認知能力が関係しているということです (DeYoung, Flanders, & Peterson, 2008)。

Fixation – Restructure；固定観念 - 再構築

　ほとんどの人は、洞察をする前に苦悩を経験します。ゲシュタルト理論が主張するように、洞察の問題がとる位置は、間違った解決策への「fixation；固定観念」のために困難であり、その結果、膠着状態となり、一連の漸進的な関連付けではなく、問題の根本的な再構築によってのみ解決されるということです (Weisberg & Alba, 1981)。固定観念の日常的な例としては、例えば名前を思い出そうとする際に、思い出しそうで全く思い出せない tip of the tongue phenomenon (TOT) があります (Roediger & Neely, 1982)。1995 年、スミスはデザインを学ぶ学生を調査し、彼らとデザインの専門家は、デザインのお手本を最初に見るか、全く見ないかのどちらかであることを発見しました。また、お手本のデザインとはできるだけ違うものを作りなさいと言われても、お手本に集中してしまうのです。

　別の実験では、地球によく似た惑星に存在するかもしれない動物を想像し、絵を描いてもらいました (Ward, 1995)。興味深いことに、参加者は動物が目、耳、足などの特定の核となる特徴を持っていると予想したのです。さらに、動物の体は常に左右対称であることもわかりました。2 つ目の実験では、Ward は別のグループに、「very different from Earth；地球とは全く異なる」惑星に住む動物を想像してもらいました。しかし、この実験の結果は、最初の実験とほぼ同じでした。このように、想像力は非常に構造化されていることが多く、人はすでに知っているものと同じようなものを新しいものとして生み出す傾向があることがわかります。これらの実験は、固定概念で構造化された想像力が、変わった独創的な解決策を生み出す能力を妨げていること

を示しています。この制限を克服してブレイクスルーを生み出そうとすることは、クリエイティブなプロセスにとって非常に困難なことなのです。

6) Combine Ideas ; アイデアの組合せ

何十年にもわたり行われてきた洞察に関する心理学的研究によると、新しいアイデアは、全く新しい概念が突然、自然に生まれるのではなく、既存のアイデアの再結合から徐々に生まれてくることが示されています。これは、創造性とは、既存のアイデア、より正確にはすでにその分野に存在し、創造者が内面化している馴染みのあるアイデアや慣習を組み合わせたり、再結合したりするプロセスであるとする連想理論と非常によく一致しています。つまり、すべてのアイデアは派生的なものであると考えられるのです。しかし、19世紀の連想研究では、心の中の連想のメカニズムを説明することはできませんでした。認知心理学が発展した過去数十年の間に、研究者たちは脳がどのようにアイデアを組み合わせるかについて多くのことを明らかにしました。

洞察力は通常、再編成の概念で説明されます (Ohlsson, 1984)。認知過程の研究の中でも、概念の組み合わせ、メタファー、アナロジーが創造性に最も関連すると考えられているのです (Thompson et al., 1997; Ward, 1995)。この考え方では、2つ以上の異なる概念を組み合わせて新しい概念を作ることが創造性のきっかけとなります。アナロジーの場合、ある属性があるメンタルモデルから別のメンタルモデルに移行されます。有名な例では、De Mestra は、バリ取り棒が服にくっつくことを考えて、マジックテープのアイデアを思いつきました (Hill, Fujii, Johnson, & Kawasaki, 1978)。このように、概念の（再）結合は人間の基本的な認知能力であると言えます。それにもかかわらず、Hampton (1987) は、人がペットや鳥のような身近な接続詞を組

み合わせても、そのカテゴリーの事例を思い出しているだけなので、思いがけない属性を思いつくことはほとんどないと主張しています (Hampton, 1987)。例えば、オウムは喋るなどです。偶然の属性は、架空のオブジェクトを生成するために結合される可能性が高いです。なぜなら、それらはしばしば複雑な問題を解決する必要があり、そのためにそれらがどのように機能するかを説明するためのストーリーを構成する必要があるからなのです。

　また、情報理論を用いて線形検索を説明する方法もあります。(Newell & Simon, 1972; Weisberg & Alba, 1981)。このことは、問題解決とは、代替空間において、問題を解決に結びつける一連の行動が見つかるまで行われる漸進的なプロセスであることを意味しています (Ohlsson, 1984)。しかし、洞察力に関する研究の拡大は、それが情報と経験の両方に依存する可能性であると示唆しています。特に、ある分野で豊富な経験を積んでいる場合には、洞察が困難になることがあります (Wertheimer, 1985)。なぜなら、そのような経験は、新しい独創的なアイデアの発見を妨げる心的構造を心に植え付けるからだと考えられています。この現象は、新しい問題に対して過去の経験や伝統的な考え方に固執してしまう機能的固定化に似ています (Duncker & Lees, 1945)。豊富な専門知識 (Rubenson & Runco, 1995) と、そのほとんどがドメイン固有のものである実質的な知識を持っている専門家でさえ、革新的な思考をすることは非常に困難です。もう一つの興味深い現象は、専門家は領域内での知識が多すぎるために、しばしば多くの仮定をしてしまうことでもあります。具体的な知識は、現場の問題を解決する際に自動的に活性化されるため、専門家は多くの分野で初心者よりも優れたパフォーマンスを発揮することができますが、創造的な思考を発揮することが妨げられることも多いのです。そのため、多くの学者は、専門家が複数の知識分野を探求することで、新たな視点を獲得し (Skinner, 1956)、ドメイン知識の飽和や硬直、過剰な専門性を回避することを推奨しています (Martinsen & Helland-Hansen, 1995)。

7) Select the Best Idea；最適なアイデアの選択

　ベストなアイデアを選択するということは、どの問題を探求する価値があるかを考え、何を研究するかを決め、何を検討するかを決め、何を諦めるかを確認することです。しかし、何事も完璧な計画のもとでは実行できません。認知、記憶、発散的生産 (発散的思考)、収束的思考、評価などが、創造的プロセスにおいて並列的に作用すると考えられており (Joy P Guilford, 1967)、どのアイデアを保持するか、あるいは放棄するかを評価することそのものが、創造的プロセスであると考えられています。つまり、有用なコンセプトを選択して問題を解決するようにと言われると、人は第 2、第 3 段階でのパフォーマンスが緩くなり (Mumford et al., 1997)、長期的な目標や解決策の質を気にしすぎてしまうのです。さらに、新しい発想や組み合わせが自分の意識の中に現れたとき、それが良いアイデアかどうかを評価し、判断しなければなりません。

　結局のところ、すべてのアイデアが良いわけではなく、またすべてのアイデアがインキュベーションからアウェアネス (意識) へとうまく飛躍できるわけではないのです。洞察が不正確であったり、技術的な理由でイノベーションが実現できなかったりすることもあります。また、絵画的アイデアは、聞こえは良くても見た目が悪いかもしれません。このような考察は、通常、批判的思考を引き起こし、あるいは収束的思考と呼ばれています。つまり、創造的なプロセスの評価段階は、完全に意識化されているのです。クリエーターは、その分野の多くの知識を活用したり、職業について深く考察したりしなければなりません。タイムリーな評価と修正は、クリエイティブな成果に直接影響を与えます (Lonergan et al., 2004)。この点については、関連文献のレビューから 12 種類の属性が特定されています (Blair & Mumford, 2007)。

　　1.「Risky (high probability of incurring a loss)；リスキー

(リスクが高く損失を被る可能性が高い)」

2.「Easy to understand；理解しやすいもの」

3.「Original；オリジナル」

4.「Complete description (provides detailed steps needed to make the idea work)；完全な説明（アイデアを実現するために必要で詳細なステップを提供している）」

5.「Complicated；複雑なもの」

6.「Consistent with existing social norms；既存の社会通念と一致している」

7.「High probability of success；成功の可能性が高い」

8.「Easy to implement；実行しやすい」

9.「Benefits many people；多くの人にメリットがある」

10.「Produces desired societal rewards；望ましい社会的報酬が得られる」

11.「Time and effort required to implement；実施するために必要な時間と労力」

12.「Complexity of implementation；実施の複雑さ」

　多くの研究によると、人は社会的な規範に適合し、すぐに望ましい結果が得られるアイデアを好みます。さらに、実行するには複雑だが、理解しやすく、多くの人に利益をもたらすアイデアであればなお好ましいと言われています。人は、普段はリスクの高い独創的なアイデアを拒否していても、ストレスを感じるとリスクが高くなり、その結果、独創的なアイデアを受け入れやすくなることがあります。このような場合、人はよりリスクの高い、より創造的なアイデアを選別するために余分な時間を割く傾向があります。別の研究 (Dailey & Mumford, 2006) によると、人は新しいアイデアを評価する際に 2 つの問題を考

慮することが多いとされています。1つ目は、そのアイデアを実行するために必要なリソースであり、2つ目は、そのアイデアを実行した場合の潜在的な結果です。多くのクリエイティブな仕事では、多くの異なる評価基準が関連しており、どの基準がより重要なのか、またそれぞれがどのように関連しているのかは明確ではありません。数多くの研究により、評価戦略は、ドメインとフィールドの知識内で新規性と適合性のための迅速な評価に基づいていることが実証されています (Bink & Marsh, 2000)。同時に、一般的な評価では、技術的な専門知識や特定の教材も考慮されます (Csikszentmihalyi & Sawyer, 2014)。さらに、アイデアの正しさを評価することと、その適切さを判断することの間には、しばしば緊張関係があります。この分野は継続的に変化しているため、適切な状態を保つためには評価基準をタイムリーに改良する必要があります。

　創造性に関する研究の多くは、創造的な人は自分のアイデアを批判的に評価し、利用可能な選択肢の中から最適なアイデアを選ぶことにも長けていることを明らかにしています。あるいは、発散的思考と収束的思考の間の緊密な関連性が創造性を高めます。Runco (2003) は、現実世界における創造性は、アイデアの生成と批判的選択を必要とすると主張しました。Runco は、いくつかの研究で、DT スコアと自分のアイデアを判断する精度の関係を明らかにしました。その後の研究 (Runco & Chand, 1995) では、自分のアイデアを評価する人の正確さが、さまざまな課題で独創的なアイデアを生み出すことと相関していることを明らかにしたのです (R s = 0.48, 0.61)。評価の正確さは、大人 (Runco & Vega, 1990) でも子供でも DT と関連することが示されました。さらに、独創的なアイデアを多く持っている人は、そのアイデアを評価することにも長けていたと結論付けました。

　また，別の研究では、レンガとナイフという 2 つの物体を使った非日常的な作業 (Silvia et al., 2009) と、丸いものと音の出るものという 2 つの実用的な作業を含む 4 つの DT タスクを被験者に行わせ、そ

れぞれのタスクについて最も創造的なアイデアを2つ選ばせました。評価者は、被験者のすべての回答を1〜5の尺度で評価しました。その結果、オープンネスの高い参加者ほど、DT課題に対してよりクリエイティブな回答をしていることがわかりました。彼らの評価は正確であり、良心的な参加者は逆のパターンを示しました。創造的なアイデアを生み出す能力は、アイデアを評価する能力と正の相関があることがわかりました。具体的には、より多くのアイデアを出す人は、他のアイデアを正確に評価できるということです。ただし、これらの研究は実験室で行われたものであり、どの分野の専門知識も必要としないため、今回の知見が実際のクリエイティブな分野にどの程度適用できるかは判断が難しいとされています。しかし、この研究結果は、Big-C創造性についてわかっていることと一致しています。例えば、創造性を発揮するためには、分野別の知識が必要であり、分野別の知識はアイデアの生成や評価に役立つことがわかっています。

第5段階のDTには、いくつかの評価が先行することを示唆する多くの証拠 (Lonergan et al., 2004) があります。潜在的な創造性を正確に評価する能力は、生産的なクリエイターになるために不可欠です。上記の研究では、評価能力と、DTテストなどの他の創造性テストと創造性プロセスとの間に有意な関係があることが示されました。

8) Externalize Ideas；アイデアの外部化

創造性の研究は、アイデアの開発に焦点が当てられていますが、アイデアを実現するためには、多くの努力が必要です。優れたクリエイターとは、自分のアイデアを実行に移すのが得意な人、自分のアイデアに対する他人の反応を予測し、妥当な回答を用意するのが得意な人です。そして、そのアイデアを実現するうえで必要なリソースを見極めるために、実践計画を立て、新しい情報が入ったときには即興で作業を行うのです。この創造的プロセスの最終段階は、主に意識的な段

階であり、クリエイターは自分の知識を活用して、アイデアを完全な
創造的製品に変換する必要があります。

　多くの学者は、この最終段階は本当の意味での「creative；創造的」
ではなく、単にアイデアの実行であると主張する観念論を支持してい
ます。創造的なアイデアを生み出すことはプロセスの核心であり、一
方、アイデアを実行することは巧みなプロセスではあるが創造性を欠
くものであるということです。しかし、アイデアを実行に移すと、多
くの場合、他の新しい見解やその後の洞察が包括的な合意として得ら
れることが、多くの創造的プロセスの研究で示されています。最も創
造的な人は、最初のアイデアが完全に形成される前に、それを整理し
て外部化しようとします。アイデアや予感が頭に浮かんでから、あら
ゆる世界観を提示しようとします。アイデアがあってもそれを実行に
移さなければ、そのアイデアは歴史の中に消えてしまいます。理想的
な問題解決モデルに関する初期の研究では、外部化は実用的な解決
策の5つの中核要素の1つでした (Stein, Littlefield, Bransford, &
Persampieri, 1984)。

　さらに、別の研究では、70人以上の著名なクリエイターにインタ
ビューを行い、彼らの日記やノートに記載された内容を分析しました
(Steiner, 1985)。Steiner によると、領域を超えてインタビューを受け
たすべての人が、初期のアイデアや予感をスケッチブックやメモに書
いたり、あるいは簡単な試作品を作っているという共通点があったと
述べています。彼らは一夜にしてアイデアを思いついたのではなく、
これらの外部イメージを扱う中で、時間をかけてアイデアを出してい
たのです。

　外部化の価値は、2段階のモデルによって認識されています (Finke,
Ward, & Smith, 1992)。第一段階である生成段階は、経験による認知
構造です。生成過程には、記憶の抽出、連想、心的合成、変換、類推
解釈、カテゴリーリダクションなどがあります。次に、第二段階であ
る探索段階では、認知構造の意味を検討しますが、これには、属性の

発見、概念的解釈、機能的推論、文脈的シフト、仮説検証、限界の特定などがあります (Finke et al., 1992)。優れたクリエーターは、アイデアの生成や外部化の前に構造を発明し、その後、漠然とした概念や予備実験、プロトタイプなど様々な方法でアイデアを説明することが多いということです。

　画家のグループを募集して実験を行ったところ (Verstijnen, van Leeuwen, Goldschmidt, Hamel, & Hennessey, 1998)、彼らは視覚的プロセスにおいて、より創造的に外部化していることがわかりました。しかし、経験のないアーティストの場合は、差がありませんでした。メンタルビジュアライゼーションは便利なテクニックですが、比較的単純な問題にしか使えません。構成要素の数が増えれば増えるほど、外部化がますます重要になります。なぜなら、脳は複雑な機械的組み合わせで内部表現するために必要な意識と作業記憶を持っていないからです (Finke et al., 1992)。

　外部化の研究では、頭の中で形成されたアイデアを現実化するためには、単純に実行の問題ではないことを示しています。逆に、初期のアイデアを具体化し、それを操作するプロセスは、豊かでありながら不確実な創造プロセスを促進します。この調査により、専門家がデザインにおいて「visualization；視覚化」「materialization；実体化」「spatial memory；空間記憶」を強調して実践を重視する理由が明らかになりました (Fischer & Boynton, 2005)。欧米の文化的モデルでは、2つの伝統的な信念が支持されています。(1) 創造性の本質は洞察の瞬間である (2) 創造的なアイデアは無意識のうちに神秘的に現れる、というものです。しかし、数十年にわたる実証的な科学研究を通じて、多くの成果が行動理論を裏付け、これら2つの信念に疑問を投げかけています。

4.4.3. Discussion of the Creative Process
；創造的プロセスに関する考察

　8段階モデルは、創造性に関わるすべての認知プロセスを把握するのに有効な方法です。しかし、創造性は直線的に展開するものではなく、創造的プロセスの多くは、この8つの段階のすべてに関連する精神的プロセスと重なったり、繰り返したり、あるいは逆の順序で現れたりします。これは、創造性の高い人に関係することです。創造性研究分野が発展していくにつれ、創造性は時間とともに複雑で非線形な形で現れることが確認できるようになりました。多くの革新的な製品は、数ヶ月、あるいは数年かけて生まれ変わります。Gruber (1974) は、Darwin が 13 年間にわたって行った理論開発のプロセスを、彼の日記を見ながら分析しました (Gruber & Barrett, 1974).。

　認知科学の発展に伴い、柔軟な理解力を身につけることができる人は、より創造的で、問題解決において複数の理解や能動的な組み換え要素を活用することが明らかになっています(Mumford & Gustafson, 1988)。これは、私たちの日常生活のようであり、手近な問題を解決する一般的な方法でもあります。確かに、初期の認知心理学者は、創造性を認知能力の実践に基づく問題解決と考えていました。しかし、ユニークな認知構造こそが、異なる創造的な行動をもたらすのです。1950 年代から 1960 年代にかけて登場した DG テストを用いて創造性を研究するには、認知プロセスの根底にある創造的行動を理解するためのより良い枠組みが必要であり、それによって新しい評価の開発やスキルの新しい組み合わせの探求、さらには創造性の中のスキルの再解釈が可能になります。

　現在多くの研究者は、実験では答えられない無数の実用的な疑問を残したまま、長期的なプロセスを理論的に解明しています。これらの研究者は、創造的な職業で多くの問題に対処しようとしている個人を研究するために、より定性的で伝記的な方法を必要としており、洞察はしばしば答えよりも多くの質問を生み出します。さらに、適切な質

問を生み出す創造的な洞察は、既存の質問に決定的に答えるだけの洞察よりも価値があります。なぜなら、優れた問題を解決することで新たな問題が発生する可能性があるからです。働いていると、クリエイターは頻繁に小さな気づきを経験しますが、それはその過程での努力や意識的な蓄積であると簡単に説明できます。それでも、脳の中で何が起こっているのかは、まだ正確にはわかっていません。

4.5 Cognitive Neuroscience Approach
；認知神経科学的アプローチ

　認知神経科学は、positron emission tomography（PET；陽電子放射断層撮影）、electroencephalography（EEG；脳波検査）、functional magnetic resonance imaging（fMRI；機能的磁気共鳴画像）の3種類の脳イメージング技術を展開するという点で、従来の認知的アプローチと比較して、際立った方法論を提供しています。神経科学によると、脳は1,000億から1,500億のニューロンで構成されています (R. Keith Sawyer, 2018)。各ニューロンは、シナプスを介して1,000から10,000の他のニューロンとつながっています。ニューロンは、信号が集約されて信号の強さを決める樹状突起と呼ばれる短い触手を介して信号を受け取ると、個々の軸索に信号を伝達するのです。各軸索には最大で1,000以上の軸索端があり、それぞれが他の神経細胞の樹状突起に信号を中継しています (Brosch, 2018)。これらの軸索のほとんどは隣接するニューロンに接続されており、少数のニューロンは脳全体に信号を送ることができる長い軸索を持っています (S. M. Sawyer et al., 2012)。

　しかし、それぞれの技術には長所と短所があるため、以下に3つの方法を簡単に紹介します。

4.5.1. Positron Emission Tomography (PET)；陽電子放射断層撮影

　血液中に放射性トレーサーを導入することは、PET 検査の基本であり、血液が多く流れれば流れるほど放射線量も多くなるという観察に基づいています。酸素の放射性同位体がよく使われますが、これは急速に減衰するため、放射線量を減らすのに不可欠です。半減期が 122 秒の O-15 は、最もよく使われる酸素同位体です。PET 実験では、酸素同位体の減衰期間中に所定の時間で終了する認知課題を被験者に課します。O-15 の同位体は約 40 秒でほとんどが減衰し、信号もピークに達したと思われます。関連する脳領域では、認知課題に取り組むと神経細胞の活性化が高まり、局所脳血流による放射能の増加は PET スキャナーで検出することができます。

　その結果、認知的課題に取り組んだ人の脳活動が 3 次元的に表現されました。大脳新皮質の発火速度が速く、神経細胞がより多くの酸素と血流を必要としているため、この特定領域の神経細胞の活性化が増加していたのです。さらに、PET は局所脳血流（rCBF）を検出することで間接的に神経細胞の活動を測定します (R. Keith Sawyer, 2018)。しかし、PET は、空間分解能では高品質のパフォーマンスを発揮しますが、脳活動の検出には EEG よりも時間がかかります (Goense & Logothetis, 2008; Logothetis, 2008)。

4.5.2. Electroencephalography EEG；脳波測定

　脳波計（EEG）は、頭皮のセンサーを利用して、神経活動によって発生する電磁場を測定します。測定の機械化は，神経細胞から軸索と樹状突起に電気的インパルスを介して信号が伝達されることに基づいて行われます。EEG は、樹状突起の電気的活動を検出します (Goense & Logothetis, 2008)。複数の神経細胞とその樹状突起が並列に並び、同時に信号を受信すると、小さな磁場が発生します。大脳皮質では、神経細胞と樹状突起が整列していれば、検出可能な電磁場が発生する

のです。脳底部で神経細胞が整列していなければ、頭皮の電気信号は並列状態に比べて弱くなります。そのため、通常、大脳皮質の活動を調べるためには EEG 法が用いられています。

EEG は、外部から刺激を受けたときの脳の反応をマイクロ秒単位で瞬時に検出できる点で優れており、これを高い時間分解能と呼んでいます。しかし、それでも一次神経細胞が電磁場に現れる変化の場所を特定できないという欠点があり、そのため空間分解能も低いとされています。例えば頭蓋骨の周りに 20 個の電極があったとしても、特定の電極で event-related potential（ERP；事象関連電位）が発生したからといって、その電極の下にある神経細胞がその ERP を引き起こしたとは限らないのです。電磁界は脳全体に広がります。神経細胞の活動に関連する脳領域を特定するには、fMRI のようなより高い空間分解能を持つ他の技術が必要となります。

4.5.3. Functional magnetic resonance imaging (fMRI)
；機能的磁気共鳴画像

Functional magnetic resonance imaging（fMRI；機能的磁気共鳴画像）は、PET に次いで最も広く使われている脳イメージング技術となりました。これは、1895 年に X 線が発見されて以来、最も重要な脳イメージングの開発と呼ばれています (Logothetis, 2008)。fMRI は主に、酸素化された血液と脱酸素化された血液の比率を検出します。この比率は、血中酸素濃度依存信号と呼ばれています。大脳新皮質の特定の領域で神経細胞の活動が活発になると、神経細胞が酸素を使うよりも早く血流が増加し、信号が増加します。fMRI は PET よりも入手が容易で、空間分解能に優れているため、より多く利用されています。検査のたびに放射性トレーサーを注入する必要がなく、何百回もの検査が可能で、その平均値を取ることができます。それに比べ、PET の実験では、毎回の実験前に放射性同位元素を注入する必要があるため、最大で 30 回の実験が可能ですが、12 ～ 16 回の実験が一般的

な範囲です。また、fMRI は時間分解能が高く、2 秒に 1 回の割合で画像を取得することができます。脳波と同様に、脳の反応は複雑であるため、単一の事象の変化を検出することはできません。そのため、研究者が無関係な脳の活動やゆらぎに関わる 50 回の試行の反応を平均化すると、研究可能な事象に関連した信号が得られることになるのです (S. Lee & Care, 2011)。

　人間の脳に共通する変化を説明するために、認知神経科学者は個々の人間を研究するのではなく、多くの人に対して同じ実験を行います。彼らが作成した統計的な画像は、すべての脳を平均化し、統計的なアルゴリズムを用いて実験における平均的な脳活動を特定します。すべての被験者の脳画像を平均化して、1 つの平均的な脳画像を作成します。ちょうど、私たち一人ひとりの指紋が、同じように見えても微妙に異なるのと同じです。同様に、すべての脳の全体的な構成は非常に似ていますが、頭の形や大きさなど一人ひとりの脳は少しずつ異なっています。つまり、研究者が 2 つの脳を比較して同じになるようにするには、すべての脳の大きさを数学的に標準化する必要があります。しかしながら現在のところ、それぞれの脳の詳細な構造を標準化する方法はありません。

　認知神経科学は、創造性を説明するための素晴らしい分野です (Greene, Freed, & Sawyer, 2019)。これらの研究により、創造性は脳の特定の領域に限定されるものではなく、それどころか、創造性は脳全体のニューロンの複雑なネットワークによって生み出されることが明らかになりました (S. M. Sawyer et al., 2012)。これらの知見は、脳科学と創造性の関係を複雑に描いています。しかし、創造性は脳の特定の領域に限定されるものではありません。多くの研究が、創造性にはさまざまな認知能力が関わっていることを示しています。それぞれの認知能力は、それ自体が生物学的な脳の複雑で創発的な特性であり、それぞれが多くの脳領域を同時に含み、継続的な時間を必要とします。したがって、創造性をある特定の脳領域に限定して、その時点で

の洞察力に帰することはできません。

4.6 Conclusion；まとめ

創造性は、種の始まりから私たちに備わっている多面的な構造です (S. B. Kaufman et al., 2016)。その性質やルーツに関する議論は古くから行われています (Afhami & Mohammadi-Zarghan, 2018)。ここ数十年で、創造性の研究はさまざまな分野で拡大していると言えます。本章では、創造性研究に決定的な影響を与えている個人アプローチと、創造的プロセスの統合モデルを紹介しました。4P モデル (Rhodes, 1961) は、人、プロセス、製品、プレッシャー（環境要因）を区別する強固なフレームワークです。しかし、まだまだ探究すべき要素がたくさんあります。創造的人格の研究は独立した単位であり、遺伝学や神経科学に基づいた生物学的な視点も存在します (GrandPré, Nakamura, Vartanian, & Strittmatter, 2000)。本章では創造性を説明するには主に認知的な視点に注目し、創造性と IQ の関係を説明しました。

ビジネスから教育、心理学から神経科学まで、さまざまな分野での創造性については、さらなる学際的な協力が求められています。今日、このような目標を達成することは、かつてないほど容易になっているように思われます。ネットワークやバーチャルな交流によって、私たちはかつてない規模で旅をしたり、新しい友人に会ったり、新しいアイデアを共有したりすることができるようになりました。しかし、人々が互いにコミュニケーションできるということは、文化や言語といった障害をすべて克服できるということではありません。このような状況では、この分野での標準的なコンセンサスが必要になります。多くの学者は創造性に興味を持っていますが、具体的な創造性の研究には精通していないかもしれません。創造性についての情報は膨大で、共通の言語があっても、普遍的に正確なツールを開発することは困難で

す。現在の評価に対する批判の中には、テストが主流であるというものがあります。IQ テストは、どの生徒 に才能があるのか、あるいは学習障害があるのかを判断するのに役立ちます

　標準化された集団的テストは、どの学生が大学や大学院に進学し (Regier et al., 2013)、どの人が高給で影響力のある仕事に就く可能性が高いかを決定します。しかし、これらの指標は一貫して異なる人種間、性差の間に大きな違いを示しています (Bleske-Rechek & Browne, 2014)。こうした違いは問題です。手頃な価格で迅速かつ正確な創造性テストであっても、この分野の発展を限定的に促進するだけで、積極的な創造性を本質的に向上させることはできないでしょう。

　Sternberg が言ったように、共感は知恵の核心です (Sternberg & Kaufman, 2012)。創造的実践における共感の役割を認識し、他者のニーズを理解し対応するためにこのプロセスを積極的に活用するには、創造的プロセスを深く分析すると同時に、他者のニーズ、意図、信念に関する心理的表現を獲得する能力が必要です。共感が個人や集団を規制することを示す証拠が増えています (Cross, Laurence, & Rabinowitch, 2012)。このような考えは、自分の立場を超えて、特定の聴衆であれ一般の人々であれ、他の人が何を言ったりしたりするかを考えるときに生まれます。このプロセスは、創造的実践の新しい可能性を開き、能動的に創造性を発展させることができます。

　もちろん、このモデルは、他人の意見を即座に、あるいは自動的に受け入れることが創造性を高めることを意味するものではありませんし、必ずしも他人のニーズに関心を持つことを意味するものでもありません。しかし、このモデルは、このような活動に参加することなく、異なる視点から考察する能力を養うことで、プロソーシャルな創造の可能性についての洞察を得ることができる方法なのです。

　創造性は、それが普通のものであれ、革命的なものであれ、複数の要素の相互作用を必要とします。創造的な個人、物質世界、社会生活、文化など多くの構成要素があります。したがって、方法論的な観点か

ら、質問や方法は、分析によって創造性のさまざまなレベルを下げるのではなく、この複雑性を特定し維持することを目指すべきであるのです (Barbot & Reiter-Palmon, 2019)。また、学際的なアプローチを適用して創造的なパフォーマンスを明らかにすることを第一の動機とすべきであり、それが創造性研究の明るい未来を約束するものでもあります。

4.7 Discussion and assignment；ディカッションと課題

4.7.1. Group discussion in classroom；グループワーク

1) Individual task (15 min)；個人課題（15 分）

Think of a time when you made something that you thought was particularly creative—a school project, a written report, a mechanical device, a block tower, a painting, or a musical performance.

学校の課題、レポート、機械装置、ブロックタワー、絵画、音楽など、自分が創造的なものを作った時のことを思い出してみてください。

- What mental process led to its creation?
  どのようなメンタル的プロセスを経て誕生したのでしょうか。

- Did you have a lot of training and expert knowledge in the domain? If not, what prepared you to make this creative product or idea or how did this idea develop?
  あなたは、その分野で多くのトレーニングや専門知識を持っていましたか。そうでない場合、創造的な製品やアイデアを作るためにどのような準備をし、アイデアはどのように発展させたのでしょうか。

- Did you have the idea all at once, fully formed, such that all you had to do was make it? If so, what preceded the insight—what preparations did you make, and was there an incubation period?

  そのアイデアは一度に思いつきましたか、また、すでに完全に出来上がっていて、あとは作るだけという状態だったのでしょうか。もしそうであれば、その前にどんな準備をしましたか。またインキュベーション期間はありましたか。そして、何をきっかけで思いつきましたか。

- Think of a time when you had an idea that, upon closer examination, turned out to be not such a good idea. What evaluative process made that clear? Why did you not see it right away?

  よく考えてみると、あまり良いアイデアではないと分かったアイデアがあったときのことを考えてみてください。どのような評価プロセスを経てそれが明らかになったのでしょうか。なぜすぐに気づかなかったのでしょうか。

- We are often required to present our new ideas for our study or career. And our ideas are typically evaluated by the criteria of "creativity" or "innovativeness." When you became an evaluator, how did you evaluate others' ideas based on the criteria of "creativity" or "innovativeness"?

  私たちは、研究やキャリアのために新しいアイデアを発表することを求められることがよくあります。そして、そのアイデアは「創造性」や「革新性」という基準で評価されるのが一般的です。あなたが評価者になったとき、他人のアイデアを「創造性」や「革新性」という基準でどのように評価しますか。

2) Group task ; グループ課題

Share your thoughts of the individual task above with classmates.

；上記の個人課題で考えたことをクラスメートと共有してください。

Group size: 3–5 (depending on the class size and its diversity)
；グループサイズ：3 〜 5 名（クラスの規模や多様性に応じて異なる）

Time: The group discussion is 10 minutes, preparation for the presentation is 5 minutes, presentation is 5 minutes per group, and all group Q&As are 5 minutes.

；時間：グループディスカッション 10 分、発表準備 5 分、発表 5 分、質疑応答 5 分。

Presentation: All group members should contribute to the group discussion and preparation for the presentation. The presenter will be randomly selected by the instructor.

；プレゼンテーション：すべてのグループメンバーは、グループディスカッションとプレゼンテーションの準備に参加する必要があります。発表者は講師がランダムに決定します。

4.7.2. Assignment ; 課題

Review the academic literature on the topic of creative cognitive process and use this knowledge to make recommendations for how to apply it in your field of interest.

；創造的認知プロセスをテーマとした学術文献をレビューし、その知識を用いて、自分が興味を持っている分野での適用方法について提言してください。

Key conceptual words

Theories of creativity（創造性の理論、創造性理論）、creativity research（創造性研究）、personality（パーソナリティ）、thinking test（思考テスト）、creative process（創造的プロセス）、types of creativity（創造性のタイプ）、incubation（インキュベーション、孵化）、fixation（固定観念）

REFERENCES

✦ ✦ ✦

Acar, S., & Runco, M. A. (2015). Thinking in multiple directions: Hyperspace categories in divergent thinking. *Psychology of Aesthetics, Creativity, and the Arts, 9*(1), 41.

Afhami, R., & Mohammadi-Zarghan, S. (2018). The Big Five, aesthetic judgment styles, and art interest. *Europe's Journal of Psychology, 14*(4), 764–775. https://doi.org/10.5964/ejop.v14i4.1479

Almeida, L. S., Prieto, L. P., Ferrando, M., Oliveira, E., & Ferrándiz, C. (2008a). Torrance Test of Creative Thinking: The question of its construct validity. *Thinking Skills and Creativity, 3*(1), 53–58.

Almeida, L. S., Prieto, L. P., Ferrando, M., Oliveira, E., & Ferrándiz, C. (2008b). Torrance Test of Creative Thinking: The question of its construct validity. *Thinking Skills and Creativity, 3*(1), 53–58. https://doi.org/10.1016/j.tsc.2008.03.003

Amabile, T. M. (1998). *How to kill creativity* (Vol. 87). Harvard Business School Publishing Boston, MA.

Ansburg, P. I., & Hill, K. (2003). Creative and analytic thinkers differ in their use of attentional resources. *Personality and Individual Differences, 34*(7), 1141–1152.

Baer, J., Kaufman, J. C., & Gentile, C. A. (2004). Extension of the Consensual Assessment Technique to Nonparallel Creative Products. *Creativity Research Journal, 16*(1), 113–117. https://doi.org/10.1207/s15326934crj1601_11

Bakker, S., & Niemantsverdriet, K. (2016). The interaction-attention continuum: Considering various levels of human attention in interaction design. *International Journal of Design, 10*(2), 1–14.

Barbot, B., & Reiter-Palmon, R. (2019). Creativity assessment: Pitfalls, solutions, and standards. *Psychology of Aesthetics, Creativity, and the Arts, 13*(2), 131–132. https://doi.org/10.1037/aca0000251

Barron, F. (1955). The disposition toward originality. *The Journal of Abnormal and Social Psychology, 51*(3), 478.

Barron, F., & Harrington, D. M. (1981). Creativity, intelligence, and personality.

Annual Review of Psychology, 32(1), 439–476.

Bink, M. L., & Marsh, R. L. (2000). Cognitive regularities in creative activity. *Review of General Psychology, 4*(1), 59–78.

Blair, C. S., & Mumford, M. D. (2007). Errors in idea evaluation: Preference for the unoriginal? *The Journal of Creative Behavior, 41*(3), 197–222.

Bleske-Rechek, A., & Browne, K. (2014). Trends in GRE scores and graduate enrollments by gender and ethnicity. *Intelligence, 46*, 25–34.

Blum, J., Wurm, G., Kempf, S., Poppe, T., Klahr, H., Kozasa, T., ... Schräpler, R. (2000). Growth and form of planetary seedlings: Results from a microgravity aggregation experiment. *Physical Review Letters, 85*(12), 2426.

Boden, M. A. (2004). The creative mind: *Myths and mechanisms*. Psychology Press.

Brosch, R. (2018). What we 'see' when we read: Visualization and vividness in reading fictional narratives. *Cortex, 105*, 135–143. https://doi.org/10.1016/j.cortex.2017.08.020

Bruner, J. S. (1962). The conditions of creativity. *Contemporary Approaches to Creative Thinking, 1958, University of Colorado, CO, US; This Paper Was Presented at the Aforementioned Symposium.* Atherton Press.

Burger, E. D., Perkins, T. K., & Striegler, J. H. (1981). Studies of wax deposition in the trans Alaska pipeline. *Journal of Petroleum Technology, 33*(06), 1–75.

Cacioppo, J. T., Gardner, W. L., & Berntson, G. G. (1999). The affect system has parallel and integrative processing components: Form follows function. *Journal of Personality and Social Psychology, 76*(5), 839.

Campbell, D. T. (1960). Blind variation and selective retentions in creative thought as in other knowledge processes. *Psychological Review, 67*(6), 380.

Caraco, T., Martindale, S., & Whittam, T. S. (1980). An empirical demonstration of risk-sensitive foraging preferences. *Animal Behaviour, 28*(3), 820–830.

Carroll, J. B. (1993). *Human cognitive abilities: A survey of factor-analytic studies.* Cambridge University Press.

Cropley, A. J., & Cropley, D. (2009). Fostering creativity: *A diagnostic approach for higher education and organizations.* Hampton Press Cresskill, NJ.

Cross, I., Laurence, F., & Rabinowitch, T.-C. (2012). *Empathy and creativity in group musical practices: Towards a concept of empathic creativity.* na.

Csikszentmihalyi, M. (2006). A systems perspective on creativity. *Creative Management and Development, Third Edition*, 3–17. https://doi.org/10.4135/9781446213704.n1

Csikszentmihalyi, M., & Sawyer, K. (2014). Shifting the focus from individual to organizational creativity. In *The systems model of creativity* (pp. 67–71). Springer.

Dailey, L., & Mumford, M. D. (2006). Evaluative aspects of creative thought: Errors in appraising the implications of new ideas. *Creativity Research Journal*, 18(3), 385–390.

Defoe, D., Adams, W. H. D., Rogers, W., & Cowper, W. (1945). *The life and strange surprizing adventures of Robinson Crusoe, of York, mariner*. Peter Pauper Press.

DeYoung, C. G., Flanders, J. L., & Peterson, J. B. (2008). Cognitive abilities involved in insight problem solving: An individual differences model. *Creativity Research Journal, 20*(3), 278–290.

Domino, G. (1970). Identification of potentially creative persons from the Adjective Check List. *Journal of Consulting and Clinical Psychology, 35*(1p1), 48.

Duncker, K. (1926). A qualitative (experimental and theoretical) study of productive thinking (solving of comprehensible problems). *The Pedagogical Seminary and Journal of Genetic Psychology, 33*(4), 642–708.

Duncker, K., & Lees, L. S. (1945). On problem-solving. *Psychological Monographs*, 58(5), i.

Durmysheva, Y., & Kozbelt, A. (2010). The creative approach questionnaire: Operationalizing Galenson's finder-seeker typology in a non-expert sample. *The International Journal of Creativity & Problem Solving*.

Ericsson, K. A. (2006). The influence of experience and deliberate practice on the development of superior expert performance. *The Cambridge Handbook of Expertise and Expert Performance*, 38(685–705), 2.

Ericsson, K. A., Krampe, R. T., & Tesch-Römer, C. (1993). The role of deliberate practice in the acquisition of expert performance. *Psychological Review, 100*(3), 363.

Feldman, M. S., & Pentland, B. T. (2003). Reconceptualizing organizational routines as a source of flexibility and change. *Administrative Science Quarterly, 48*(1), 94–118.

Fink, K. S. (2009). Understanding rating systems when interpreting evidence. *American Family Physician, 80*(11), 1206–1207.

Finke, R. A., Ward, T. B., & Smith, S. M. (1992). *Creative cognition: Theory, research, and applications.*

Fischer, B., & Boynton, A. (2005). Virtuoso teams. *Harvard Business Review, 83*(7), 116.

Flanagan, D. P., Ortiz, S. O., & Alfonso, V. C. (2013). *Essentials of cross-battery assessment* (Vol. 84). John Wiley & Sons.

Flavell, J. H., & Draguns, J. (1957). A microgenetic approach to perception and thought. *Psychological Bulletin, 54*(3), 197–217.

Franck, K., & Rosen, E. (1949). Franck drawing completion test. *Australian Council for Educational Research.*

Frasier, M. M. (1991). Disadvantaged and culturally diverse gifted students. *Journal for the Education of the Gifted, 14*(3), 234–245.

Frick, J. W., Guilford, J. P., Christensen, P. R., & Merrifield, P. R. (1959). A factor-analytic study of flexibility in thinking. *Educational and Psychological Measurement, 19*(4), 469–496.

Fuchs-Beauchamp, K. D., Karnes, M. B., & Johnson, L. J. (1993). Creativity and intelligence in preschoolers. *Gifted Child Quarterly, 37*(3), 113–117.

Fuss, D. (1993). Freud's Fallen Women: Identification, Desire, and" A Case of Homosexuality in a Woman". *The Yale Journal of Criticism, 6*(1), 1.

Gajda, A., Karwowski, M., & Beghetto, R. A. (2017). Creativity and academic achievement: A meta-analysis. *Journal of Educational Psychology, 109*(2), 269.

Galenson, D. (2009). *Conceptual revolutions in twentieth-century art.* National Bureau of Economic Research.

Gao, Z., Chen, T., Weber, M. J., & Linden, J. (1999). A2B adenosine and P2Y2 receptors stimulate mitogen-activated protein kinase in human embryonic kidney-293 cells: cross-talk between cyclic AMP and protein kinase C pathways. *Journal of Biological Chemistry, 274*(9), 5972–5980.

Gardner, J. (1993). *On leadership.* Simon and Schuster.

Gastl, G. A., Abrams, J. S., Nanus, D. M., Oosterkamp, R., Silver, J., Liu, F., ... Bander, N. H. (1993). Interleukin-10 production by human carcinoma cell lines and its relationship to interleukin-6 expression. *International Journal of Cancer, 55*(1), 96–101.

Getzels, J. W., & Jackson, P. W. (1962). *Creativity and intelligence: Explorations with gifted students.*

Glăveanu, V. P. (2013). Creativity development in community contexts: The case of folk art. *Thinking Skills and Creativity, 9,* 152–164. https://doi.org/10.1016/j.tsc.2012.11.001

Glucksberg, S. (1962). The influence of strength of drive on functional fixedness and perceptual recognition. *Journal of Experimental Psychology, 63*(1), 36.

Goense, J. B. M., & Logothetis, N. K. (2008). Neurophysiology of the BOLD fMRI signal in awake monkeys. *Current Biology, 18*(9), 631–640.

Gough, H. G. (1976). Studying creativity by means of word association tests. *Journal of Applied Psychology, 61*(3), 348.

Gough, H. G. (1979). A creative personality scale for the adjective check list. *Journal of Personality and Social Psychology, 37*(8), 1398.

GrandPré, T., Nakamura, F., Vartanian, T., & Strittmatter, S. M. (2000). Identification of the Nogo inhibitor of axon regeneration as a Reticulon protein. *Nature, 403*(6768), 439–444.

Greene, J. A., Freed, R., & Sawyer, R. K. (2019). Fostering creative performance in art and design education via self-regulated learning. *Instructional Science, 47*(2), 127–149. https://doi.org/10.1007/s11251-018-9479-8

Gregory, R. W., & Paidoussis, M. P. (1966). Unstable oscillation of tubular cantilevers conveying fluid II. Experiments. Proceedings of the Royal Society of London. Series A. *Mathematical and Physical Sciences, 293*(1435), 528–542.

Gruber, H. E., & Barrett, P. H. (1974). Darwin on man: A psychological study of scientific creativity. EP Dutton.

Gruber, H. E., & Wallace, D. B. (1999). The case study method and evolving systems approach for understanding unique creative people at work. *Handbook of Creativity, 93,* 115.

Guilford, Joy P. (1967). Creativity: Yesterday, today and tomorrow. *The Journal of Creative Behavior, 1*(1), 3–14.

Guilford, Joy Paul. (1950). *Fundamental statistics in psychology and education.*

Hampton, J. A. (1987). Inheritance of attributes in natural concept conjunctions. *Memory & Cognition, 15*(1), 55–71.

Hennessey, B. A. (2015). Creative Behavior, Motivation, Environment and Culture: The Building of a Systems Model. *Journal of Creative Behavior, 49*(3), 194–210. https://doi.org/10.1002/jocb.97

Hill, K. O., Fujii, Y., Johnson, D. C., & Kawasaki, B. S. (1978). Photosensitivity in optical fiber waveguides: Application to reflection filter fabrication. *Applied Physics Letters, 32*(10), 647–649.

Hocevar, D., & Bachelor, P. (1989). A taxonomy and critique of measurements used in the study of creativity. *Handbook of Creativity,* 53–75.

Horn, J. L., & Cattell, R. B. (1966). Age differences in primary mental ability factors. *Journal of Gerontology, 21*(2), 210–220.

Horn, J. L., & Knapp, J. R. (1973). *On the subjective character of the empirical base of Guilford's structure-of-intellect model.*

Isen, A. M., Labroo, A. A., & Durlach, P. (2004). An influence of product and brand name on positive affect: Implicit and explicit measures. *Motivation and Emotion, 28*(1), 43–63.

Jauk, E., Benedek, M., Dunst, B., & Neubauer, A. C. (2013). The relationship between intelligence and creativity: New support for the threshold hypothesis by means of empirical breakpoint detection. *Intelligence, 41*(4), 212–221.

Jay, E. S., & Perkins, D. N. (1997). Problem finding: The search for mechanism. *The Creativity Research Handbook, 1,* 257–293.

Kaufman, J. C. (2002). Narrative and paradigmatic thinking styles in creative writing and journalism students. *Journal of Creative Behavior, 36*(3), 201–219. https://doi.org/10.1002/j.2162-6057.2002.tb01064.x

Kaufman, J. C., & Beghetto, R. A. (2009). Beyond Big and Little : *The Four C Model of Creativity. 13*(1), 1–12. https://doi.org/10.1037/a0013688

Kaufman, J. C., Beghetto, R. A., & Watson, C. (2016). Creative metacognition and self-ratings of creative performance: A 4-C perspective. *Learning and Individual Differences, 51,* 394–399. https://doi.org/10.1016/j.lindif.2015.05.004

Kaufman, J. C., Cole, J. C., & Baer, J. (2009). The construct of creativity: Structural model for self-reported creativity ratings. *The Journal of Creative Behavior,*

43(2), 119–134.

KAUFMAN, J. C., COLE, J. C., & BAER, J. (2009). The Construct of Creativity: Structural Model for Self-Reported Creativity Ratings. *The Journal of Creative Behavior,* 43(2), 119–134. https://doi.org/10.1002/j.2162-6057.2009. tb01310.x

Kaufman, J. C., Glaveanu, V. P., & Baer, J. (2017). *Cambridge Handbook of Creativity Across Domains Creativity.*

Kaufman, J. C., Plucker, J. A., & Baer, J. (2008). *Essentials of creativity assessment* (Vol. 53). John Wiley & Sons.

Kaufman, J. C., Plucker, J. A., & Russell, C. M. (2012). Identifying and assessing creativity as a component of giftedness. *Journal of Psychoeducational Assessment,* 30(1), 60–73. https://doi.org/10.1177/0734282911428196

Kaufman, S. B., Kozbelt, A., Silvia, P., Kaufman, J. C., Ramesh, S., & Feist, G. J. (2016). Who finds Bill Gates sexy? Creative mate preferences as a function of cognitive ability, personality, and creative achievement. *The Journal of Creative Behavior,* 50(4), 294–307.

Kaufman, Y. J., & Sendra, C. (1988). Algorithm for automatic atmospheric corrections to visible and near-IR satellite imagery. *International Journal of Remote Sensing,* 9(8), 1357–1381.

Kharkhurin, A. V. (2014). Creativity. 4in1: Four-criterion construct of creativity. *Creativity Research Journal,* 26(3), 338–352.

Kim, K. H. (2011). The creativity crisis: The decrease in creative thinking scores on the Torrance Tests of Creative Thinking. *Creativity Research Journal,* 23(4), 285–295.

Koenigsberger, L. (1902). *Hermann von Helmholtz.*

Kris, E. (1952). *Psychoanalytic explorations in art.*

Lee, J., & Lee, K. (2009). Evidence and Tools by Cross-Cultural Study. *International Journal of Design,* 3(1), 17–28.

Lee, S., & Care, P. (2011). Service Design in Healthcare: Patient-centered care. *International Journal of Design,* 5(2), 61–71. Retrieved from www.ijdesign.org

Levine, S., & Ross, F. (2002). Perceptions of and attitudes to HIV/AIDS among young adults in Cape Town. *Social Dynamics,* 28(1), 89–108.

Logothetis, N. K. (2008). What we can do and what we cannot do with fMRI. *Nature, 453*(7197), 869–878.

Lonergan, D. C., Scott, G. M., & Mumford, M. D. (2004). Evaluative aspects of creative thought: Effects of appraisal and revision standards. *Creativity Research Journal, 16*(2–3), 231–246.

Lubart, T. I. (2001). Models of the creative process: Past, present and future. *Creativity Research Journal, 13*(3–4), 295–308.

Maier, N. R. (1930). Reasoning in humans. I. On direction. *Journal of comparative Psychology, 10*(2), 115.

Martinsen, O. J., & Helland-Hansen, W. (1995). Strike variability of clastic depositional systems: Does it matter for sequence-stratigraphic analysis? *Geology, 23*(5), 439–442.

Marx, M. H., & Cronan-Hillix, W. A. (1987). *McGraw-Hill series in psychology. Systems and theories in psychology.* Mcgraw-Hill Book Company.

Mason, R. L., Gunst, R. F., & Hess, J. L. (2003). *Statistical design and analysis of experiments: with applications to engineering and science* (Vol. 474). John Wiley & Sons.

McGrew, K. S. (2009). *CHC theory and the human cognitive abilities project: Standing on the shoulders of the giants of psychometric intelligence research.* Elsevier.

McKinnon, R. I. (1962). Wages, capital costs, and employment in manufacturing: a model applied to 1947-58 US data. *Econometrica: Journal of the Econometric Society*, 501–521.

Mednick, S. (1962). The associative basis of the creative process. *Psychological Review, 69*(3), 220–232.

Melosh, H. J., & McKinnon, W. B. (1978). The mechanics of ringed basin formation. *Geophysical Research Letters, 5*(11), 985–988.

Mobley, M. I., Doares, L. M., & Mumford, M. D. (1992). Process analytic models of creative capacities: Evidence for the combination and reorganization process. *Creativity Research Journal, 5*(2), 125–155.

Moneta, G. B., & Csikszentmihalyi, M. (1996). The effect of perceived challenges and skills on the quality of subjective experience. *Journal of Personality, 64*(2), 275–310.

Mumford, M. D., Baughman, W. A., Maher, M. A., Costanza, D. P., & Supinski, E. P. (1997). Process-based measures of creative problem-solving skills: IV. Category combination. *Creativity Research Journal, 10*(1), 59–71.

Mumford, M. D., & Connelly, M. S. (1991). Leaders as creators: Leader performance and problem solving in ill-defined domains. *The Leadership Quarterly, 2*(4), 289–315.

Mumford, M. D., & Gustafson, S. B. (1988). Creativity syndrome: Integration, application, and innovation. *Psychological Bulletin, 103*(1), 27.

Nakamura, J., Shernoff, D. J., & Hooker, C. H. (2009). *Good mentoring: Fostering excellent practice in higher education.* John Wiley & Sons.

Negus, K., & Pickering, M. J. (2004). *Creativity, communication and cultural value.* Sage.

Newell, A., Shaw, J. C., & Simon, H. A. (1962). The processes of creative thinking. *Contemporary Approaches to Creative Thinking, 1958, University of Colorado, CO, US; This Paper Was Presented at the Aforementioned Symposium.* Atherton Press.

Newell, A., & Simon, H. A. (1972). *Human problem solving* (Vol. 104). Prentice-hall Englewood Cliffs, NJ.

Ohlsson, S. (1984). Restructuring revisited: II. An information processing theory of restructuring and insight. *Scandinavian Journal of Psychology, 25*(2), 117–129.

Parnes, S., & Harding, H. F. (1963). A SOURCE. *BOOK FOR CREAVIE THINKING NEW YORK: Scribner & Sons.*

Perkins, M. R. (1983). *Modal expressions in English* (Vol. 123). Ablex Publishing Corporation Norwood, New Jersey.

Plucker, J. A., Beghetto, R. A., & Dow, G. T. (2004). Why isn't creativity more important to educational psychologists? Potentials, pitfalls, and future directions in creativity research. *Educational Psychologist, 39*(2), 83–96.

Pratt, M., Pradies, C., & Lepisto, D. A. (2013). Doing well, doing good and doing with: Organizational practices for effectively cultivating meaningful work.

Preckel, F., Holling, H., Weise, M., Richards, R., Kinney, D. K., Benet, M., ... Roskos-Ewoldsen, B. (n.d.). Creativity: Theories and Themes: Research, Development, and Practice by Mark A. Runco, Elsevier Academic Press, 2007, 492 pp. ISBN

13: 978-0-12-602400-5. $74.95 (hardback). *Human Physiology, 26,* 516–522.

R. Keith Sawyer. (2018). EXPLAINING CREATIVITY. *In Oxford University Press.* https://doi.org/10.4324/9781351199797

Raithby, G. D., & Torrance, K. E. (1974). Upstream-weighted differencing schemes and their application to elliptic problems involving fluid flow. *Computers & Fluids, 2*(2), 191–206.

Reckwitz, A. (2017). Practices and their affects. *The Nexus of Practices: Connections, Constellations, Practitioners,* 114–125.

Regier, J. C., Mitter, C., Zwick, A., Bazinet, A. L., Cummings, M. P., Kawahara, A. Y., ... Davis, D. R. (2013). A large-scale, higher-level, molecular phylogenetic study of the insect order Lepidoptera (moths and butterflies). *PloS One, 8*(3), e58568.

Reiter-Palmon, R., & Robinson, E. J. (2009). Problem identification and construction: What do we know, what is the future? P*sychology of Aesthetics, Creativity, and the Arts,* 3(1), 43.

Rhodes, M. (1961). An analysis of creativity. *The Phi Delta Kappan, 42*(7), 305–310.

Roediger, H. L., & Neely, J. H. (1982). Retrieval blocks in episodic and semantic memory. *Canadian Journal of Psychology/Revue Canadienne de Psychologie, 36*(2), 213.

Rogers, C. R. (1977). *Carl Rogers on personal power.* Delacorte.

Rubenson, D. L., & Runco, M. A. (1995). The psychoeconomic view of creative work in groups and organizations. *Creativity and Innovation Management, 4*(4), 232–241.

Runco, M. A. (2003). Education for creative potential. *Scandinavian Journal of Educational Research, 47*(3), 317–324.

Runco, M. A. (2008). Commentary: *Divergent thinking is not synonymous with creativity.*

Runco, M. A., & Albert, R. S. (1985). The reliability and validity of ideational originality in the divergent thinking of academically gifted and nongifted children. *Educational and Psychological Measurement, 45*(3), 483–501.

Runco, M. A., & Chand, I. (1995). Cognition and creativity. *Educational Psychology Review, 7*(3), 243–267.

Runco, M. A., & Vega, L. (1990). Evaluating the Creativity of Childern's Ideas.

Journal of Social Behavior and Personality, 5(5), 439.

Sawyer, K. (2017). *Group genius: The creative power of collaboration.* Basic books.

Sawyer, R. Keith. (2017). Teaching creativity in art and design studio classes: A systematic literature review. *Educational Research Review, 22,* 99–113. https://doi.org/10.1016/j.edurev.2017.07.002

Sawyer, Robert Keith, John-Steiner, V., Csikszentmihalyi, M., Moran, S., Feldman, D. H., Gardner, H., ... Nakamura, J. (2003). *Creativity and development.* Oxford University Press, USA.

Sawyer, S. M., Afifi, R. A., Bearinger, L. H., Blakemore, S.-J., Dick, B., Ezeh, A. C., & Patton, G. C. (2012). Adolescence: a foundation for future health. *The Lancet, 379*(9826), 1630–1640.

Silvia, P. J., Kaufman, J. C., & Pretz, J. E. (2009). Is Creativity Domain-Specific? Latent Class Models of Creative Accomplishments and Creative Self-Descriptions. *Psychology of Aesthetics, Creativity, and the Arts, 3*(3), 139–148. https://doi.org/10.1037/a0014940

Simon, H. A. (1990). Invariants of human behavior. *Annual Review of Psychology, 41*(1), 1–20.

Simonton, D. (1981). Formal education, eminence and dogmatism: the curvilinear relationship. *The Journal of creative behavior, 17*(3), 149-162.

Simonton, D. K. (1999). *Origins of genius: Darwinian perspectives on creativity.* Oxford University Press.

Simonton, D. K. (2011). Creativity and discovery as blind variation: Campbell's (1960) BVSR model after the half-century mark. *Review of General Psychology, 15*(2), 158–174.

Simonton, D. K. (2012). Foresight, Insight, Oversight, and Hindsight in Scientific Discovery: How sighted were galileo's telescopic sightings? *Psychology of Aesthetics, Creativity, and the Arts, 6*(3), 243–254. https://doi.org/10.1037/a0027058

Skinner, B. F. (1956). A case history in scientific method. *American Psychologist, 11*(5), 221.

Sligh, A. C., Conners, F. A., & Roskos-Ewoldsen, B. (2005). Relation of creativity to fluid and crystallized intelligence. *The Journal of Creative Behavior, 39*(2),

123-136.

Snow, R. G., & Nunn, J. F. (1959). Induction of anaesthesia in the foot-down position for patients with a full stomach. *BJA: British Journal of Anaesthesia, 31*(11), 493-497.

Spearman, C. (1923). *The nature of" intelligence" and the principles of cognition.* Macmillan.

Stein, B. S., Littlefield, J., Bransford, J. D., & Persampieri, M. (1984). Elaboration and knowledge acquisition. *Memory & Cognition, 12*(5), 522-529.

Steiner, J. (1985). The training of psychotherapists. *Psychoanalytic Psychotherapy, 1*(1), 55-63.

Sternberg, R. J. (1985). Implicit theories of intelligence, creativity, and wisdom. *Journal of Personality and Social Psychology, 49*(3), 607.

Sternberg, R. J. (1999). *Handbook of creativity.* Cambridge University Press.

Sternberg, R. J., & Grigorenko, E. L. (1997). Are cognitive styles still in style? *American Psychologist, 52*(7), 700-712. https://doi.org/10.1037/0003-066X.52.7.700

Sternberg, R. J., & Grigorenko, E. L. (2001). *Unified psychology.*

Sternberg, R. J., & Kaufman, J. C. (2012). When your race is almost run, but you feel you're not yet done: Application of the propulsion theory of creative contributions to late-career challenges. *Journal of Creative Behavior, 46*(1), 66-76. https://doi.org/10.1002/jocb.005

Tang, H., & Gero, J. (2002). A cognitive method to measure potential creativity in designing. *Workshop,* 47-54. Retrieved from http://cs.gmu.edu/~jgero/publications/2002/02TangGeroECAI.pdf

Thompson, S. K., Halbert, S. M., Bossard, M. J., Tomaszek, T. A., Levy, M. A., Zhao, B., ... D'Alessio, K. J. (1997). Design of potent and selective human cathepsin K inhibitors that span the active site. *Proceedings of the National Academy of Sciences, 94*(26), 14249-14254.

Thurschwell, P. (2009). *Sigmund Freud.* Routledge.

Torrance, E. P. (1972). Predictive validity of the torrance tests of creative thinking. *The Journal of Creative Behavior.*

Unsworth, K. (2001). Unpacking creativity. *Academy of Management Review, 26*(2),

289–297.

Verstijnen, I. M., van Leeuwen, C., Goldschmidt, G., Hamel, R., & Hennessey, J. M. (1998). Sketching and creative discovery. *Design Studies, 19*(4), 519–546.

Wallach, M. A., & Kogan, N. (1965). A new look at the creativity-intelligence distinction 1. *Journal of Personality, 33*(3), 348–369.

Wallas, G. (1926). *The art of thought.*

Ward, T. B. (1995). What's old about new ideas. *The Creative Cognition Approach,* 157–178.

Weiner, B. (2000). Attributional thoughts about consumer behavior. *Journal of Consumer Research, 27*(3), 382–387.

Weisberg, R. W., & Alba, J. W. (1981). *Gestalt theory, insight, and past experience: Reply to Dominowski.*

Wertheimer, M. (1985). A Gestalt perspective on computer simulations of cognitive processes. *Computers in Human Behavior, 1*(1), 19–33.

White, H. A., & Shah, P. (2006). Uninhibited imaginations: creativity in adults with attention-deficit/hyperactivity disorder. *Personality and Individual Differences, 40*(6), 1121–1131.

Zuckerman, M. (1974). *The sensation seeking motive.*

CHAPTER

05

Topic 4 Types of Innovation

イノベーションのタイプ

Topic 4

Types of Innovation

イノベーションのタイプ

Haque Nilima RUMA and Eunyoung Kim

　本章では、多様な分野におけるイノベーションの概念を理解するために、さまざまな角度からの「types of innovation（ToI）；イノベーションのタイプ」について述べていきます。本題に入る前に、まずイノベーションがどのように理解され、学術的・マーケット的な文脈でどのように生まれたのかを簡単に説明します。

5.1 Review of the Study of Innovation
；イノベーション研究レビュー

　イノベーションとは、市場で商品化されるアイデアと、すでに商品化に成功しているアイデアの両方を指します (Dziallas & Blind, 2019)。通常、新しいアイデアを製品やプロセスなど、企業の経済活動のあらゆる側面に適用して商品化することと誤解されがちです。しかし、「innovation；イノベーション」という概念にはさらなる意味があり、多様な分野の研究者によって定義されています。Fagerberg and Mowery (2009) は、イノベーションは主に企業内で起こるが、大学や公立病院など他の種類の組織でも起こる可能性があると主張しています。Morris (2006) は、イノベーションは、発明家、新技術、新製品などを連想させるとしています。Schumpeter (1983) が初めてイノベーションという概念に注目した 1990 年代以降、イノベーションの概念に関する数多くの定義が作られてきました。しかし、これらの定義の多くは、特定の製品やプロセス、技術革新に限定しているため、孤立した脆弱なものとなっています。

　イノベーションは挙げればきりがなく、日常生活における革新的な製品やサービスの出現は計り知れません。今や、携帯電話、パソコン、インターネット、SNS、テレビ、飛行機などがない生活は考えられません。Schumpeter (1983) は、イノベーションは変化するための原動力の役割を果たすと予想しました。伝統的な概念、製品、ビジネスモデルは、絶えず真新しいイノベーションに取って代わられたことから、Schumpeter は「capitalism；資本主義」を「creative destruction；創造的破壊」の手段として位置づけました。これまでの研究では、イノベーションは、企業が技術的進歩の活用、持続可能な経営、市場の緩やかな変化への対応、顧客のニーズや要求への対応を追求し、最終的に業績面での持続可能な競争優位性を獲得するための重要な力であるとされています (Morris, 2006)。多くの学者は、イノベーションは、新製品、新プロセス、新サービスに関する、高貴で新鮮で独創的なアイデアを導入し、育成した後に発生するという考え方を支持しています。この視点に対する批判の一つは、高貴なアイデアや新しいアイデアだけでは、イノベーションを適切に実現するには不十分であり、むしろそのようなアイデアは、目的意識があり、商業的に価値があり、顧客に望まれ、柔軟性があるという市場基準を満たす必要があるということです。Drucker (1987) は、イノベーションは実務や学問的な議論の中で最も受け入れられ、適応可能であると主張しています。彼にとって成功するイノベーションは、わずかな状況にしか存在しないイ

ノベーションの機会を意識的、意図的に探索することから生まれるの
です。

　目的別のイノベーションは、イノベーションの実践として議論し、提
示できる分析、システム、そしてハードワークから構成されています。

5.1.1 The genesis of innovation；イノベーションの発端

　歴史的に見ると、13 世紀に契約を変更して義務を復活させること
を意味する「Novation」という言葉が、法律の分野で登場しました
(Benoit, 2008；Kaihan Krippendorff, 2017；Tommy Hilfiger, etc)。
しかし、芸術や科学の分野では、この言葉は 20 世紀以前にはほとん
ど使われていませんでした。Benoit (2008) によれば、17 世紀半ばの
イギリスの宗教環境では、イノベーションについての論争があった
とされています。しかし、当時の議論や著作の中では、この言葉は創
造性ではなく変化を意味するものとして使われていました。20 世紀
以前、「innovation；イノベーション」という概念は、宗教と政治の
両面で重要な意味を持っていました。政治の世界では、伝統を守るた
めに否定的に受け取られ、宗教の世界では非正統的に受け取られてい
ました。また、18 世紀になると、発明家が発明でお金を稼ぐように
なり、科学的根拠が不十分であったり、経営不振であったり、不正が
あったりして、プロジェクター（当時のイノベータと呼ばれるような）
が厄介な存在になっていました。このように 19 世紀、そして第二次
世界大戦までは、イノベーションという言葉は一般的ではありません
でした。しかし、科学技術製品の分野では、経済成長や競争優位性の
考え方と結びついて広く使われていたのです。また、豊富な科学文献
や、社会学、経営学、財政学などの社会科学、さらには芸術や人文科
学の分野でも、イノベーションの概念が語られていました (Benoit,
2008)。20 世紀半ばになると、イノベーションは、経済発展だけでなく、
広く一般的な想像力、マスメディア、公共政策においても中心的な役

割を果たすようになりました。イノベーションは、Schumpeter (1983)
が「entrepreneurs；起業家」と呼んだ経済活動やアクターにとって、
競争力を高める基本的な原動力となりました。

　Global Innovation Index（GII；グローバル・イノベーション・イ
ンデックス）によると、イノベーションはその国の経済政策戦略や
Sustainable Development Goals（SDGs；持続可能な開発目標）に
とって極めて重要なもとされています。2019 年、国連総会は、科学
技術と並行して、イノベーションを SDGs 達成のための手段として認
めました。イノベーションの魅力は、ユビキタス (遍在的) なものと
して受け入れられています。企業、あるいはあらゆる組織の戦略や将
来の成長の可能性において、クリエイティブな思考が重要な役割を果
たすことは、マーケッターにとって当たり前のことになっています。
ハーバード大学の Joseph A. Schumpeter 教授は、社会や経済の変化
におけるイノベーションの役割に注目した最初の経済学者と言われて
います。Schumpeter は、経済の発展は、長年にわたるイノベーショ
ンによる質的変化のプロセスでなければならないと主張しました。
Schumpeter は「Circular Flow；循環論」（ドイツ語では「Kreislauf」）
の中で、イノベーションとは、企業家が現在の資源を新しい組み合わ
せで実行することと定義しています。Schumpeter によれば、企業家
は何かを蓄積したり、創造的な生産方法を考案したりするのではなく、
現在の生産方法をより違った形で、より適切に、より効率的に使用す
るものだと述べています。イノベーションの例としては、工業化され
た組織において、革新的な商品、革新的な手順、新しい市場への参入、
新しい供給源、革新的なアプローチを導入することが挙げられていま
す (Schumpeter, 1983, 1989)。

　発明とイノベーションには、一般的で本質的な違いがあります。発
明とは、新しい創造や手順のためのコンセプトが最初に現れたもので
す。これに対して、イノベーションとは、イノベーションそのものを
実践に移すために行われる先導的な試みです (Fagerberg, 2003)。この

ような違いがあるにもかかわらず、発明とイノベーションは非常に密
接に結びついているため、ある程度区別することは困難です。イノベー
ションという言葉が、ミクロからマクロまでの企業の事業活動や、ロー
カルからグローバルまでの経済活動に影響を与え、企業家の目には競
争力のある経済活動の前提条件として映っていることは間違いありま
せん。現代では、組織の成功は、新しいアイデアや方式を商品化する
能力と直接関係があると考えられています。Fargerberg (2003) が指
摘しているように、発明をイノベーションに転換するためには、組織
は、数多くの独自の専門知識、才能、物資を組み合わせなければなり
ません。この変換は、アイデアを商品化したり、アイデアから価値を
引き出したりするプロセスと本質的に関連しています。逆に言えば、
発明だけで商品化に直接結びつく必要はないということです (Rogers,
1998)。

5.1.2 The significance of innovation；イノベーションの意義

　市場競争力と急速な技術進歩により、企業の経営者は新たな課題に
直面したときに正しい判断を下さなければならないという厄介な立場
に置かれています。市場の変動や社会問題の時代にビジネスの不確実
性に取り組むということは、企業が経済活動、革新性、企業行動など
の面で様々な対応をすることを意味します。具体的には、適応メカニ
ズムとして、製品、プロセス、市場、テクノロジーを駆使したイノベー
ション、さらには顧客志向、人間中心のアプローチなどで変化するこ
とです。

　多くの多国籍企業は長年にわたり、いくつかの偶発的な要因からイ
ノベーションのコミットメントを形成してきましたが、その多くは
Schumpeter (1934) にも登場しています。彼は、企業が革新を意図す
るのは、次のような理由からだと考えていました。

- 「The high degree of uncertainties.；不確実性が高いこと。」

- 「Moving forward and reaping economic potentials.
  ；前進することで経済的可能性を享受すること。」

- 「Acknowledging the fundamental challenge to new ideas.
  ；新しいアイデアへの根本的な挑戦を認めること。」

　Schumpeter(1934) の起業家精神に関する考察は、企業の境界を越えたものであるのに対し、Drucker (1987) は、イノベーションを企業のコンテクストとして捉え、そのプロセスにおける企業の成功は、企業の内外におけるイノベーションに関連する機会領域をどのように評価するかに大きく依存すると考えていました。このような機会領域は、内部（企業の内部環境内）と外部（企業の内部環境外）の 2 つのカテゴリーに分けられます。これらの領域は、企業の革新性の程度に影響を与え、Drucker (1987) はこれを「 sources of innovation；イノベーションの源泉」と呼びました。内部要因には、予測できない状況、非互換性、手続き上の必要性、産業上の変化などがあります。一方、外部要因としては、人口動態の変化、認識の変化、新しい知識などが挙げられます。これらの源泉は、企業の市場シェア拡大や、世界的に象徴的なイメージとしてのブランディングの成果として現れることが多いとされています。生産システムの技術的な適応など、製品やプロセスのイノベーションに関する企業の戦略的な方向性は、彼らの経済的パフォーマンスの一貫性につながると推測することができます。多くの企業は、製品イノベーションの先駆者として競合他社より優れた市場価値を創造してきました。それらの組織戦略によって、彼らをイノベーターにしたことは、イノベーション志向と一致するのです。
　ボストン・コンサルティング・グループ（BCG）は、企業のパフォーマンスを 4 つの次元で評価し、過去 14 年間の最も革新的な企業のリ

ストを発表しています。BCG の評価によると、過去 14 年間で 162 社がリストの上位にランクインしていますが、約 30％の企業が一度だけ、57％は 3 回未満しか登場していません。過去 14 年間、継続して上位にランクインしている企業はわずか 8 社であり、これは連続的なイノベーション能力を発揮している企業であるといえます。したがって、BCG の専門家は、シリアル・イノベーションは難しいと主張しています (Ringel et al., 2020)。 この点に関して、企業にとって最も明白な課題は、イノベーションの実践をいかに継続的に育て、後押しするかということであるといえます。イノベーションは、企業が競争上の優位性を維持するためにますます重要になっていますが、実際に企業が一貫して継続することは依然として極めて困難なのです。

　Hambrick (1983) は、イノベーションの運用に関して、「prospectors；プロスペクター／探究的」、「defenders；ディフェンダー／守備的」、「reactors；リアクター／反応的」、「analyzers；アナライザー／分析的」という 4 つのタイプの組織をテストしました。Hambrick の説明によると、プロスペクター組織は、製品ラインを次々と提供する傾向があり、主に市場の需要を促進して満たすことで競争しています。反対に、ディフェンダー組織は、新製品・市場開発をほとんど行わず、既存の製品や業務の効率化に専念する傾向があります。また、リアクター組織は、製品市場環境の変化に対応するのではなく、現存する環境圧力に対応することを迫られた場合には、その圧力に対処します。一方、アナライザー組織は、プロスペクターとディフェンダーの両方のアプローチを組み合わせたハイブリッドな道を歩みます。アナライザー組織は、プロスペクター組織と比較して、製品市場の開発における変化を緩やかにし、ディフェンダー組織と比較しても、安定性と効率性を管理することにはあまり関心がないという特徴があります (Hambrick, 1983)。

　また、BCG の調査では、イノベーションの観点から、committed (コミット的)、skeptical (懐疑的)、confused (混乱的) の 3 つのタイ

プの企業に分けられます (Ringel et al., 2020)。BCG の調査によると、コミット的イノベーターと懐疑的イノベーターは、世界の調査対象企業 1,000 社のうち約 45 〜 30％を占めていました。継続的な改善のために多大なリソースと予算の大部分を割り当てているコミット的イノベーター／コミット的企業では、イノベーションが優先されていることがわかりました。一方、「skeptical innovators；懐疑的イノベーター」は、イノベーションを戦略的な優先事項とは考えておらず、重要な投資対象とは考えていないことがわかりました。また「confused innovators；混乱的イノベーター」は、BCG の調査対象企業全体の 25％を占めていました。これらの企業は、イノベーションに対する戦略的な重要性と、それに割り当てられる資金のレベルが一致していないという、一見相容れない、つまり混乱したアプローチをとっていることがわかったのです。その結果、約 4 分の 1 の企業がイノベーションの追求に興味を持っていないことが判明しました。

5.2 Types of Innovation；イノベーションのタイプ

　イノベーションには普遍的な分類はなく、無数の形態が存在しています。しかし、Schumpeter (1989) が示したように、イノベーションは、「new product orientation；新製品志向」、「new production method；新生産方式」、「new supply sources；新供給源」、「new market entry；新市場参入」、「new changes to organizing the business；事業再編の新機軸」などのタイプに応じて分類することができます。しかし、この分類は、変化を歓迎する企業の運営上のコンテクストにのみ関係しており、ほとんど「product；製品」と「process；プロセス」のイノベーションにしか焦点が当てられていません。しかし、学界やビジネスの場では、他にもさまざまなタイプのイノベーションが確認され、実践されています。Morris (2007) は、著書「Permanent Innovation」と「The Definitive Guide to the Principles, Strategies, and Methods

of Successful Innovators」の中で、イノベーションに対する 6 つの
異なる見解を述べています。これらの見解は、3 つのアウトサイダー
の視点と 3 つのインサイダーの視点に分けられると示唆しています。
アウトサイダーの視点には、「Knowledge Channel Innovation；ナ
レッジチャネルイノベーション」・「Peer-to-Peer Innovation；ピア
ツーピアイノベーション」・「Outside-in Innovation；アウトサイドイ
ノベーション」があり、インサイダーの視点には、「Technology-Driven
Innovation；テクノロジードリブンイノベーション」・「Bottom-Up
Innovation；ボトムアップイノベーション」・「Top-Down Innovation；
トップダウンイノベーション」があるとしています。さらに先に挙げ
た文献では、企業のイノベーション志向には、増分的イノベーション、
製品・技術のブレークスルー、ビジネスモデルイノベーション、新規
事業の 4 種類のイノベーションプロセスが明らかに存在すると述べて
います。図 5-1 は、イノベーションの 4 つのタイプをその延長線上に
描いたものです。

図 5-1

Types of innovation (Morris, 2006)；イノベーションのタイプ(Morris, 2006)

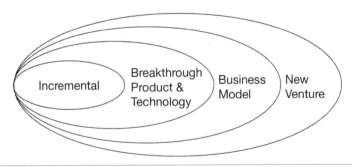

Note. It is redrawn from Morris (2006), Permanent Innovation: The Definitive Guide to the Prin-
ciples, Strategies, and Methods of Successful Innovators.

5.2.1 Incremental innovation；インクリメンタルイノベーション

　インクリメンタルイノベーションとは、既存の製品やサービスに少しずつ変更や改良を加えていく継続的なイノベーションのことです。インクリメンタルイノベーションの主な機能は、コストリーダーシップの向上、品質管理の徹底、生産プロセスの変更管理などです。現代では、既存の製品やサービスを継続的に改善することが当たり前になっており、企業は常に製品やサービスのアップグレードを追求しています。例えば、現代の自動車、携帯電話、コンピュータ、その他の家電製品は、デザイン、形状、品質、機能、リサイクル性、再利用性などの面で常に更新されています。Morris (2006) は、漸進的なイノベーションは、それ自体が魅力的で効果的であり、さらには積極的な戦略になり得ると主張しています。例えば、ソニーは 1990 年代に160 種類の異なるバリエーションのウォークマンを平均 25 日かけて製造しました。また、伝説的な技術者である大野耐一氏が率いたトヨタの生産システムも、漸進的イノベーションの好例として挙げられます。トヨタは、製造工場と組立工場の継続的な「Kaizen；カイゼン /改善」に注力しており、その結果、最も効率的で高品質な自動車会社の１つとされています。組立工程での漸進的な改善により、トヨタは企業全体でリーンプロセスを構築しました。このリーン生産方式により、当初はモデル間の開発で必要だった切り替え時間が短縮されました (Ledbetter, 2018)。インクリメンタルイノベーションは理解しやすく、リスクも少ないため、ほとんどの企業はインクリメンタルプロジェクトに資源を投入しています。そうすることで、継続的なイノベーションプロジェクトにおけるリソースの配分やコントロールよりも、組織能力のバランスを取ることができます。Kahn (2018) が説明するように、小さな勝利を追求することで大きな勝利を得ることができるのです。しかし、他の形態のイノベーションの支持者は、インクリメントイノベーション志向だけでは企業の長期的な将来を維持するのに十分

ではなく、むしろ、画期的な製品や技術、革新的なビジネスモデル、新しいベンチャーなど、他の形態のイノベーションも企業の長期的な成功には不可欠であると主張しています。

5.2.2 Breakthrough innovation；ブレークスルーイノベーション

　ブレイクスルーイノベーションは、「discontinuous innovation；非連続的イノベーション」や「rupture innovation；断絶的イノベーション」とも呼ばれ、市場を破壊して所望の効果を生み出すことからそのように名付けられています。画期的なイノベーションは、既存の問題をそれまでのイノベーションよりも大幅に改善して解決するものであり、そのようなイノベーションが漸進的なイノベーションと区別されるのは、まさに破壊によってであるとされています (Morris, 2006)。ほとんどの企業は、既存のコンピテンシーに影響を与える派生的なプロジェクトの方が効果的であるため、画期的なイノベーションのプロジェクトを戦略的な優先事項として推進しています (Dyer et al., 2011)。画期的なイノベーションを実現するためには、企業はリスクを負う戦略を取らなければなりません。そのため、社員には、必要に応じて迅速な行動を取るための自律性や権限が与えられなければならないのです。このような理由により、画期的なアイデアはしばしば無視されてしまいます。さらに、先行研究では、画期的なイノベーションには、漸進的なイノベーションにはない特別なリソースが必要であるとも主張されています (Kahn, 2018)。Dyer et al. (2011) は、世界をリードする革新的な企業が、リスクを負いながらも失敗をうまく処理した例をいくつかあげています。繰り返しになりますが、真のイノベーションを追求する企業は、従業員の失敗を許すだけでなく、学習の機会として認識し、良い失敗と悪い失敗を区別する必要があります。例えば、グーグルの良い失敗は、2つの特徴によって定義されています。(1) 失敗の理由が明確であり、次のプロジェクトに関連する知識が取り

入れられていること、(2) 良い失敗は十分な速さで発生し、それらはブランドを損なうほど大きくはないということです (Dyer et al., 2011)。

5.2.3 Business model innovation (BMI)；ビジネスモデルイノベーション

　また、ビジネスモデルイノベーション（BMI）や革新的ビジネスモデルという概念も、産業界や学術論文で盛んに取り上げられています。BMI の支持者は、企業の既存の製品やプロセスイノベーションに対処するためのシンプルでより実現可能なモデルであると主張しています。さらに、BMI は業界を変えるほどの成果を生み出しています (Kahn, 2018)。BMI は、新しい技術も真新しい市場の創造も必要とせず、むしろ、既存の技術で生産された既存の製品を既存の市場に届ける方法が重要であるのです。成功した革新的な企業は、それが新規のベンチャーであれ、既存のプレーヤーであれ、製品やサービスを既存の市場に届けるために、優れたビジネスモデルを選択する必要があります。企業のビジネスモデルは、Peter Durker の古くからの質問に答えなければなりません「Who is the customer? and What does the customer value?；顧客は誰か。そして、顧客は何に価値を置いているのか。」(Drucker, 1987) です。さらに、ビジネスモデルは、製品の流通経路、利益の流れ、顧客への価値提供、支出などに関するすべての企業経営者の問いかけにも答えなければならないのです (Joan Magretta, 2019)。

　IBM ビジネスバリュー研究所は、BMI の堅牢性と複雑性に基づいた模範的な定義を示しています (Edward Giesen et al., 2009)。彼らは、次の表 5-1 で示すように、35 のベストプラクティスケースを批判的に検討し、業界モデル、収益モデル、企業モデルの 3 つの主要なタイプのビジネスモデルからなるフレームワークを作成しました。

表 5-1 Types of Business Model Innovations；ビジネスモデルイノベーションのタイプ

Category	Characteristics 特徴	Examples 事例
Industry model 産業モデル	Innovates "industry value chain" by transforming new industries, redefining current industries, or creating completely new ones, and by identifying distinct assets. （新しい産業の変革、既存の産業の再定義、または全く新しい産業の創造、そして明確な資産の特定により、「産業のバリューチェーン」を革新すること。）	Dell's direct to customers approach, which eliminates intermediaries; Apple's iTunes, which delivers music direct to customers; and the launch of Google and Facebook with the advent of the internet. （中間業者を排除したデルのダイレクト・トゥ・カスタマー方式、音楽を直接顧客に届けるアップルの iTunes、そしてインターネットの出現によるグーグルやフェイスブックの登場。）
Revenue model 収益モデル	Innovating on how companies yield income through offering re-configuration (product/service/value mix) and pricing models. （オファリングの再構成（プロダクト／サービス／バリューミックス）とプライシングモデルにより、企業が収益を得る方法を革新すること。）	Netflix's movie rental option, and Gillette's strategy of underpricing razors. (Netflix の映画レンタルオプション、Gillette のカミソリの低価格化戦略。)
Enterprise model 企業モデル	Innovating the roles played in the value chain by changing the extended enterprise and relationship with employees, suppliers, customers, and others, including capability/asset configuration. （能力／資産の構成を含め、拡張された企業や従業員、サプライヤー、顧客などとの関係を変えることにより、バリューチェーンで果たす役割を革新すること。）	Japanese keiretsu framework or clothing retailers like Zara and H&M and Bharti Airtel. All of these companies focus on the marketing, sales, distribution, and outsourcing of much of their products for external parties. （日本の系列の枠組みや、ZARA や H&M のような衣料品小売店、Bharti Airtel など。これらの企業はいずれも、自社製品の多くを外部に向けてマーケティング、販売、流通、アウトソーシングすることに注力している。）

Note. This table is created by authors explanations, partially sourced from IBM (2009)

5.3 Tech-driven vs. Human-centered Innovation
；技術主導的イノベーション対人間中心的イノベーション

5.3.1 Technology-driven innovation；技術主導的イノベーション

　現在、技術主導的イノベーションは、産業革命において大きな意味と影響力を持っています。

　第一次産業革命以降、経済活動のスピードや生産性の向上に伴い、技術主導イノベーションは製造業にその魅力をシフトさせてきました。ビジネス用語辞典を参照すると、「technology-driven；技術主導」という言葉は次のように定義されます。

　「*Management philosophy that pushes for development of new goods or services based on firms' technical abilities instead of proven demand: to make keys first and then look for locks to open. Practically every breakthrough innovation is based on a technology-driven orientation.* (Rosenzweig, 2015, pp. 71-72)；需要に頼らず、企業の技術力で新しい商品やサービスを開発することを推し進める経営哲学。実質的にすべての画期的なイノベーションは、技術主導の方向性に基づいています。 (Rosenzweig, 2015, pp.71-72)」

　Schumpeter's (1983) の最初の 2 つのカテゴリー、新製品と新プロセスは、企業の技術力に大きく依存しています。Schumpeter's (1983) の仮説より 20 年近く前に、Schmookler（1966）はその古典的著作「Invention and Economic Growth」の中で、「product technology；製品技術」と「production technology；生産技術」を区別しています。彼は、「product；製品」 と 「production；生産」 のイノベーションの違いを理解することが重要であると述べています (Fagerberg, 2003; Oliveira & Von Hippel, 2011)。つまり、前者は製品の創造や改良に関するものであり、後者は製品を生産するためのノウハウ・スキルに関する知識に関するものであるということです。この「new product creation；新製品の創造」と「production process improvement；生産プロセスの改善」という2つの重要な要素は、イノベーション志向に関して、数十年にわたって強調し議論されてきました。この2つの用語は、それぞれ、新しい商品やサービスの革新、およびこれらの商品やサービスの製造方法の改善を特徴づけるために使用することができます (Drucker, 2015; Fagerberg, 2003; Manu & Sriram, 1996)。

　先行研究では、イノベーション志向は、広く技術主導的な戦略に基づいていることが示されています。Morris (2006) は、技術主導的イノベーションは、科学的な発見から始まり、長年にわたって蓄積された技術的なノウハウによって発展すると述べています。科学技術力の結集は、起業家を触発させ、より広い応用範囲で受け入れられることになります。現在では、あらゆる産業が、ある程度のテクノロジー産業になりつつあり、このようなブレークスルーはますます不可欠になってきています (Ringel et al., 2020)。新製品の導入やプロセスの改善の割合は、技術力に応じて異なります。一般に、技術主導的な企業は、新製品を市場に投入したり、新しい生産方法を生み出したりするために、技術を最大限に利用します。これらのグループは、マーケティングの観点から、製品やプロセスのイノベーターとみなされることが多く、競合他社よりも迅速にアップグレードされた技術を採用しています。Manu and Sriram (1996) は、プロダクトイノベーターについて、プロモーションや広告の費用が高く、製品の品質もユニークであるが、顧客のタイプはあまり変わらないとしています。一方、プロセスイノベーターは、マーケティング費用が適度に高く、製品市場の範囲が比較的広く、比較的高品質の製品を生産するが、サービスレベルは低く、イメージも非常に悪いとしています。また、プロセスイノベーターよりもプロダクトイノベーターの方が、研究開発（R&D）に重点を置いており、その費用も重要であることがわかりました。この結果は、技術的能力を達成するための支出であっても、組織のタイプ、イノベーション環境、経済的パフォーマンスによって異なる可能性があること

を示唆しています。環境は、Manu and Sriram (1996) が発見したように、製品イノベーターの環境が高いダイナミズムの影響を受けているように、各イノベーションタイプと強い関連性があるのです。

　技術主導的イノベーションは、ハイテク製造業の競争力の中心であると定義されています (Morris, 2006)。ハイテクは、生産（または付加価値）における研究開発力の高さ「high, medium, low」と関連しています。これは、直接的（産業自体）に、または研究開発集約型の機械やその他の種類の投入物を含めることで発生すると考えられています (Fagerberg, 2003)。産業界の研究開発は、技術の進歩に多大な影響を与え、その結果、革新的な製品を生み出すことになります。Schumpeter (1989) は、研究開発室を備えた近代的な企業が革新的な中心的存在になっていると主張しています。Berkhout et al. (2010) は、第二次世界大戦中、軍用のレーダー、ロケット技術、無線通信、兵器など、技術主導的イノベーションに産業界の研究開発が大きな影響を与えたと説明しています。今日まで、多くの先進国とその多国籍企業は、技術的変化を取り入れ、市場のニーズを満たすために、研究開発への支出を大幅に増やしてきました。

図 5-2

Diagram of the linear models of innovation, ;イノベーションの線形モデルの概念

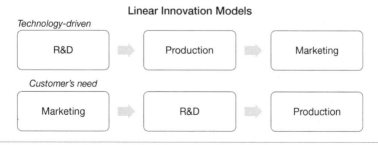

Note. It is modified by authors from Michelini, L. (2012), *Social Innovation and New Business Models, Social Innovation and New Business Models*. doi: 10.1007/978-3-642-32150-4, and from Kline and Nathan Rosenberg (1986).

　Berkhout et al. (2010) によると、技術の進歩は研究開発集約型の産業に支配されることが多く、その結果、技術プラットフォームは市場の要望に応じて新しい知識創造（KC）を商業的に実現するための媒介となっています。彼らは、科学系学会や教育機関による新たな知識創造が技術開発に貢献し、顧客のニーズに応じた新たな製品やサービスのイノベーションをさらに媒介するというモデルを提示しました。このモデルは、Kline と Nathan Rosenberg (1986) による「linear process；リニアプロセス」(図 5-2 参照) という先行概念にも再現されており、彼らはイノベーションの誤った解釈を批判することで、イノベーションの全体像を定義したのです。彼らにとって、イノベーションをスムーズで素直な線形プロセスとして描くモデルは、作用している因果関係のある要因の性質や方向性をはっきりと特定していません。

　技術主導型企業は、製品やプロセスの革新に取り組むために、有用な新技術を発見し、展開することを常に追求しています。グローバル企業は、技術主導的イノベーションを競争力の源泉と考えています。新興技術のハイプ・サイクルを毎年発表しているガートナー社は、2020 年のコンポーザブル・エンタープライズを促進する技術を特定しています (Gartner, 2020)。ガートナー社のリサーチ・バイスプレジデントである Brian Burke は、ほとんどすべての新技術は破壊的であると主張しています。しかし、これらの技術は知名度が低く、市場競争でも実証されておらず、生産性の頂点に到達するまでに、ほとんどが 5 年以上、一部は 10 年以上かかるといわれています。2020 年、COVID-19 によるパンデミックの結果、健康パスポートやソーシャルディスタンスをとる装置などの関連技術は、最も関連性の高い新興技術の 2 つとなり、市場に高い影響を与えるハイプ・サイクルを高速で進んでいます。Gartner(2020)によると、社会的遠隔操作技術がハイプ・サイクルに入った時点で、技術がハイプ・サイクルに位置することはほとんどありませんが、この技術はプライバシーに関する懸念からメディアで注目されています。

5.3.2 Human-centered innovation；人間中心的イノベーション

　技術主導的イノベーションとは別に、長年にわたりイノベーション
のパラダイムにおいて、ユーザーの特定のニーズや欲求を解決するた
めに人間中心的イノベーションが注目されてきました。人間中心的イ
ノベーションは、実際の人間のニーズに根ざした新しいソリューショ
ンを生み出すことに焦点を当てています (Determann, 2015)。ユー
ザー固有の製品に対する人間の欲求のために、マーケッターは、新し
い市場の創造、調達の開発、組織内の変化などの側面を再考していま
す。イノベーションの実践は、テクノロジーの破壊だけでなく、人々
のニーズを満たし、ビジネスや社会を前進させることにも当てはまり
ます。

　イノベーションは、競争上の優位性、差別化、知識の創造など、さ
まざまな価値を付加することで、人間の生活の質の向上に貢献しま
す。従来、イノベーションは、基礎的な探求から始まり、技術の開発
とその評価、実証、展開、商業化、市場への浸透へと進む直線的なプ
ロセスであるとされてきました。しかし、その成功には、市場の飽和、
陳腐化、そして最終的には置き換えにかかっているのです (Perelman,
2007)。一方、人間中心的イノベーションでは、ニーズ、欲求、要求、
行動などの人間的、社会的側面が含まれ、これらは全く考慮されない
か、本能的、逸話的、無意識的、反応的に考慮されることが多いとさ
れています。

　Determann (2015) は、人間中心的なプロジェクトは、必ずその輪
郭と性格を構成すると仮定しています。また、人間中心設計とイノベー
ションは、イノベーションの単純な線形モデルに取って代わるもので
はなく、イノベーション・エコシステムのより詳細な Web でそれを
補強するものです。イノベーションの優先順位は、人間と社会の必要
性に関わるものでなければなりません。さらに、ヒューマンファクター
は、人間工学や経済的有用性に限らず、文化、意味、行動をも包含す

るものであり、そのようなものとして十分に考慮されるべきなので
す。IDEO.org、RKS、4DProducts などは、商業デザインをリードす
るいくつかの企業の人間中心的イノベーションの事例です。

　IDEO では、技術的な設計を行う前に、人間や社会の要素を総合
的に検討してからプロジェクトを開始します。例えば、幼児教育の
ための「Vroom」、デジタル金融リテラシーのための「Moneythink
mobile」、水と衛生ビジネスのための「Smartlife」などは、人間中
心的イノベーションの代表的な例です（www.designkit.org 参照）。
もう一つの例は、Opti Desktop PC とその米国のデザインパートナー
で あ る ZIBA Design が、Business Week と Industrial Designers
Society of America が共催した最新の年次工業デザイン・エクセレン
ス・コンペティションで、中国の Lenovo Group が金賞を受賞したこ
とです。「Human-centered；人間中心的」には、人間らしさという
絶対的な意味合いがあります。つまり、「good」イノベーションと「bad」
イノベーションを選別するためには、何らかの価値基準が必要になり
ます (Perelman, 2007)。

5.3.3 Toward a strategy of human-centered innovation ；人間中心的イノベーション戦略に向けて

　Management by Exception のアプローチでは、人間中心的イノベー
ションを重視したワークショップの開発が検討されてきました。この
ワークショップで克服すべき課題として、次のようなものが挙げられ
ています (Perelman, 2007)。

- 「Blatant barriers to human-centered innovation: policies,
  programs, and practices that discourage detailed
  attendance to human and social requirements. ；人間中心
  的イノベーションを阻む露骨な障壁：人間や社会の要求にきめ
  細かく対応することを阻害する政策、プログラム、慣行。」

- 「Methods that force innovation efforts toward wasteful or destructive outcomes.
  ；イノベーションの努力を無駄にし、破壊的な結果に導くような方法。」

- 「Warning signs that innovation endeavors are heading toward unplanned, adverse consequences.
  ；革新的な試みが、予定外の悪い結果に向かっていることを示す警告サイン。」

　ワーストプラクティスを特定するのは、ベストプラクティスを認識するよりも簡単です。人間中心的イノベーションの重要な特徴を発見し、それを追求することは、実現に可能なことかもしれません。ZIBAプログラムは、エスノグラファーや人類学者などの社会・行動分析家に資金を提供して、ユーザーの要望、期待、行動、ニーズなどを調査し、その結果に基づいて技術設計を行うというものです。このようなプログラムは、社会的関心のない真空状態で単に製品を設計するプログラムよりも、人間の要求にうまく応えられる可能性が高いと思われます。このように、Management-by-Exception（例外処理による管理）の良い結果として、Jim Collins が Built to Last(Perelman & Group, 2014) の研究で行ったアプローチのように、非常に効果的で人間中心的イノベーターの本質的な「habits；習慣」を特定することができるかもしれません。

　Internet of Things（IoT）や Artificial Intelligence（AI）、ロボティクス技術のグローバル化と急成長は、社会の変化や人々の欲求に大きな影響を与えています。地域・社会・環境の価値観は多様化し、難しくなっています。Fukuyama(2018) によると、「4th Industrial Revolution；第 4 次産業革命」、インダストリアル・インターネット、メイド・イン・チャイナ 2025 など、現代のテクノロジーを中心とし

た活動が世界中で数多く行われています。デジタルトランスフォーメーションは、多くの国で産業政策の原動力となり、重要な柱となっています (Fukuyama, 2018)。しかしながら、世界は、地球温暖化、天然資源の不足、気候変動リスク、不平等、テロリズムなど多くの差し迫った問題に直面しており、それぞれの問題に地球規模で立ち向かわなければなりません。このように不確実性が高く、あらゆる段階で複雑化している中で、ICT を最大限に活用し、「people and things；人とモノ」をつなぐことで新たな知識を集め、新たな価値を創造することは、グローバル社会が抱える問題を解決し、それによって人々のより良い生活や経済の持続的な成長につながる貴重で有用な手段として追求していくことにもなるのです。

　日本政府は、2016 年 1 月に閣議決定された科学技術・イノベーション会議による第 5 期科学技術基本計画において、「Society 5.0」という方針を採用しました。この方針では、物理空間とサイバー空間が相互に接続された「intelligent society；インテリジェントな社会」を指しています (Salgues, 2018)。日本政府の内閣府にとって、Society 5.0 は、フィジカルスペースとサイバースペースの両方を融合させることで、社会的課題に関する経済的繁栄の均衡を図る「human-centered；人間中心」の社会に焦点を当てています[2]。Society 5.0 の政策は、第 4 次産業革命とテクノロジー主導のイノベーションを組み合わせた、新しい社会契約と経済機能を考案することを目的としたイベントとして設計されました (Harayama, 2017)。

　21 世紀の社会が抱える最大の課題を解決するために、人間とマシンを大切にして、積極的に取り組んできました。Society 5.0 では、医療、金融、インフラ、流通、AI など多くの課題を検討しています (Mark Minevich, 2019)。

　人類の歴史は、原始社会、農耕社会、工業化社会と呼ばれるいくつ

2　https://www8.cao.go.jp/cstp/english/society5_0/index.html

かの段階を経て進化してきました。現在、原始社会は Society 1.0 と
して認識されており、自然と調和した狩猟・採集経済に依存している
ことが特徴です。

　Society 2.0 に分類される農耕社会の生活は、主に農業、集団組織、
国家建設に依存しており、Society 3.0 は産業革命と大量生産による工
業化の時代に定義されます。

　21 世紀初頭のデジタル技術、自動化、ロボット、AI の爆発的な普
及により、工業化社会はデータ・情報駆動型の経済へと急速に変化
しています。これらの移行は「Industry 4.0」として認識されるこ
とが多く、その上に「Society 4.0」が立ち、情報ネットワークなど
の無形資産をつなぐことで付加価値の向上が追求されています。こ
のような進化の中で、「Society 5.0」は「Society 4.0」の上に構築さ
れた情報社会であり、人間を中心とした豊かな社会を目指すもので
す (Harayama, 2017; Minevich, 2019)。Salgues (2018, p. 3) によれ
ば、Society 5.0 の目標は、日本を「the most favorable country for
innovations；イノベーションに最も適した国 」に導くことだと述べ
ています。

　Society 5.0 の目標は、経済発展と社会的課題の解決を両立させ、
人々が必要なアイテムやサービスで満たされ、十分に活動的で快適
な生活を享受できる人間中心の社会を実現することです (Harayama,
2017)。価値あるデータを生み出し、課題を克服するための新たな価値
観やソリューションを確立するためには、サイバー空間と現実世界（物
理空間）の融合が不可欠です。日本はこのようなパブリックビジョン
を掲げ、人間中心の新しい社会を目指し、複数の社会的課題を解決し
てきました。しかし、日本の成長戦略である Society 5.0 は、その目
標が SDGs と似ていることから、日本に限ったものではありません。
日本が直面している高齢化、少子化、人口減少、インフラの老朽化な
どの課題は、いずれ多くの国が直面することになるでしょう。これら
の課題が Society 5.0 によって解決されれば、その解決策は世界中で

共有されることになります。その点で、日本は国の課題を克服しつつ、グローバルな SDGs の達成にも貢献できるのではないでしょうか (Fukuyama, 2018)。

5.4 Social and Regional Innovation
；ソーシャルイノベーションとリージョナルイノベーション

5.4.1. Social innovation；ソーシャルイノベーション

　ソーシャルイノベーションは、社会問題の解決策を指す用語である「sustainability-driven innovation；サステナビリティドリブンイノベーション」(Little, 2006; Trifilova et al., 2013) や「catalytic innovation；触媒的イノベーション」(Christensen et al., 2006) とも呼ばれています。ソーシャルイノベーションでは、社会、環境、または持続可能性の原動力を統合して、新しい働き方、新製品、新サービス、新しい市場を生み出すことを考えます。Christensen et al.（2006）によると、十分なサービスを受けていないグループを対象とした、よりシンプルで「good-enough」ソリューションを提供することで、組織の既存事業者に挑戦することから、触媒的イノベーションと呼ばれています。彼は、触媒的イノベーションを、その行動に基づく 5 つの明確な資質によって特徴付けています (Christensen et al., 2006)。

- 「*First, they build social change through scaling and replication.*
  ；1つ目は、スケーリングとレプリケーションによって社会的変化を起こすこと。」

- 「*Second, they meet either an observed need (that is, the existing solution is more complex than necessary for many*

people) or not served at all.
；2つ目は、観察されたニーズ（つまり、既存のソリューション
が多くの人にとって必要以上に複雑であること）を満たすこと、
あるいは全く満たされないこと。」

- 「*Third, they offer simpler and cheaper products and services than alternatives, but recipients view them as good enough.*
；3つ目は、他の製品やサービスよりもシンプルで安価な製品や
サービスを提供しているが、受け手はそれで十分だと考えてい
ること。」

- 「*Fourth, they bring in resources that initially seem distasteful to incumbents.*
；4つ目は、現役にとっては一見嫌なリソースを持ち込むこと。」

- 「*Fifth, they are often ignored, put down, or even discouraged by existing organizations, which do not see the catalytic innovators' solutions as viable.*
；5つ目は、既存の組織から無視されたり、否定されたり、落胆
させられたりすること。」

　この数十年の間に、ソーシャルイノベーションは、企業の社会的責
任に関する企業戦略の中で、必要不可欠なものとなってきました。国
際機関、政策立案者、各国の首脳、ビジネス界は、地球や人々、製品
の課題に関する社会的・環境的リスクへの取り組みに関心を高めてい
ます。MNCs「Multi-national corporations；多国籍企業」は、長
期的な戦略の中で、ESG「environmental, social, and governance
；環境・社会・ガバナンス」のビジネスプラクティスを導入し始めて

います。

　OECD は、ソーシャルイノベーションを重要な公共財の提供にお
ける社会市場の失敗に対する解決策と定義しています。この定義に
は、ソーシャルイノベーションのプロセスの側面への言及も含まれ
ています。企業の CSR「Corporate social responsibility；社会的責
任」は、事業活動から生じる社会的影響を拡大することに重点を置く
組織にとって、ますます人気が高まっています。企業は、コーポレー
トガバナンス、企業の慈善活動、CSR など、社会的責任を認識し、そ
れに貢献するためのさまざまなツールを導入してきました。最近で
は、大企業との協力・連携を重視した社会的課題の解決に取り組む社
会起業家が数多く登場しています。これらの社会的企業は、社会の問
題を機会として吸収することで、大きな社会的ビジネスの範囲を獲得
しています。2011 年に欧州委員会委員長が主張したように、「social
innovation should be at the core of our social market economy
and also contribute to making our social market economy more
competitive；ソーシャルイノベーションは、我々の社会的市場経済
の中核であり、我々の社会的市場経済の競争力を高めることにも貢献
すべきである」(Schmitt, 2015, p. 1) のです。

　欧州連合（EU）は、長期的な競争力を持つ社会的市場経済を設計
するために、社会のニーズをビジネスプロセスに統合するソーシャ
ルイノベーション戦略を重視しています。ネスレの Peter Brabeck-
Letmathe 会長は、将来のビジネス展望における問題を解決する
ために、社会的課題を臨機応変に取り上げました。彼は、「It is a
society that gives us the right to be active, our license to operate.
A business leader has to think about how to solve the societal
challenges of today because if we don't solve them, we will not
have a business；活躍するための権利、活動するためのライセンス
を与えてくれるのが社会なのです。ビジネスリーダーは、今日の社会
的課題をどのように解決するかを考えなければなりません。なぜなら、

それを解決しなければビジネスは成立しないからです」(Jennifer & Milligan, 2016, p. 5) と表現しました。

　とりわけ、これらの要因は、多国籍企業が「business-as-usual (BAU)」モデルを超えて再考することに大きな影響を与えています。多くの多国籍企業、あるいは象徴的なグローバルブランドは、時間と資源を投入して、BAU の実践（トップダウン）から、社会起業家、社会活動家、非政府組織、教育機関などの主要なステークホルダーを巻き込んだボトムアップの実践へと移行しているのです。多くの多国籍企業は、CSR 活動や社会的課題への貢献は慈善活動であり、効果的な企業の社会的イノベーションの実践にはつながらないと認識しています。また、CSR の批判として、CSR に組み込まれた実践は、数十年の間、根本的な社会問題や環境問題をほとんど捉えていないと主張しています。企業の「corporate social innovation（CSI）」が始まって以来、CSR 活動は時代遅れとなり、しばしば「traditional CSR；伝統的な CSR」と呼ばれています。より包括的な CSI は、社会的変化を推進するために、ステークホルダー間の共創、協力、連携、相互関係を優先する戦略が必須となるのです。

　CSI は、次の表 5-2 に示すように、多くの点で従来の CSR とは区別されます。「Lewis Institute」に代表される教育機関は、社会問題を解決することで社会的なイノベーションをもたらす「breakthrough interactions；ブレークスルーの相互作用」に注目しています。これらの研究機関は、CSI には企業の特徴的な強みが必要だと考えています (Marc Violo, 2018)。CSI には、他のセクターとのコラボレーションや、ビジネスと社会の両方の持続可能性に関わる複雑な経済・社会・環境問題に対する革新的なソリューションの共創が考えられます (Marc Violo, 2018)。もう一つの例は、「Social Innovation Exchange（SIX）；ソーシャルイノベーション交流会」から導き出すことができます。

表 5-2. Differences Between Traditional CSR and Inclusive CSI
 ; 従来のCSRと包含的なCSIの違い

Characteristic	Traditional CSR	Inclusive CSI
Organizational intent 組織の意図	Philanthropic 慈善活動	Strategic 戦略性
Strengths 強み	Money, manpower お金 , マンパワー	R&D, corporate assets 研究開発、企業資産
Autonomy 自律性	Employee volunteerism 社員のボランティア活動	Employee development 社員の育成
Partnership パートナーシップ	Contracted service providers 契約したサービスプロバイダー	NGO/Government partners NGO/ 政府パートナー
Offerings / Contributions 提供物 / 貢献物	Social and eco-services 社会性＆エコサービス	Social and eco-innovations 社会性とエコイノベーション
Outcomes 成果	Social good 社会貢献	Sustainable social change 持続可能な社会変容

Note. Adapted from Marc Violo (2018). see https://socialinnovationexchange.org/insights/25-compa-nies-carrying-out-corporate-social-innovation)

　Michelini (2012) は、ソーシャルイノベーションは、アイデアから価値観、ソフトウェア、ツール、そして最後には習慣へと広がっていく方法によって分類できると主張しました。彼女は、低所得者市場をターゲットにした社会的製品開発プロセスを説明する新製品開発のフレームワークを提案しました。このフレームワークは、次の表 5-3 に示すように、アイデア出しから始まる 6 つの要素で構成されています。

表5-3 Elements of New Social Product Innovation
;新しい社会的製品イノベーションの構成要素

Phase	Activities
Ideation 理想	Development of new concepts begins from customers' needs or is derived from tech inputs or from restrictions and limitations of the ecosystem. （新しいコンセプトの開発は、お客様のニーズから始まり、技術的なインプットやエコシステムの制約や限界から導き出す。）
Testing テスト	Laboratory tests and field studies. （ラボラトリーテストとフィールドスタディ。）
Social and Economic Analysis 社会と経済分析	Considers enterprise's economic benefits and the societal impacts of the projects on the society and local communities. （企業の経済的利益と、プロジェクトが社会や地域社会に与える社会的影響を考慮する。）
Marketing Plan マーケティングプラン	Marketing strategy, such as objectives, targeting customers, positioning, and the evolution of the social marketing mix, such as product, price, distribution, promotion, and packaging. （目的、顧客ターゲット、ポジショニングなどのマーケティング戦略、製品、価格、流通、プロモーション、パッケージなどのソーシャル・マーケティング・ミックスの進化。）
Monitoring and Evaluation モニタリングと評価	Audit of social and economic outcomes of the projects. （プロジェクトの社会的・経済的成果の監査。）
Scaling up スケールアップ	Possibility of quantitative and functional applications. （定量的、機能的な応用の可能性。）

Note. This table is adapted from Michelini (2012), Social Innovation and New Business Models.

　Michelini (2012, p. 47) は、多国籍企業が特定の社会問題を解決するために実施した社会的製品イノベーションの4つのベストプラクティスを挙げています。

- 「*PuR developed by Procter and Gamble (P&G) – water purifier project for the household level that reduces illness of children.*

; 子供たちの病気を減らすための家庭用浄水器プロジェクト。」

- 「*Plumpy' nut, owned by Nutriset – a ready-to-use product for the treatment of severe acute malnutrition.*
  ; 重度の急性栄養失調の治療のために、すぐに使える製品。」

- 「*Shakti Doi, by Grameen Danone – a yogurt enriched with calcium, protein, and micronutrients for children's growth.*
  ; 子供の成長に必要なカルシウム、タンパク質、微量栄養素を豊富に含んだヨーグルト。」

- 「*Interceptor, by BASF – an insecticide-treated mosquito net to eliminate insect-borne diseases, such as malaria.*
  ; マラリアなどの虫を媒介とする病気をなくすために、殺虫剤処理された蚊帳。」

5.4.2 Level of social innovation ; ソーシャルイノベーションのレベル

Nicholls et al. (2015) によると、ソーシャルイノベーションは、「*incremental* ; 段階的」、「*institutional* ; 制度的」、「*disruptive* ; 破壊的」の3種類に分類されています。第一に、商品やサービスの「*incremental* innovation ; 段階的イノベーション」とは、社会的なニーズをより現実的に、あるいは能力的に解決することであり、例えば、慈善団体や非営利団体への貢献を目的としたものです。第二に、「*institutional* innovation ; 制度的イノベーション」は、現在の社会・経済構造を利用して、新しい社会的価値や成果を考案することを目的としています。例えば、フェアトレードやモバイルバンキングなどは、社会的価値を付加することで既存の市場を再構築するものです。最後

に、「*disruptive* social innovation；破壊的ソーシャルイノベーショ
ン」は、システム全体の変化を目指します。これらのイノベーション
は、権力関係や社会的ヒエラルキーを変え、周縁化されたグループの
利益のために問題を再構成することを目的とした、社会運動や自覚的
な「political；政治的」アクター、グループ、ネットワークを構成し
ます。

5.4.3 Regional innovation；リージョナルイノベーション

リージョナルイノベーションは、地域の課題を解決するという意味
で、「local innovation；ローカルイノベーション」とも呼ばれていま
す。テクノ・グローバリズムの時代において、リージョナルイノベー
ションの能力は、産業、地域機関、教育機関の間で知識を創造し、共
有することによって「a knowledge-based economy；知識集約型経
済」も含むため、重要性を増しています。リージョナルイノベーショ
ンは、地域経済を改善するための技術開発や技術的スキルにおいて、
ミクロレベルの視点を採用することができます。地域は、マルチレベ
ルにおけるガバナンスシステムの成長メンバーとみなされています。
さらに、地域は、イノベーションの実践を同期させる上で重要な役割
を果たしています。新興経済圏に関する多くの先行研究では、製品技
術や生産プロセスの開発が地域や地元の経済的ニーズに集中している
ことが強調されています。

先行研究では、グローバルで知識ベースの資本主義の新時代には、
地域が重要な要素であることが論じられています。地域は、資本主義
の新時代において、KC と学習の焦点となり、イノベーションと経済
成長の源として、またグローバル化の手段として、ますます重要になっ
てきています (Florida, R. 1998)。Peter Drucker と lkujiro Nonakar
は、資本主義は KC と継続的学習の新時代に移行したと述べています。
この新しいシステムである知識集約型資本主義は、知的労働と物理的

労働の統合、すなわちイノベーションと生産の融合から成り立っているのです (Drucker, 2015; Nonaka & Nishiguchi, 2001)。

　知識ベースの経済や社会は、より技術的にも商業的にも発展しており、人間の活動の全領域に渡って利用され、重要な利益を生み出しています (Rooney, 2005; Rooney et al., 2005)。知識ベースマネジメントは、より深く、より基本的なものであり、KC と使用を条件とする社会的、文化的、コミュニケーションのプロセスや、生活の質、学習、創造性、革新などの面でグループに異なるレベルや種類の結果をもたらす素地となるものです。

　中国のような新興経済国は、数十年の間に知識集約型経済へと移行してきました。中国の大都市の地域経済は知識集約型になり、地域企業は知的労働力と肉体労働力を組み合わせた技術開発を重視するようになってきています。

　2019 年の Future Health Index によると、デジタルヘルス技術の導入では中国がリードしています。しかし、世界の医療技術イノベーターは、中国が医療およびデジタルインフラに参入したため、継続的な課題に直面しています。

　中国の医療技術は、他の国の医療技術とは大きく異なります。中国独自の規制や、農村部や貧困地域での普及を目的とした既存のソリューションには手頃な価格のものがないからです。巨大企業から新興企業まで、すべての企業が、中国の医療従事者の過剰な負担を軽減し、より良い医療を提供するために、遠隔医療や人工知能などのデジタル技術の重要性を認識しています。中国政府の政策や企業が地域のニーズに素早く適応することで、医療インフラやデジタルインフラなどの新しい医療技術が生まれています。

　イノベーションを成功させるためには、市場固有のニーズや課題を深く理解し、他のヘルスケアシステムのベストプラクティスを参考にしながら、現地でのパートナーシップを構築する能力が重要です。2019 年の「Future Health Index」によると、2013 年から 2018

年第 1 四半期までに AI 分野に投融資した金額は、中国が世界全体の
60%を占め、米国（29%）、インド（5%）と続いています。これにより、中国は AI のメリットを活用する経験が豊富になってきています
(Phillips, 2019)。

　欧州各地で競争力向上、成長率向上、雇用促進を目的とした多くの
リージョナルイノベーションプロジェクト（表 5-4 参照）が欧州委員
会によって組織されています。欧州委員会で地域政策を担当している
Danuta Hübner は、欧州におけるリージョナルイノベーションのト
リガーポイントを説明しました。彼女によれば、ヨーロッパの地域は
すでにこの分野で豊富な経験を持っており、この経験を共有すること
は、リージョナルイノベーションのメカニズムを理解する上で最も効
果的な方法の一つであると述べています (Veronica Gaffey, 2007)。欧
州委員会地域のイノベーションシステムを促進し、モチベーションを
高め、最も地域的な革新的プロジェクトを評価するために、「Regio
Stars」と名付けられた革新的プロジェクト賞を創設しました。この表
彰の目的は、欧州全体でグッドプラクティスを開発し、共有すること
にあります。

表 5-4 Examples of Regional Innovation Projects；リージョナルイノベーションプ
　　　ロジェクトの事例

Project Theme	Projects	Location	Main Objectives
Clustering and business networking クラスタリング、ビジネス、ネットワーク	InnoEnvi: Environmental mini clusters	South Finland	This project generated sustainable cooperation, which is now being extended nationally and internationally（このプロジェクトは、持続可能な協力関係を生み出し、それは現在、国内および国際的に拡大している。）

	Manufacturing Excellence Club	East England	The main objective of this project was business-to-business exchanges of experience and the development of new business partnerships （このプロジェクトの主な目的は、企業間の経験交流と新たなビジネスパートナーシップの構築だった。）
Creating links between research and enterprises 研究と企業の連携	Food Logistic	South Finland	In this project, SMEs in the food sector found common logistics solutions when transporting their produce into the capital （このプロジェクトで、食品分野の中小企業が、生産物を首都圏に輸送する際の共通の物流ソリューションを発見した。）
	COOPERA	Aragon, Spain	Cooperation projects launched between companies and technology providers that developed strategic research structures （戦略的な研究体制を構築した企業と技術提供者の間で立ち上げられた協力プロジェクト。）

Source. Adapted from Veronica Gaffey (2007), Examples of Regional Innovation Projects. Available at: http://ec.europa.eu/regional_policy/cooperation/interregional/ecochange/index_en.cfm

5.5 Discussion and Assignment；ディスカッションと課題

5.5.1 Group discussion in classroom；グループディスカッション

Think about cases of innovations (products, services, inventions, etc.) you are aware of. What type of innovation are they?

あなたが知っているイノベーション（製品、サービス、発明など）の事例を考えてみましょう。それはどのようなタイプのイノベーションですか。

- Who, when, and how was it created?
  ；誰が、いつ、どのようにして作ったのか。

- Is it human-centered or technology-centered?

  ；人間中心的なのか、技術中心的なのか。

- Is it market-based or non-market based?

  ；それは市場ベースなのか、非市場ベースなのか。

- Is it network-based or created individually?

  ；ネットワークベースなのか、個人で作成したものなのか。

- Is it fundamental science-based or real life based?

  ；根本的な科学的根拠なのか、実生活に基づくものなのか。

- Can you suggest a new type of innovation other than the ones introduced in the class?

  ；授業で紹介されたもの以外にも、新しいタイプのイノベーションを提案できるか。

Group size: 3–5 (depending on the class size and its diversity)

；**グループサイズ**：3〜5名(クラスの規模や多様性によって異なる)

Time: The group discussion is 25 minutes; preparation for the presentation, 5 min.; presentation 5 min. per group; all group Q&A, 5 min.

；**時間**：グループディスカッション 25 分、発表準備 5 分、発表 5 分、質疑応答 5 分。

Presentation: All group members should contribute to group discussion and preparation for the presentation. The presenter will be randomly selected by the instructor.

；プレゼンテーション：グループメンバー全員が、グループディス
カッションやプレゼンテーションの準備に参加すること。発表者は講
師がランダムに決定します。

5.5.2 Assignment

Review the academic literature on the topic of innovation
studies and management and use this knowledge to suggest
further development for application in your research area.

イノベーション研究とマネジメントに関する学術文献をレビュー
し、その知識を活用して、自分の研究領域に適用するためのさらなる
発展を提案してください。

Key conceptual words

Tech-driven innovation (技術主導 (的) イノベーション) 、hype
cycle、human-centered innovation (人間中心 (的) イノベーショ
ン) 、regional innovation (リージョナル (地域) イノベーション) 、
social innovation (ソーシャル (社会) イノベーション)

REFERENCES

✦ ✦ ✦

Benoit, G. (2008) *Innovation: the History of a Category, Project on the Intellectual History of Innovation Working*. Montréal, Québec. Available at: http://www.csiic.ca/PDF/IntellectualNo1.pdf.

Berkhout, G., Hartmann, D. and Trott, P. (2010) 'Connecting technological capabilities with market needs using a cyclic innovation model', *R and D Management*, 40(5), pp. 474–490. doi: 10.1111/j.1467-9310.2010.00618.x.

Christensen, C. M. et al. (2006) 'Disruptive innovation for social change', *Harvard Business Review*, 84(12), pp. 1–10.

Determann, L. (2015) *The Field Guide to Human-Centered Design*. 1st edn, *Determann's Field Guide To Data Privacy Law*. 1st edn. IDEO.org. doi: 10.4337/9781789906196.00009.

Drucker, P. (1987) 'The Discipline of Innovation':, *Harvard Business Review*, 2(4), pp. 484–485. doi: 10.20801/jsrpim.2.4_484_2.

Drucker, P. F. (2015) *Innovation and Entrepreneurship:Practice and Principles*. First publ. New York, NY 10017 , USA: Routledge, 2 Park Square, Milton Park, Abingdon, Oxon OX14 4RN.

Dyer, J., Gregersen, H. and Christensen, C. M. (2011) *The Innovator's DNA*. HARVARD BUSINESS REVIEW PRESS, BOSTON, MASSACHUSETTS.

Dziallas, M. and Blind, K. (2019) 'Innovation indicators throughout the innovation process: An extensive literature analysis', *Technovation*. Elsevier Ltd, 80–81(May 2018), pp. 3–29. doi: 10.1016/j.technovation.2018.05.005.

Edward Giesen *et al.* (2009) *Paths to success, IBM Corporation*. doi: 10.1007/BF00736639.

Fagerberg, J. (2003) 'Innovation: A Guide to the Literature', in Fagerberg, J., And, D. M., and Nelson, R. R. (eds) *Oxford Handbook of Innovation*. doi: 10.1007/BF02944915.

Fagerberg, J. and Mowery, D. C. (2009) 'The Oxford Handbook of Innovation', *The Oxford Handbook of Innovation*, pp. 1–680. doi: 10.1093/oxfordhb/

9780199286805.001.0001.

Fukuyama, B. M. (2018) 'Society 5 . 0 : Aiming for a New Human-Centered Society', *Japan SPOTLIGHT*, (August), pp. 47–50. Available at: https://www.jef.or.jp/journal/.

Gartner (2020) *Gartner Identifies Five Emerging Trends That Will Drive Technology Innovation for the Next Decade, Gartner Newsroom.* Available at: https://www.gartner.com/en/newsroom/press-releases/2020-08-18-gartner-identifies-five-emerging-trends-that-will-drive-technology-innovation-for-the-next-decade.

Globaltimes (2020) *Huawei R&D spending surpasses that of each of 25 provinces in China -*

Hambrick, D. (1983) 'Some Tests of the Effectiveness and Functional Attributes of Miles and Snow's Strategic Types', *Academy of Management Journal*, 26(1), pp. 5–26.

Harayama, Y. (2017) *Society 5.0: Aiming for a New Human-centered Society - Japan's Science and Technology Policies for Addressing Global Social Challenges, Hitachi Review.*

Jennifer, B. and Milligan, K. (2016) *Social Innovation: A Guide to Achieving Corporate and Societal Value.* Geneva, Switzerland. Available at: www.weforum.org.

Joan Magretta (2019) 'Why Business Models Matter', in *HBR'S 10 MUST READS On Business Model Innovation.* Boston, Massachusetts 02163: Harvard Business School Publishing Corporation, pp. 1689–1699. Available at: http://publications.lib.chalmers.se/records/fulltext/245180/245180.pdf%0Ahttps://hdl.handle.net/20.500.12380/245180%0Ahttp://dx.doi.org/10.1016/j.jsames.2011.03.003%0Ahttps://doi.org/10.1016/j.gr.2017.08.001%0Ahttp://dx.doi.org/10.1016/j.precamres.2014.12.

Kahn, K. B. (2018) 'Understanding innovation', *Business Horizons.* 'Kelley School of Business, Indiana University', 61(3), pp. 453–460. doi: 10.1016/j.bushor.2018.01.011.

KAIHAN KRIPPENDORFF (2017) *A Brief History of Innovation ... and Its Next Evolution - Kaihan Krippendorff, KAIHAN KRIPPENDORFF'S BLOG.* Available at: https://kaihan.net/brief-history-innovation-next-evolution/ (Accessed: 5 January 2021).

Kearney, A. and Ashoka (2017) *Social Innovation Offers Five Golden Opportunities to the Apparel Industry, Ashoka and A.T. Kearney Limited.* Ashoka and and A.T.

Kearney Limited. Available at: www.atkearney.com.

Ledbetter, P. (2018) *The Toyota Template: The Plan for Just-In-Time and Cultural Change beyond Lean Tools*. Boca Raton, FL 33487-2742: CRC Press, Tylor and Francis Group.

Little, A. D. (2006) 'The innovation high ground: Winning tomorrow's customers using sustainability-driven innovation', *Strategic Direction*, 22(1), pp. 35–37. doi: 10.1108/02580540610635942.

Manu, F. A. and Sriram, V. (1996) 'Innovation, marketing strategy, environment, and performance', *Journal of Business Research*, 35(1), pp. 79–91. doi: 10.1016/0148-2963(95)00056-9.

Marc Violo (2018) *25 companies carrying out corporate social innovation | socialinnovationexchange.org, Social Innovation Exchange*. Available at: https://socialinnovationexchange.org/insights/25-companies-carrying-out-corporate-social-innovation (Accessed: 6 February 2021).

Mark Minevich (2019) *Japan's 'Society 5.0' initiative is a road map for today's entrepreneurs | TechCrunch*. Available at: https://techcrunch.com/2019/02/02/japans-society-5-0-initiative-is-a-roadmap-for-todays-entrepreneurs/ (Accessed: 28 March 2021).

Michelini, L. (2012) *Social Innovation and New Business Models, Social Innovation and New Business Models*. doi: 10.1007/978-3-642-32150-4.

Morris, L. (2006) *Permanent Innovat!on: The Definitive Guide to the Principles, Strategies, and Methods of Successful Innovators*. Edited by L. Morris. Web. Available at: www.permanentinnovation.com.

Nicholls, A., Simon, J. and Gabriel, M. (2015) 'Dimensions of Social Innovation', in Nicholls, A., Simon, J., and Gabriel, M. (eds) *New Frontiers in Social Innovation Research*, pp. 1–26. Available at: https://scholar.google.nl/scholar?cluster=11413936125424182930&hl=en&oi=scholaralrt#0.

Nonaka, I. and Nishiguchi, T. (2001) *Knowledge emergence: Social, technical, and evolutionary dimensions of knowledge creation, Oxford University Press.Inc.*

Oliveira, P. and Von Hippel, E. (2011) 'Users as service innovators: The case of banking services', *Research Policy*. Elsevier B.V., 40(6), pp. 806–818. doi: 10.1016/j.respol.2011.03.009.

Perelman, L. J. (2007) *Toward Human-Centered Innovation*. Washington.

Phillips (2019) 'Future Health Index. Transforming healthcare experiences', p. 43. Available at: https://images.philips.com/is/content/PhilipsConsumer/ Campaigns/CA20162504_Philips_Newscenter/Philips_Future_ Health_Index_2019_report_transforming_healthcare_experiences.pdf?_ ga=2.162057849.494004155.1612645567-581374906.1612645567.

Salgues, B. (2018) 'Society 5.0 Its Logic and Its Construction', in *Society 5.0*. First. ISTE Ltd. and John Wiley & Sons, Inc. doi: 10.1002/9781119507314.

Schmitt, J. (2015) *Social Innovation for Business Success: Shared Value in the Apparel Industry, Acta Universitatis Agriculturae et Silviculturae Mendelianae Brunensis*. Edited by J. Schmitt. Springer Gabler. Available at: www.springer-gabler.de.

Schumpeter, J. A. (1983) *The Theory of Economic Development: An inquiry into Profits, Capital, Credit, Interest, and the Business Cycle*. English Ed. Edited by REDVERS OPIE. Transaction Publishers. Available at: http://library1.nida. ac.th/termpaper6/sd/2554/19755.pdf.

Schumpeter, J. A. (1989) *Business Cycles*. Edited by Joseph A. Schumpeter. McGRAW-HiLL BOOK COMPANY, INC.

Trifilova, A. et al. (2013) 'Sustainability-driven innovation and the Climate Savers' programme: Experience of international companies in China', *Corporate Governance (Bingley)*, 13(5), pp. 599–612. doi: 10.1108/CG-06-2013-0082.

Veronica Gaffey (2007) *Examples of regional innovation projects*. Available at: http:// ec.europa.eu/regional_policy/cooperation/interregional/ecochange/index_ en.cfm.

WEF (2019) *Why social innovation matters to business, World Economic Forum*. Available at: http://www3.weforum.org/docs/WEF_Social_Innovation_Guide.pdf.

CHAPTER

06

Topic 5 Disruptive Innovation
破壊的イノベーション

Topic 5

Disruptive Innovation

破壊的イノベーション

Eunyoung Kim

　本章では、イノベーション研究において最も影響力のあるキーワードの一つである破壊的イノベーションの概念を紹介し、それはどのように生み出すことができるかを議論します。

6.1 Disrupt to overcome the difficulties for innovation
；イノベーションの困難を克服するための破壊とは

　多くの企業が、多大な努力や投資にもかかわらず、イノベーションを起こせず、イノベーションは難しいものと考えています。経営学の分野では、なぜ企業がイノベーションを起こせないのかについて、多くの研究がなされています。ハーバード・ビジネス・スクールのChristensen 教授は、なぜイノベーションが難しいのか、どのようなアプローチでイノベーションを起こせばよいのか、という問いに対して、顧客に過剰な性能を提供する「overshooting；オーバーシューティ

ング」という概念を導入して、「sustaining innovation；持続的イノベーション」と対比し、「disruptive innovation；破壊的イノベーション」に焦点を当てることを提案し、明確な答えを出しています。

　ここでは、「overshooting；オーバーシューティング」をより具体的に理解し、オーバーシューティングとは何か、オーバーシューティングした顧客の特徴は何かを明らかにする必要があります。

　Anthony et al. (2008) によると、「overshooting occurs when a product or service has performance that a customer doesn't need, and therefore doesn't value；オーバーシューティングは、顧客が必要としていない、つまり価値のない性能を製品やサービスが持っている場合に発生する」（p.89）と述べています。

　テレビを例に考えてみましょう（図 6-1 参照）。図 6-1 の実線は、テレビの持続的イノベーションを意味しており、技術の進歩に伴って時間の経過とともにより良いパフォーマンスを提供しています。

　点線は、顧客に満足していただくために必要なパフォーマンスを表しています。消費者を所得レベルによって 2 つのグループに分けることは議論の余地がありますが、破壊的イノベーション理論では、ローエンドとは通常ピラミッドの底辺を意味し、世界人口 70 億人のうち 27 億人の 1 日の所得が 2.5 米ドル以下であるとされています。

　一方、ハイエンドの市場区分は、業界の特性によって異りますが、先進国のテレビ市場ではほぼ一般的な区分です。

　私たちは、図 6-1 の矢印が示すクロスポイントに着目して考える必要があります。カラーテレビが普及し始めた 70 年代から 80 年代にかけて、消費者はその新しい性能に満足していました。2000 年代に入ってからも、分厚いテレビからスリムでワイドなテレビへの買い替えに満足しています。今でも、ワイヤレスホームネットワークに接続して、個人の好みに合わせたコンテンツにアクセスできる大型テレビに満足しています。

　パーソナルなコンテンツを鮮やかな色で表示するスリムでワイドなテレビが手頃な価格で登場する前から、消費者はそのようなテレビを

求めていたのです。

　しかし、ある時期になると、消費者はテレビをロール式スクリーンのようなより高性能な技術に置き換えることに、以前のような幸せを感じなくなりました。3Dやテレビの回転機能を家庭で何回使うかを想像してみてください。このオーバーシュートは、一般消費者向けのメモリーデバイスなど、多くの技術系デバイスにも当てはまります。例えば現在、64ギガバイトのUSBメモリーは、2000年に8メガバイトのUSBメモリーを手に入れたときのような魅力を感じないのと同様です。

図 6-1

Sustaining Innovation Through Technology-Driven Innovation；テクノロジードリブンイノベーションによる持続的な技術革新

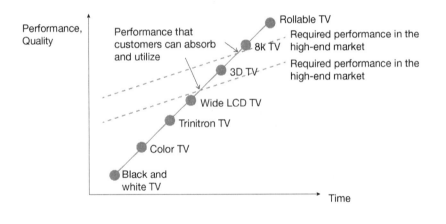

　オーバーシューティングは、消費者が製品から提供される新機能で飽和状態になっていることを説明しています。なぜ、私たちの要求以上に技術が開発されるのでしょうか。

　ここで、高密度集積回路（IC）の技術がどのように発展してきたか、図6-2を見てみましょう。図6-2にあるように、高密度ICのトランジスタ数は、1970年以降、18〜24ヵ月ごとに倍増しています。サムスン電

子の元 CEO である Hwang 博士は、2002 年にメモリチップの密度は 2 年
ごとではなく、1 年ごとに倍増するという Hwang の法則を提唱しました。

　サムスン電子は、1999 年に 256Mb、2000 年に 512Mb、2001 年に
1Gb、2002 年に 2Gb、2003 年に 4Gb、2004 年に 8Gb、2005 年に
16Gb、2006 年に 32Gb、2007 年に 64Gb の NAND 型フラッシュメモ
リを開発し、Hwang の法則を証明したのです。2008 年にはサムスン
が 128Gb を発表していないので、2008 年以降は Hwang の法則は有
効ではないのですが、情報技術は日常生活の実際のニーズを超えて急
速に発展していくと考えられます。

図 6-2

Moore's Law: The Number of Transistors on Microchips Doubles Every Two
Years (Roser & Ritchie, 2020)；ムーアの法則。マイクロチップ上のトランジスタの数
は 2 年ごとに倍増する (Roser & Ritchie, 2020)

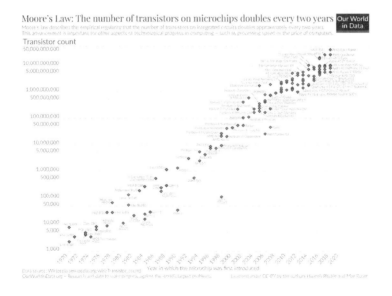

Note. This figure shows a logarithmic graph showing the timeline of how transistor counts in mi-
crochips are almost doubling every two years from 1970 to 2020; Moore's Law (https://
ourworldindata.org/uploads/2020/11/Transistor-Count-over-time.png). CC BY 4.0

　Christense（2013）は、より性能の高い製品をハイエンドの顧客や既存の顧客に提供することで自らを維持することから、「sustaining innovation；持続的イノベーション」と呼んでいます。このように、技術や知識の開発を継続的に進めていくという視点は、Popper's（1959）の「paradigm of accumulation of knowledge；知識の蓄積のパラダイム」に似ています。

　しかし、Popper's (1959) の知識の蓄積は、Kuhn's (1962) のパラダイムシフトの考え方によって批判されました (図 6-3 参照)。そのため、科学哲学の中で最も革新的な理論とされる「The Structure of Scientific Revolutions；科学革命の構造」から類推し、イノベーションの構造を再考する必要があります。

図 6-3

Popper's Accumulation of Knowledge vs. Kuhn's Paradigm Shift；Popperの知識の蓄積とKuhnのパラダイムシフトの概念の違い

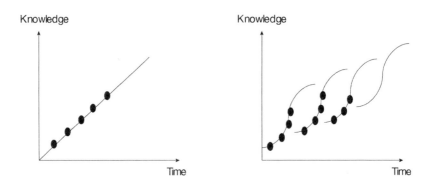

　私たちの実際のニーズとは関係なく技術が進歩し続けるのであれば、技術的な性能を向上させてより良い製品を既存の市場に投入するのではなく、パラダイムをシフトさせて全く新しい視点や価値を消費

者や市場に提供することで、イノベーションを生み出す機会を見つけなければなりません。

　このようなイノベーションを Christenson 教授(2013)は「disruptive innovation；破壊的イノベーション」と名付けました。なぜ、破壊的イノベーションにもっと注目しなければならないかというと、それは、短・中期的な時間軸で市場を広げ、雇用を創出し、設備投資を呼び込んで活用するものである一方、漸進的な持続的イノベーションは、設備投資をほとんど活用せず、雇用もあまり創出しないからなのです。Christenson 教授は、破壊的イノベーションを起こすための2つのアプローチを提案しています。(1) 非消費者を対象とした新しい市場を創造する。(2) 既存の顧客を対象とした低コストのビジネスモデルを構築するという2つのアプローチを提案しています。

6.2 Case study: New-market footholds
；ケーススタディ：新しい市場への足がかり

　破壊する方法については、多くの方法、法則、ケーススタディがあります。Anthony ら（2008）は、非消費者が消費者になることを妨げる4つの障壁を特定しました。そして、非消費者へのアプローチ方法として、「simplifying；シンプルにする」「persevering against the criticisms of mainstream consumers；主流の消費者からの批判に耐える」「not forcing but continually innovating；強制せず、常に革新し続ける」という3つの原則を提案しています。

　この章では、ターゲットとなる消費者を変え、特定の目的を持った需要を発見し、新しい技術で足場を固めて、新しい市場を創造することに成功した有名企業の例をいくつか紹介します。

6.2.1. Shifting the target consumers: Professional to layman, group to individual；ターゲットとなる消費者のシフト：専門家から一般人へ、グループから個人へ

ターゲットとなる消費者を変えることは、非消費者を引き付けるための最も一般的なアプローチです。ここでは、ターゲットとなる消費者を変えて市場を破壊した日本の3つの事例を紹介します。

One-person karaoke；一人用カラオケ

東アジアの文化では、カラオケは古くから社交の場として、あるいは友人や同僚との絆を深める場として親しまれてきました。ほとんどのカラオケ店は、グループで楽しむことを前提に設計されているため、客はソファに座って目の前の歌い手を見ることになり、部屋には大音量のスピーカーや歌い手を応援するためのタンバリンが設置されています。このような環境は、内向的な人や歌の練習が必要な人にとっては居心地が悪く、カラオケに行くのをためらってしまうかもしれません。

そこでコシダカホールディングスは、このような消費の制約に着目し、一人カラオケ「One Kara」という新しいビジネスを始めました。カラオケルームを2メートル四方の宇宙船に見立て、スピーカーをヘッドセットとレンタルマイクに変更し、女性が歌い終わった後に化粧直しができるパウダールームを設置するなど、メインターゲットを集団から個人に変えたのです。

Home-visiting tutor Kumon；家庭教師の公文

過剰な受験競争は、アジアの国々では共通の問題です。特に日本では、幼稚園の頃から競争が始まっています。多くの学生は、グループ学習のためにいくつかの塾に通ったり、個人的に家庭教師を雇って家に来てもらったりしています。生徒たちは、合格するために、あるいはテストでより良い成績を取るために、個人のニーズに応じてレベルや科目を選択することができます。しかし、「personal teaching services；家庭教師サービス」を希望していても、お金に余裕がなかったり、家庭教師を雇って自分の学習の向上を管理することが難しい人も多くいます。

　公文式と呼ばれる数学と語学の教育法を開発した Toru Kumon は、学習者のレベルを見極め、訓練された指導者が家庭を訪問して特定の技能の向上を管理するという、新しい自己学習・指導法を低価格で提供しています。集団で学習する必要がなく、自分のペースで学習を進めることができ、各レベルのテストに合格すれば上位のステージに上がることができる KUMON メソッドとそのビジネスモデルは、多くの消費者を魅了しています。また、学習の進捗状況はすべてプロのコーチングシステムによって管理されており、価格も他社に比べて安価です。

Monthly scale model kit；月刊スケールモデルキット

　プラモデルは、製作技術や塗装技術の高いユーザーが消費するものでした。タミヤは、そのようなユーザーに向けて、高価格・高品質のスケールモデルキットを販売している企業です。模型愛好家の間では「museum items；ミュージアムアイテム」と称されるほど、細部にまでこだわったスケールモデルを販売しています。しかし、これからスケールモデルを趣味として始めようとする初心者には、このアプローチは容易ではありませんでした。

　DeAgostini 社は、ハイエンドモデルの 30 分の 1 程度の価格の定期刊行物で、スケールモデルキットの初心者をターゲットにしています。スターウォーズの R2-D2、アイアンマン、ゴジラ、航空機、名城など、特定のモデルキットを集めた月刊誌シリーズは、誰でも簡単に 1 号分を購入することができます。創刊号にはキャンペーン価格が設定されており、各モデルは、スケールモデルを完成させるための各パーツの組み立て方を詳細に解説した雑誌で構成されています。消費者はまず創刊号を気軽に試してみて、次の号を買うことで継続するかどうかを決めることができます。

6.2.2. Discovering the neglected demand with a specific purpose ；特定の目的を持ち放置された需要の発見

　ターゲットとする消費者をグループから個人へ、あるいはハイエンドのプロフェッショナルから新規参入者へとシフトすることは、非消費者を発見するための簡単な方法です。また、新しい市場を創造するには、特定の目的を持ち放置されている、あるいは知られていない需要を発見するという方法もあります。消費者は自分が何を必要としているかを明確に表現することはないので、ニーズをキャッチするのは難しいのです。隠れたニーズを発見するためには、人間性、同世代、多様な社会集団、世代のライフスタイルなどマイクロトレンドに注目する必要があります。

　ここで、私たちの多くが利用しているオンライン・ソーシャル・ネットワーク・サービスやスマートフォンを例に挙げてみましょう。これらのサービスやデバイスが市場に登場する前、消費者は開発者やビジネスパーソンに対して、個人的な情報や感情、意見、写真を投稿したり、ネット上の友人と交流したりするためのサービスやハンディ・デバイスが必要だと明確に言う人はいませんでした。しかし、私たちの根底にあるニーズや、「Fear of missing out（FOMO）；逃してしまうことへの恐れ」、「pleasure of receiving messages (PORM)；メッセージを受け取る喜び」、「See work as priority (SWAP)；仕事を優先すること」、「the urge to seem important (UTSI)；優位に立ちたいという衝動」といった特性が、私たちをスマートフォンに夢中にさせているのです (Toyama, 2015)。

　次に、消費者の特定のニーズに訴求することで新しい市場を創造するという、日本の興味深いビジネスケースをいくつか紹介します。

Shunsoku for children's athletic relay ；Shunsoku 子供のリレーのための運動靴

運動会は日本の小学生にとって最大のイベントの一つです。全校生

徒が一丸となって参加するこのイベントでは、両親や祖父母を招待
し、校庭で昼食を食べたり、子どもや孫の写真を撮ったり、応援した
り、子どもたちの集団演技を楽しんだりして、一日を一緒に過ごしま
す。一日がかりのイベントで、運動会の目玉はなんといってもリレー
です。しかし、学校の運動場は狭く、走路は急カーブでスピードアッ
プの妨げになり、転んでケガをしたりすることもありました。

　アキレス株式会社が開発した「Shunsoku；俊足（しゅんそく）」は、
左右非対称のソールで、トラックの左カーブを走るときにバランスを
取りやすくしたシューズです。転ばずに速く走れるので、子供たちの
間で大評判になりました。

　俊足は、2003年に初めて発売して以来、子供のアスレチック・リレー
用の特別なシューズという新しい市場を創造しました。そしてこの市
場は年々急速に成長し、国際的にビジネスを拡大してきました。

Nintendo's brain-training game for preventing dementia
；任天堂の認知症予防のための脳トレゲーム

　ゲーム業界は、子供がゲームに夢中になることを恐れる年配者から
の批判を受けてきました。その一方で、多くのゲーム会社が、言語、
数学、コーディングなどの学習に役立つと思われるゲームを発売して
います。しかし、ゲームによる学習では、批判的思考力、創造性、読
解力などの学習の基礎となるスキルを向上させることはできないとい
う議論があります。しかし、短期記憶に関連するスキルをゲームで鍛
えられる可能性はあります。

　ゲーム機を使った学習は、子どもだけのものではありません。短期記
憶の強化や反復訓練という意味では、高齢者にも役立つ可能性がありま
す。日本のような高齢化社会では、認知症が大きな問題となっています。
日本の大手ゲーム会社である任天堂は、認知症予防のために新しい携帯
ゲーム機を開発し、高齢者向けのゲームソフトを発売しました。東北大
学医学部の脳科学者である川島隆太博士が、認知症予防の専門知識をも

とに、ストループテストや数学クイズ、数独などの多彩なパズルで脳を鍛えるゲームを監修しました。このゲームは世界市場で大成功を収めただけでなく、産業界や学術界からも賞を受けました。

6.2.3. New-technology-and-trends foothold ; 新技術・新潮流への足掛かり

　新しく導入された技術のすべてが、対象となるユーザーにうまく採用されるとは限りません。しかし、ある技術の普及率が一定のレベルに達すると、新たな市場を創造することができます。このように、技術の過渡期は、新しい市場を創造するための大きなチャンスとなり得るのです。一流の研究機関や国のシンクタンクの多くが、今後数年間に期待される技術を発表しています。例えば、日経BP社がビジネスパーソンへのアンケートをもとに「最も期待される新技術」と題したレポートを発表しているほか (NikkeiBP, 2017)、Deloitte[3] やGartner[4] などのビジネスリサーチ機関が技術動向に関する年次レポートを発表しています。

表 6-1 Most Expected and Recognized Technologies；最も期待され評価された技術

Rank	Most Expected Technologies in 2017	Most Expected Technologies in 2022	Most Recognized and Interesting Technologies
1	Regenerative Medicine	Regenerative Medicine	Drone
2	IoT (Internet of Things)	AI (Artificial Intelligence)	3D Printer
3	AI (Artificial Intelligence)	Post Lithium-ion Battery for EV	AI (Artificial Intelligence)

3　https://www2.deloitte.com/us/en/insights/focus/tech-trends.html

4　https://www.gartner.com/smarterwithgartner/gartner-top-10-strategic-technology-trends-for-2020/

4	Machine Learning	IoT (Internet of Things)	Automatic Driving
5	Infrastructure Monitoring	Machine Learning	IoT (Internet of Things)
6	Immune Checkpoint Inhibitor	Infrastructure Monitoring	VR (Virtual Reality)
7	Liquid Biopsy	Automatic Driving	Observant Care System for the Elderly
8	Disaster Information Use by SNS	Immune Checkpoint Inhibitor	Regenerative Medicine
9	Observant Care System for the Elderly	Liquid Biopsy	Machine Learning
10	3D Printer	Next-generation Operation Assistant Robot	AR (Augmented Reality)

Source. reformatted from http://www.nikkeibp.com/news/2017/170314.html

Note. The survey was conducted from November 29 to December 16, 2016, with the online users of Nikkei BP, and valid respondents numbered 792.

　新しい技術は、数多くの社会や市場のトレンドを導き出してきました。これらの新技術やトレンドは、新しい消費者を惹きつけ、新しい市場を創造するための足掛かりとなります。新技術やトレンドを利用して、破壊的なイノベーションを起こすスタートアップ企業や大手ハイテク企業が数多く存在しています。

　Netflix を例に挙げてみましょう。1997 年にサービスを開始した当初は、映画のレンタル市場では新参者でした。2000 年代前半から中盤にかけて、各家庭が高速インターネットサービスに加入するようになるまでは、競合他社である Blockbuster が圧倒的な強さを誇っていました。Netflix の初期のビジネスモデルは、月額会員制の郵送によるレンタルであったため、すでに存在する市場で他の大手企業と競争しなければなりませんでした。しかし、新たな IT 技術によって動画のストリーミング配信に移行した Netflix は、メインのプラットフォームをオンラインストリーミングに変更し、オリジナルコンテンツの制作にも着手したのです。このように、既存市場の縁の下の力持ちから、

新しい市場の主流になることに成功するまでの道のりは、破壊のプロセスを理解するのに役立ちます。

6.3 Case study: Low-end footholds
　；ケーススタディ：低価格帯の足掛かり

　最も影響力のある学者の一人であり、グローバルヘルスの統計学者である H. Rosling は、私たち、特に高学歴の人々がグローバル社会についてどれだけ無知であるかを一般の人々に気づかせるために、多くの招待講演[5]を行い、いくつかの書籍を出版しました (Rosling et al., 2018)。彼が講演で多くの聴衆に与えた一連のクイズの結果が証明しているように、私たちの大部分は、恵まれない人々が新しい市場のターゲットであることをあまり理解していません。

　この章では、最も需要の高い消費者に低価格でアプローチする方法を紹介します。

6.3.1. Appropriate technology；適切な技術

　Bill & Melinda Gates 財団のように、多くの有力者や企業が非営利財団を設立し、恵まれない人々の問題を解決するためのプロジェクトが数多く行われています。

　ドイツ系イギリス人の経済学者である E.F. Schumacher は、1965年に 20 人の技術者、資金提供者、教授らと共に Intermediate Technology Group（2005 年に Practical Action[6] に改称）を設立し、エネルギー、食料、水、衛生、ビジネス、シェルター、災害などの分野での技術を開発しました。

5　https://www.ted.com/speakers/hans_rosling

6　https://practicalaction.org/

　彼の著書「Small is Beautiful: Economics as if People Mattered」
(Schumacher, 1989) は、初めて「appropriate technology；適正技術」
の概念を導入し、多くのデザイナー、教育者、技術者、経済学者に影
響を与え、小規模で安価な技術を必要とする人々の生活を支えるため
に適用するという動きを生み出しました。マサチューセッツ工科大学
(MIT)、スタンフォード大学（Stanford）、ハーバード大学（Harvard）
などの有名な高等教育機関も、社会的イノベーションを生み出すため
に、恵まれない地域社会と協力して、Lemelson-MIT Program[7]、MIT
D-lab[8]、D.school Project、Humanitarian Design Projects などの教
育プログラムを開始しました。

　適正技術による具体的なソリューションは、ニューヨークのクー
パーヒューイット国立デザイン博物館で開催された「Design for the
Other 90%；残りの 90%のためのデザイン」と題された展覧会で広く
紹介されました (Smith, 2007)。この展覧会は大きな注目を集め、その
後も世界中で開催され、解決策のアイデアを共有するための公式ウェ
ブサイト[9]も開設されました。

表6-2 Representative Solutions of Appropriate；Technology
　　　；適切な技術の代表的なソリューション

Better Access to	Solution Examples	Description
Food	Pot-in-pot refrigerator	It cools by evaporation of water from the sand between the inside clay pot and the larger clay pot outside by pouring the water into the sand between the pots. (内側の土鍋と外側の大きな土鍋の間の砂に水を流して蒸発させることで冷やす。)

7　https://lemelson.mit.edu/

8　http://d-lab.mit.edu/

9　https://www.designother90.org/solutions/

Water	Q-Drum	It is a wheel-shaped water container that rolls easily to transport a maximum of seventy-five liters from a clean water source to a house. (車輪型の水容器で、簡単に転がって最大 75 リットルの水をきれいな水源から家まで運ぶことができる。)
Sanitation	Life straw	It is a portable water filter that can remove bacteria, microplastic, and parasites in the water. (水中のバクテリアやマイクロプラスチック、寄生虫などを除去することができる携帯型の浄水器。)
Transportation+ Sanitation	Bicycle washing machine	It is a human-pedaling-powered washing machine used by placing the drum of a washing machine as the wheel of a bicycle. (洗濯機のドラムを自転車の車輪に見立てた、人力による洗濯機。)
Health	Self-adjustable glasses	Users can adjust the focus using a dial on the fluid-filled temples so that the fluid can be injected or removed into lenses. (液剤が入ったテンプルのダイヤルでピントを調整し、レンズに液剤を注入したり、取り出したりすることができる。)
Education	Kinkajou projector	It is a solar-powered projector to teach during nighttime for those who need to work during daytime. (昼間に仕事をし、夜間に授業を受ける人のための太陽電池式プロジェクター。)
Energy + Food	Solar cookers	It concentrates the heat from the sunlight and uses its geometrical-shaped surface to cook. (太陽光の熱を集中させ、幾何学的な形状の表面を利用して調理するもの。)

　適正技術の動きは、低所得層の現実的な問題を解決できる多くの安価な製品をもたらしましたが、環境、経済、政治、文化などのより広い視点を含む持続可能な開発という新しいトレンドの下では衰退しています。

6.3.2. Information and Communication Technologies for Development (ICT4D)；開発のための情報通信技術

　情報通信技術（ICT）の進歩に伴い、Wi-Fi、3G、4G、5G などのモバイルネットワークにほとんどの人がアクセスできるようになりました。図 6-4 に示すように、モバイルネットワークの契約普及率は世界中で 80%近くに達しています。この点で、ICT の重要性は、様々な問題を解決し、持続可能な開発目標を達成するためのイノベーションを生み出す上で、飛躍的に高まっています（表 6-3 参照）。

図 6-4

Penetration Rate of Users Covered by at Least a 3G Mobile Network (Unit: %)；少なくとも3G携帯電話網でカバーされているユーザーの普及率

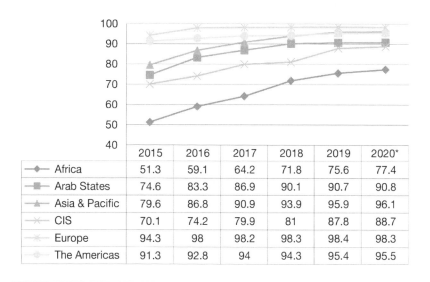

	2015	2016	2017	2018	2019	2020*
Africa	51.3	59.1	64.2	71.8	75.6	77.4
Arab States	74.6	83.3	86.9	90.1	90.7	90.8
Asia & Pacific	79.6	86.8	90.9	93.9	95.9	96.1
CIS	70.1	74.2	79.9	81	87.8	88.7
Europe	94.3	98	98.2	98.3	98.4	98.3
The Americas	91.3	92.8	94	94.3	95.4	95.5

Note. This figure is drawn by author and sourced from "Measuring digital development: Facts and figures 2020," Telecommunication Development Bureau, International Telecommunication Union (ITU).

表 6-3 Sustainable Development Goals (SDGs)；持続可能な開発目標 (SDGs)

GOAL 1	No Poverty	End poverty in all its forms everywhere. （あらゆる場所であらゆる形態の貧困をなくす。）
GOAL 2	Zero Hunger	End hunger, achieve food security and improved nutrition, and promote sustainable agriculture. （飢餓をなくし、食料安全保障と栄養改善を達成し、持続可能な農業を推進する。）
GOAL 3	Good Health and Well-being	Ensure healthy lives and promote well-being for all at all ages. （すべての年齢層の人々に健康的な生活を保証し、幸福を促進する。）
GOAL 4	Quality Education	Ensure inclusive and equitable quality education and promote lifelong learning opportunities for all. （包括的で公平な質の高い教育を確保し、すべての人に生涯学習の機会を促進する。）
GOAL 5	Gender Equality	Achieve gender equality and empower all women and girls. （ジェンダーの平等を実現し、すべての女性と少女に力を与える。）
GOAL 6	Clean Water and Sanitation	Ensure availability and sustainable management of water and sanitation for all. （すべての人に水と衛生の利用可能性と持続可能な管理を確保する。）
GOAL 7	Affordable and Clean Energy	Ensure access to affordable, reliable, sustainable and modern energy for all. （すべての人が安価で信頼性が高く、持続可能で近代的なエネルギーにアクセスできるようにする。）
GOAL 8	Decent Work and Economic Growth	Promote sustained, inclusive and sustainable economic growth, full and productive employment and decent work for all. （持続的、包括的、持続可能な経済成長、完全かつ生産的な雇用、万人のためのディーセント・ワークを促進する。）
GOAL 9	Industry, Innovation and Infrastructure	Build resilient infrastructure, promote inclusive and sustainable industrialization, and foster innovation. （レジリエントなインフラを構築し、包括的で持続可能な産業化を促進し、イノベーションを促進する。）
GOAL 10	Reduced Inequality	Reduce income inequality within and among countries. （国内および海外での所得格差の是正。）

GOAL 11	Sustainable Cities and Communities	Make cities and human settlements inclusive, safe, resilient, and sustainable. （都市と人間居住地を、包括的で、安全で、回復力があり、持続可能なものにする。）
GOAL 12	Responsible Consumption and Production	Ensure sustainable consumption and production patterns. （持続可能な消費と生産パターンの確保。）
GOAL 13	Climate Action	Take urgent action to combat climate change and its impacts by regulating emissions and promoting developments in renewable energy. （排出量を規制し、再生可能エネルギーの開発を促進することにより、気候変動とその影響に対処するための緊急行動をとる。）
GOAL 14	Life Below Water	Conserve and sustainably use the oceans, seas and marine resources for sustainable development （持続可能な開発のために、海洋、海、海洋資源を保全し、持続的に利用する。）
GOAL 15	Life on Land	Protect, restore and promote sustainable use of terrestrial ecosystems, sustainably manage forests, combat desertification, and halt and reverse land degradation and halt biodiversity loss. （陸域生態系の保護、回復、持続可能な利用の促進、森林の持続可能な管理、砂漠化対策、土地の劣化の阻止と回復、生物多様性の損失の阻止。）
GOAL 16	Peace and Justice Strong Institutions	Promote peaceful and inclusive societies for sustainable development, provide access to justice for all and build effective, accountable and inclusive institutions at all levels. （持続可能な開発のために平和で包括的な社会を促進し、すべての人に司法へのアクセスを提供し、あらゆるレベルで効果的で説明責任のある包括的な制度を構築する。）
GOAL 17	Partnerships to achieve the Goal	Strengthen the means of implementation and revitalize the global partnership for sustainable development （実施手段の強化と持続可能な開発のためのグローバル・パートナーシップの再活性化。）

Source. https://sdgs.un.org/goals

　1996 年に発足した「The United Nation's Commission on Science and Technology for Development；国連開発のための科学技術委員会

(UNCSTD)」は、2001年にプログラムとしてICT4Dという言葉を発表しました。それ以降、数多くのプロジェクトが実施され、多くの研究論文が発表されています。Heeks（2017）は、ICT4DにおけるICTをデジタルICTと定義し、スマートフォン、ラップトップ、コンピュータソフトウェア、アプリ、インターネットなどを使ってデジタルデータを処理または通信するあらゆる主体 を意味するものとしています(Heeks, 2017, p. 9)。

ICT4Dは、「human-computer interaction (HCI)；ヒューマン・コンピュータ・インタラクション」、教育、健康、金融、環境、災害、政治、食品など様々な分野で活用されています。また、表6-4で示すように、サブ分野が作られ、関連するプロジェクトが実施されています。

表6-4 Sub-Fields of ICT4D and Their Representative Projects；ICT4Dのサブ領域とその代表的なプロジェクト

	Description	Projects
HCI4D	Understanding how people and computers interact in developing regions, it designs systems and products in those contexts including hardware, software, interface, and content (Ho et al., 2009) （発展途上国における人とコンピューターの関わり方を理解し、ハードウェア、ソフトウェア、インターフェース、コンテンツなどのシステムや製品を設計する。(Ho et al, 2009))	Text-free user interfaces for illiterate users (Medhi, Sagar, & Toyama, 2006)（文字の読めないユーザーのためのテキストフリーのユーザーインターフェース (Medhi, Sagar, & Toyama, 2006)）
		Designing an alternative approach of mobile phone and social media use in the slum area of Nairobi, Kenya (Wyche, 2015)（オルタナティブをデザインするケニア・ナイロビのスラム地域における携帯電話とソーシャルメディアの利用に関するアプローチ (Wyche, 2015)）

ICT4 Education / Education4ICT	In regard to SDG 4, quality education, the desire for education is top priority in developing regions (Gomez, 2014). ICT4E includes teaching and learning support systems and their content. (SDG4 の「質の高い教育」に関しては、開発途上地域では教育への欲求が最優先されている（Gomez, 2014）。ICT4E には、教育・学習支援システムとそのコンテンツが含まれる。）	The One Laptop Per Child Initiative (「1 人の子どもに 1 台のラップトップを」の取り組み) http://www.laptop.org
		Hole-in-the-wall Kiosks (Dangwal et al., 2005) (ホールインザウォール型キオスク (Dangwal et al., 2005))
	E4ICT is education to teach ICT competencies, such as training digital literacy skills and pedagogic design (Kimaro, 2006). (E4ICT は、デジタルリテラシースキルの養成やペダゴジックデザインなど、ICT コンピテンシーを教えるための教育である。(Kimaro, 2006))	The iHub Kids Hacker Camps in Kenya (Ndaiga & Salim, 2015) (ケニアの iHub Kids Hacker Camps (Ndaiga & Salim, 2015))
ICT4 Health	In regard to SDG3, good health and well-being, ICT4H aims to improve health in developing regions through public health information systems, diagnostics and treatment support systems, practitioner knowledge systems, health operation information systems, and health management / policy information systems (Heeks, 2017). (SDG3 の「良い健康と幸福」に関して、ICT4H は、公衆衛生情報システム、診断・治療支援システム、実務者知識システム、健康運営情報システム、健康管理・政策情報システムを通じて、開発途上地域の健康を改善することを目指す。(Heeks, 2017))	The IKON tele-radiology project in Mali (Khanal et al., 2015) (IKON 遠隔画像診断プロジェクト、マリ (Khanal et al., 2015))
		SMS for Life in Burundi and Zimbabwe (Dimaguila, 2015) (ブルンジにおける生活のための SMS とジンバブエ (Dimaguila, 2015))
		District Health Information Software 2(DHIS2) in 50 countries in sub-Saharan Africa and South Asia (Karuri et al., 2014) (サハラ以南のアフリカと南アジアの 50 ヵ国を対象として地域健康情報ソフトウェア 2(DHIS2) (Karuri et al.,2014))

ICT4 Finance	In regard to SGD1, no poverty, the poor can utilize ICT for financial gain and to save/transfer money. (SGD1 の「貧困はない」については、貧困層でも ICT を活用して経済的利益を得たり、お金を貯めたり送金したりすることができる。)	Kiva www.kiva.org
		M-pesa (Jack & Suri, 2011)
		M-Shwari (Cook & McKay, 2015)

　表6-4で紹介した分野や関連プロジェクト以外にも、SDGsに沿った人間や社会の発展のためにICTを活用する様々な分野（ICT4ClimateChangeAdaptation、ICT4DisaterMitigation など）や数多くのプロジェクト（マンチェスター大学の Resilience Assessment Benchmarking and Impact Toolkit、ケニアの Map Kivera など）があり、技術自体のICTの進歩に伴い、今後も研究や投資が行われていくと考えられています。ICT産業はグローバル社会に大きな影響力を持っています。

　近年、データ集約型の開発は、4V（volume-big data、velocity-real-time data、variety-diverse data、visibility-open data）との関連で主流となっています (Dumbill, 2012)。したがって、表6-5に示すように、データ関連の革新的なプロジェクトを開始する機会が増えています。

表 6-5 Data-Intensive Innovation；データ集約型イノベーション

Big data for development 開発のためのビッグデータ	Using mobile phone data and social media records as sources to build a system （携帯電話のデータやソーシャルメディアの記録をソースにしてシステムを構築する。）	Tracking population movement for transportation planning （交通計画のための人口移動の追跡。）

Real-time data for development 開発に必要なリアルタイムのデータ	Auto sensing without human intervention. （人手を介さないオートセンシング。）	Monitoring vaccine cold chain (Chaudhri et al., 2012) （ワクチンのコールドチェーンの監視。(Chaudhri et al., 2012)）
	Participatory sensing by deliberate human action. （人間の意図的な行動による参加型センシング。）	Alerting residents in developing regions the status of local water supplies via SMS (Tsega et al., 2015) （発展途上地域の住民に SMS で地域の水の供給状況を知らせる。(Tsega et al, 2015)）
	Opportunity sensing as a by-product of human action through mobile apps such as recording speed of movement, health data, etc. （移動速度や健康データの記録など、モバイルアプリによる人間の行動の副産物としてのオポチュニティ・センシング。）	A movement-tracking app for monitoring elderly people in case they fall （高齢者が転倒した際に監視するための動作追跡アプリ。）
Diverse data for development 開発のための多様なデータ	Predictive data, often extracted from social media data with a combination of data on health, location, economic, traffic, etc. （ソーシャルメディアのデータから、健康、位置、経済、交通などのデータを組み合わせて抽出されることが多い予測データ。）	Tracking the displacement of people after the 2010 earthquake in Port-au-Prince, Haiti, via mobile phone records (Bengtsson et al., 2011) （2010 年にハイチのポルトープランスで発生した地震による人々の移動を、携帯電話の記録で追跡。(Bengtsson et al.)）
	Sentiment data to measure opinion of public toward specific issues based on social media data （ソーシャルメディアのデータをもとに、特定の問題に対する人々の意見を測定するセンチメントデータ。）	Analysis of sentiment via tweets regarding the vaccination during outbreak (Du et al., 2018) （アウトブレイク時のワクチン接種に関するツイートを介したセンチメントの分析。(Du et al, 2018)）

Open data for development 開発のためのオープンデータ	Empowering the decision makers using open data (オープンデータを活用した意思決定者の強化。)	Helping parents make better decisions for their children using education performance data from Kenya's Open Data Portal (Mutuku & Mahihu, 2014) (ケニアのオープンデータポータルの教育実績データを用いて、親が子どものためにより良い判断をすることを支援する。 (Mutuku & Mahihu, 2014))
	Open data economy benefitting enterprises and stimulating them to create service innovations (オープンデータエコノミーが企業に恩恵をもたらし、サービスイノベーションの創出を促進する。)	Gramener visualizes open government data and creates stories based on it https://gramener.com/ (Gramener は、オープンガバメントデータを視覚化し、それに基づいてストーリーを作成する。 https://gramener.com/)

　ほとんどの場合、ICT4D とその関連分野は恵まれない人々の生活の質を向上させることを目的としていますが、これらのプロジェクトの中核となるアイデアは、コストを削減することで、あらゆるユーザーや消費者に利益をもたらすことにも応用できます。例えば、ビッグデータを様々な業界で活用することで、低価格や無料の試用期間を設けてより多くの顧客を獲得し、より良いサービスを開発するためのデータベースを構築したり、それらのデータを別の企業で商業目的に使用することができます。

6.4 Discussion and assignment ; ディスカッションと課題

6.4.1. Group discussion in classroom ; グループディスカッション

　To discover the nonconsumers, we need to train ourselves to seize an opportunity by shifting our perspective. Changing a viewpoint enables us to find another level of competitors of any specific brand that we consume.

　非消費者を発見するためには、視点を変えてチャンスを掴む訓練
をする必要があります。視点を変えることで、自分が消費している特
定のブランドの別のレベルの競争相手を見つけることができます。

1) Individual task (15 min)；個人課題

Shifting a competitive landscape: How to discover a new
market or shift a nonmarket to be a new market
　；**競争環境の変化**：新しい市場を発見する方法、または非市場を新
しい市場に変える方法

- Select a couple of firms that you think are innovative, and
  search for the mission statements of those companies on
  their official webpages or in interviews with the founders.
  ；革新的だと思う企業を2、3社選び、その企業のミッション・
  ステートメントを公式ホームページや創業者へのインタビュー
  で探してみましょう。

- Think about what kinds of products, services, and brands
  could be their ultimate competitors. You should not
  consider candidates from the same or similar industry.
  ；どのような製品、サービス、ブランドが最終的な競争相手に
  なりうるかを考えてみましょう。同一または類似の業界からの
  候補者は考慮すべきではありません。

図 6-5

Mission Statements of Innovative Firms and Their Competitors from Broad Viewpoints ; 広い視点からイノベーティブな企業のミッションステートメントと競合他社比較のまとめ方例

Company	Mission statement	Competitor
Coca Cola Company	心、身体、精神ともにリフレッシュすること。私たちのブランドと行動を通じて、楽観的で幸福な瞬間を呼び起こすこと。	水こそ究極の競争相手
Peach LCC	戦争をなくすために、Peach は存在する。- CEO 井上 Peach は、人々のアイデアや情報の交換、文化的な理解を促進する橋渡しの役割を担っている。	? は究極の競争相手
Netflix	世界を楽しませるために。	? は究極の競争相手
?	?	? は究極の競争相手

2) Group task ; グループ課題

Share your ideas of the individual task above with classmates. ; 上記の個人課題のアイデアをクラスメートと共有する。

Group size: 3–5 (depending on the class size and its diversity) ; グループサイズ：3 〜 5 名（クラスの規模や多様性によって異なる）

Time: The group discussion is 10 minutes, preparation for the presentation is 5 minutes, presentation is 5 minutes per group, and all group Q&As are 5 minutes. ; 時間：グループディスカッション 10 分、発表準備 5 分、発表 5 分、質疑応答 5 分。

Presentation: All group members should contribute to the group discussion and preparation for the presentation. The presenter will be randomly selected by the instructor.

；**プレゼンテーション**：グループメンバー全員が、グループディスカッションやプレゼンテーションの準備に参加する必要があります。発表者は講師がランダムに選びます。

6.4.2. Assignment

Review the academic literature on the topic of disruptive innovation, and use this knowledge to make recommendations for generating disruptive innovations in your field of interest.

；破壊的イノベーションに関する学術文献を調べ、その知識をもとに自分の興味のある分野で破壊的イノベーションを起こすための提言を行う。

Key conceptual words

Innovation models（イノベーションモデル）、sustaining innovation（持続的イノベーション）、gradual innovation（斬新的イノベーション）、disruptive innovation（破壊的イノベーション）、new-market footholds（新しい市場への足がかり）、low-end footholds（低価格帯の足掛かり）

REFERENCES

✦ ✦ ✦

Anthony, S. D., Johnson, M. W., Sinfield, J. V., & Altman, E. J. (2008). *The innovator's guide to growth: Putting disruptive innovation to work*: Harvard Business Press.

Chaudhri, R., Borriello, G., & Anderson, R. (2012). Pervasive computing technologies to monitor vaccine cold chains in developing countries. *IEEE Pervasive Computing. Special issue on Information and Communication Technologies for Development*, 10.

Cook, T., & McKay, C. (2015). How M-Shwari works: The story so far. *Consultative group to assist the poor (CGAP) and financial sector deepening (FSD)*.

Christensen, C. M. (2013). *The innovator's dilemma: when new technologies cause great firms to fail*. Harvard Business Review Press.

Dangwal, R., Jha, S., Chatterjee, S., & Mitra, S. (2005). A model of how children acquire computing skills from hole-in-the-wall computers in public places. *Information Technologies & International Development*, 2(4), pp. 41-60.

Dimaguila, G. L. (2015). *SMS for Life in Burundi and Zimbabwe: A Comparative Evaluation*. Paper presented at the International Conference on Health Information Science.

Dumbill, E. (2012). *Planning for big data*: Sebastopol.

Gomez, R. (2014). When you do not have a computer: Public-access computing in developing countries. *Information Technology for Development, 20*(3), 274-291.

Heeks, R. (2017). *Information and Communication Technology for Development (ICT4D)*: Taylor & Francis.

Ho, M. R., Smyth, T. N., Kam, M., & Dearden, A. (2009). Human-computer interaction for development: The past, present, and future. *Information Technologies & International Development, 5*(4), pp. 1-18.

Jack, W., & Suri, T. (2011). *Mobile money: The economics of M-PESA*. Retrieved from

Karuri, J., Waiganjo, P., Daniel, O., & Manya, A. (2014). DHIS2: the tool to improve health data demand and use in Kenya. *Journal of Health Informatics in Developing Countries, 8*(1).

Khanal, S., Burgon, J., Leonard, S., Griffiths, M., & Eddowes, L. A. (2015). Recommendations for the improved effectiveness and reporting of telemedicine programs in developing countries: results of a systematic literature review. *Telemedicine and e-Health, 21*(11), 903-915.

Kimaro, H. C. (2006). Strategies for developing human resource capacity to support sustainability of ICT based health information systems: a case study from Tanzania. *The Electronic Journal of Information Systems in Developing Countries, 26*(1), 1-23.

Kuhn, T. S. (1962). The Structure of Scientific Revolutions.

Medhi, I., Sagar, A., & Toyama, K. (2006). *Text-free user interfaces for illiterate and semi-literate users.* Paper presented at the 2006 international conference on information and communication technologies and development.

Ndaiga, W., & Salim, A. (2015). *Kids hacker camps in Kenya: hardware hacking effectiveness in skills transfer.* Paper presented at the Proceedings of the Seventh International Conference on Information and Communication Technologies and Development.

NikkeiBP. (2017). *Nikkei Technology's Outlook 2017: 100 Technologies to Change the World*: Nikkei Business Publications.

Popper, K. (1959). *The Logic of Scientific Discovery*.

Roser, M., & Ritchie, H. (2020). A semi-log plot of transistor counts for microprocessors against dates of introduction, nearly doubling every two years. In: Our World in Data.

Rosling, H., Rosling, O., & Rönnlund, A. (2018). Factfulness: Ten reasons we're wrong about the world–And why things are better than you think: Sceptre. In: London.

Schumacher, E. F. (1989). *Small is beautiful : economics as if people mattered.* New York: HarperPerennial.

Smith, C. E. (2007). *Design for the Other 90%*: Cooper-Hewitt Museum of.

Toyama, K. (2015). *Geek heresy: Rescuing social change from the cult of technology*: PublicAffairs.

Wyche, S. (2015). *Exploring mobile phone and social media use in a Nairobi slum: a case for alternative approaches to design in ICTD.* Paper presented at the

Proceedings of the Seventh International Conference on Information and Communication Technologies and Development, Singapore, Singapore. https://doi.org/10.1145/2737856.2738019

Topic 6 Thinking Skills

思考スキル

Topic 6

Thinking Skills

思考スキル

Qiangang Sun and Eunyoung Kim

　本章では、問題解決に対するさまざまな考え方を紹介し、創造的解決のための潜在的な方法やプロセスをさまざまな視点から議論します。

7.1 Introduction；はじめに

　今から約2,500年前、ソクラテスは真理を探究するために質問を投げかけ、合理的批判と呼ばれる思考スキルを育みました。問いかけの目的は、言葉を超えた矛盾した考えの裏にある真実を探ることです。このようにして、権威的な判断を合理的なものとして認めることができなくなり、信心深い権威や気まぐれで不合理な生き物ではなく、自立した精神を持つ個人が理想とされます。

　しかし、ダイナミックな環境下で人間がどのように意思決定を行うのかなど、人間の意識や思考には多くの謎が存在しています。多くの人は、多様な状況に直面したときには客観的に判断し、合理的な意思

決定を行うよう努めるべきだと考えています。人間がどのように思考し、意思決定を行うのかについては、これまで多くの研究が行われてきました。その結果、人間は多くの重要な問題について客観的に判断し、慎重に結論を出すべきだと思っているが、考えること自体については あまり考えていないことがわかっています。私たちは脳を使ってすべての仕組みを理解していますが、脳そのものがどのように機能しているかについては、ほとんど何もわかっていません。合理的思考モデルでは、知覚と記憶は、問題の解決策を見出す可能性を最大化するための神経活動なのです。

　合理的思考とは、可能な限り最善の選択をするために、さまざまな選択肢を客観的に検討することなどを指します。社会科学者の Herbert A. Simon は、この合理的思考モデルに「bounded rationality；限定合理性」という概念を加えました (Simon, 1990)。この概念の基本的な前提は、世界が非常に複雑であるため、人間は可能な限り多くの情報を考慮しようとするが、人間が吸収、処理、保存できる情報量には限界があり、情報に基づいた合理的な意思決定を行う能力もそれに応じて制限されるため、限界があるということです。このように、人間の意思決定は合理性が制限された環境下で行われます。そのため、特にプレッシャーのかかる場面やリスクの高い場面では、メンタルモデルが現実と一致しないことがあります。しかし、限定合理性には、膨大な量の情報の管理を簡略化できるという利点があります。

　興味深いのは、ほとんどの思考は、意識的な努力を必要としないということです。少なくとも、コーヒーにミルクと砂糖のどちらを入れるかという単純な選択に関しては、私たちは考えずに思考しているのです。同様に、実用的な質問をされたり、好みを述べたり、事実を述べたりしても、それ自体は思考スキルではありません。言語やコミュニケーションのスキルは必要かもしれませんが、それは思考というよりも、私たちが「thinking」と呼んでいる本能的な根拠やきっかけに

なるものに過ぎません。

　心の探求には、さまざまな分野の専門家が貴重な研究をしており、その中には思考の一般的なカテゴリーや順序の確立も含まれています。例えば、高次の思考は、総合的な分析、経験的な評価、問題の定義、情報に基づいた意思決定を必要とする複雑な活動に適用され、低次の思考は、理解、識別、学習などのより基本的な側面に関連しています。高次の思考は、知識を微妙に応用したり、様々な目的を達成するために必要な柔軟な適応にも現れます。しかし、このような思考には、対応するシナリオの中で問題を独自に発見・評価し、どのようなスキルを用いれば最適な解決策が得られるかを判断することが必要です。ここでいうスキルとは、主に（1）専門的な知識やノウハウ、（2）困難な問題に直面したときに、十分な情報に基づいた効果的な解決策を導き出す能力を指します。また、これらのスキルの表現は、バランスよくコントロールされていなければなりません。例えば、二人の陶芸家がコーヒーカップを作っているとします。一人は力を込めて、もう一人は優しく慎重に作業を進めています。どちらが粗くて扱いにくいカップを作り、どちらが繊細で使いやすいカップを作るかを知ることは、技術を発揮する上でのバランスとコントロールの重要性を理解することになるのです。

　人が何をどのように考えているかを直接観察することができないため、高次の思考能力を発揮しているかどうかを評価することは困難です。そのため、実世界の問題と、その問題の認知方法との対応関係を評価するには、表現に頼らざるを得ません。例えば、ある人は現実世界の問題を解決する方法を理詰めで推測をし、別の人は同じ目的のために想像力や創造性を発揮するかもしれないのです。

　この章では、デザイン思考、創造的思考、類推的思考、反射的思考などの問題解決に焦点を当てた思考スキルについて説明します。まず、当然のことながら、問題を定義する必要があります。問題を定義することは、実際に解決することよりも重要な場合があります。なぜなら、

問題はやみくもに取り組むべきものではなく、特に、常に問題が発生している複雑な環境においては、その問題を定義することが重要だからです。問題は表面的なレベルで理解できることは少なく、多くの場合、正しく認識するためには合理的な思考と想像力の組み合わせが必要です (Yanagisawa & Takatsuji, 2015)。

　Topic 3 では、創造性の理論を個人に焦点を当てたマクロ的な視点から考察し、創造的な成果と知性の関係を評価することを目的としました。複数の学問分野の視点から、創造性は、巨大な組織の中でも、人間と周囲との重要な架け橋となることがわかっています。さらに、創造性は自己認識を強化すると同時に世界についての知識を高めることができます。

　ここでは、「knowledge innovation；ナレッジイノベーション」をどのように追求するかについて、さらに検討する必要があります。また、すべての新しいアイデアが創造的であるかどうかという問題についても検討しなければなりません。産業革命後の世界では、創造性はもはや生まれつきの才能やギフトなどではなく、個人の成長や組織のプロジェクトにおいて高く評価されるスキルなのです。しかし、まずは問題の特定と明確化から始めます。そうしなければ、前述のように、目の前の問題に盲目的にアプローチすることになってしまうためです。

　本章全体では、問題解決のプロセスに焦点を当てて、さまざまな思考スキルの特徴、構成要素、機能、創造性への影響などを整理します。「Design thinking；デザイン思考」は、構造、機能、行動を一致させることで、製品を特定のターゲットユーザーに適合させるものです。さらに重要なのは、本能的なニーズを満たすのではなく、新たな需要を開拓することです。「Creative thinking；創造的思考」は、どのような認知をすれば、創造的に問題解決の効率を上げることができるのかに着目します。さまざまな科学技術が急速に発展・拡大していく中で、単一のスキルだけではその複雑さに対応することはできません。同様に、科学技術の進歩に伴って発生する問題や課題も、単一的

なアプローチでは解決できず、柔軟で創造的な思考方法が必要となります。また、様々な次元での「Reflective thinking；内省的思考」は、新たな洞察を生み出すためにも必要です。

7.2 Thinking Skills for Problem-solving
；問題解決のための思考スキル

7.2.1 Problem-solving；問題解決に向けて

　問題を解決するには、必ずその意味を理解する必要があります。例えば、コーヒーとパンのトーストという一見シンプルな朝食を用意するにしても、コーヒー豆、コーヒーメーカー、トースター、水、カップ、皿、パン、ナイフ、バター、ミルク、砂糖など、さまざまなアイテムが必要になります。このように、簡単そうに見える朝食でも、実際には複数のアイテムが複雑に配置され、順番に並べたりします。一見このような行為は、複雑な思考を必要としないと思うかもしれません。

　しかし、改善を目的としている場合は必要となるのです。日常的に行われているこの行為でも、上達するためにはその都度、注意深く練習し、調整する必要があります。そうすることで、料理を楽しむだけでなく、完成度の高いものに仕上げることができます。例えて言えば、材料を早く用意するのではなく、最適な状態にするにはどうすればいいか、コーヒーの量とカップの大きさはどうすればいいか、パンはどれくらいトースターに入れておけば焦げ付かないかなど、気配りのできる人ほどこのようなことを考えます。

　また、バーテンダーは、多種多様な材料を正確な割合で組み合わせて、数多くのドリンクをマスターしなければなりません。判断力、熟考力、試行錯誤、計画性、実行力など、数学の問題を解くような感覚です。とはいえ、数学の問題を解くのとは違います。問題解決とは、判断し、考え、試行錯誤し、計画し、実行することです。唯一の解答

がある数学的な問題とは異なり、現実的な問題は、どのような前提を置き、どのような戦略をとり、誰がそれを採用するかによって、いくつもの解答があり得るのです。

　そのため、思考スキルを高める目的は、結果を確定することではなく、一つの情報を様々な形で結びつけ、多様な経験を盛り込んだ解決策の可能性を生み出すことにあります。過去の経験を現在の問題に適用すると、さまざまなリソース（文章、写真、映像、音声など）が利用可能になり、―これではない―という解決策を導き出すことができるようになります。そして、その解決策は、同一分野や関連分野の他の問題にも拡張することができます。

　したがって、現在の状況を将来に向けた状態に変換する方法を決定したとき、つまり、問題のある状態が目標のある状態に変換されたとき、問題は本質的に解決されたことになります。この 2 つの状態の間にあるのが、変換のプロセスそのものである「intermediate state；中間の状態」なのです。このように、ほとんどの問題は 1 つの状態ではなく、「problem state；問題の状態」、「intermediate state；中間の状態」、「goal state；ゴールの状態」の 3 つの状態で構成されています。例えば、手紙を出すには、まず手紙を書き、それを封筒に入れて郵送します。封をしたままの手紙が送られてこない間は、中間の状態ということになります。Newell et al. (1962) and Newell and Simon (1972) は、すべての問題は彼らが「task context；タスクコンテクスト」と呼ぶものの中で発生するとしています。このコンテクストには、問題に対処するための指示や、問題に関連する物など、人が反応できるすべての刺激が含まれています (Newell & Simon, 1972)。

7.2.2 Understanding design thinking；デザイン思考を理解する

　近年、デザインが独立した学問分野として発展していく中で、デザイン思考はさまざまな領域に浸透し、新たな創造を支えています。ま

た当然のことながら、これらの領域もデザイン思考に貢献しています。しかし、私たちは通常、デザインの成果物を当然のものと考え、デザイナーの貢献を義務と考えています。デザイン思考を一般化しようとする学者たちは、デザインリサーチに基づいた人間中心のデザインコンセプトを採用しています。

　Cross (2004) によると、誰もがデザイナーであり、デザインは人間の知性の一部であると示唆しています。人間には、過去の文明の遺物や固有のデザイン、伝統的な工芸品などが残っていることからもわかるように、デザイン的な能力の長い歴史があります。近年では、人工知能に学習させてデザイン作業を行うことが徐々に浸透してきています。しかし、人工知能にデザインをさせ、さらにはデザイナーに取って代わることは、まだまだ先の話です。人間であるデザイナーは、これまで機械には真似できないような方法で考え、仕事をしてきました。それは、人間の認知は非常に複雑で、無限の側面を持っているからであり、何が人間の知性であるかは、まだ多くのことが解明されていないからです。人工知能は、脳はコンピュータであるという考え方に基づいているため、人間の心の計算的側面である合理的思考、分析的思考、直線的思考、命題的思考に機能が限定されています。これらの側面は、類推、隠喩、概念と概念空間、順序的段階、変換規則などの創造的な認知構成要素の理解を深めることを促進することができます。とはいえ、人工知能のクリエイターは、感情や動機、あるいは非合理的な思考を模倣することはできません (Sawyer, 2017)。

　特定の領域として、デザインはダイナミックで複雑なプロセスであり、しばしば混乱や微妙な認識を伴います。デザインプロセスの具体的な構成要素を明確に説明するための基礎を築くために、デザイン思考のいくつかの一般的な定義を述べる必要があります。

- 「A process leading to an action plan to improve a situation and calling for situational awareness and empathy. ; 状況を

改善するためのアクションプランにつながるプロセスであり、
状況認識と共感が求められる。」

- 「Analysis and creative thinking directed at solving a problem while considering the relevant environment, stakeholders' needs and preferences, logistics problems, and costs.；関連する環境、利害関係者のニーズや好み、物流問題、コストなどを考慮しながら、問題解決に向けた分析と創造的思考。」

- 「A series of psychological stages in which ideas are generated and sources are combined to provide better solutions.；アイデアが生まれ、ソースが組み合わされ、より良い解決策が得られる一連の心理的段階。」

- 「A series of actions involving research, analysis, idea proposal, feedback, and subsequent modifications undertaken to refine the idea.；調査、分析、アイデアの提案、フィードバック、その後の修正など、アイデアを洗練させるために行われる一連の行動。」

　要約すると、デザイン思考とは、特定の問題を原動力とし、従来の解決策や明白な解決策を超越した、基本的な創造的プロセスです。魔法の公式ではありませんが、デザイン思考は、体系的な調査、記述、およびアイデアの合理的な組み合わせによって、効果的で革新的なソリューションを生み出すことができます。デザイン思考のより具体的な構成要素は、次の表 7-1 にまとめてあります (Ling, 2015)。

表 7-1 Components of Design Thinking ;デザイン思考の構成要素

Component	Description
Information collection 情報収集	Study the environment and stakeholders to understand all relevant issues, conflicts, and constraints. Understand the historical perspectives and range of precedents that might apply to the problem. Conduct effective interviews and small-scale ethnographic research, and consult key knowledgeable people to accelerate understanding. The resulting data can substantially inform subsequent design investigations and help generate ideas. (環境と利害関係者を研究し、関連するすべての問題、対立、および制約を理解する。問題に適用される可能性のある歴史的視点と様々な先例を理解する。効果的なインタビューや小規模なエスノグラフィ調査を行い、主要な知識を持つ人々に相談して理解を深める。その結果として得られたデータは、その後のデザイン調査に大きな影響を与え、アイデアを生み出すのに役立つ。)
Problem analysis and definition 問題の分析と定義	Rigorous analysis undertaken to ensure that the most salient problems are identified, which may otherwise be overlooked. Question the initial assumptions and redefine the problem. This analysis is also a prerequisite for meaningful brainstorming carried out to provide a clear, ordered, and fine-grained view of an issue from multiple perspectives. (厳密な分析により、見落とされがちな問題点を明確にする。最初の仮定に疑問を持ち、問題を再定義する。また、この分析は、複数の視点から問題を明確に、順序立てて、細かく見ていくために行われる有意義なブレーンストーミングの前提条件でもある。)
Ideation 概念化	Generate as many ideas as possible, without judgment or criticism, through brainstorming and imagination. Combine various influences to create innovative graphical concepts or outlines of ideas. (ブレインストーミングやイマジネーションを駆使して、判断や批判をすることなく、できるだけ多くのアイデアを生み出すことができる。様々な影響を組み合わせて、革新的なグラフィックコンセプトやアイデアのアウトラインを作成する。)
Compose by modeling モデリングによる構成	Develop the best ideas to a higher resolution and in greater detail. Use these ideas to create prototypes, models, or draft solutions. The goal here is twofold: propose initial solutions and facilitate their execution. (優れたアイデアをより高い解像度で、より詳細に開発する。これらのアイデアを使って、プロトタイプ、モデル、またはソリューションのドラフトを作成する。ここでの目的は、最初の解決策を提案することと、その実行を促進することの 2 点である。)

Critical assessment クリティカル・アセスメント	Critically assess the solution or project for the purpose of improvement. Validate (or invalidate) concepts and solutions related to the problem definition by critical stakeholders, customers, and peer reviews. All feedback is valuable for making meaningful revisions. Accept constructive criticism but make changes without diluting or rejecting the strongest ideas. Then, repeat the process. (改善を目的として、ソリューションまたはプロジェクトを批判的に評価する。問題定義に関連するコンセプトやソリューションを、重要なステークホルダー、顧客、ピアレビューによって検証（または無効化）する。すべてのフィードバックは、意味のある修正を行うための貴重なものであり、建設的な批判を受け入れるが、最も強力なアイデアを薄めたり拒絶したりすることなく変更を加える。このプロセスを繰り返す。)

　デザイン思考は、問題のユニークな背景に没頭することから始まります。それは、問題を多角的に深く掘り下げていくことで、解決の糸口が見えてくる発見のプロセスです。

　デザイナーの仕事ぶりを観察した多くの研究では、デザインプロセスは科学者や学者の典型的な活動とは異なると指摘しています。特に、デザイナーと科学者の問題解決の戦略を比較した観察研究があります。研究者があるルール（一部は最初から公開されていない）を満たすために3次元のカラーブロックを配置する必要がある問題を、建築学と科学の大学院生に提示しました (Purcell, 1981)。この2つのグループは、問題解決の戦略という点で異なる結果を示しました。科学の学生は、可能なブロックの組み合わせを体系的に探索し、その組み合わせを可能にする基本的なルールを発見するという戦略をとるのが一般的でした。一方、建築学の学生は、一連の解決策を提案し、受け入れ可能な解決策にたどり着くまで、一つずつ解決策を消していく傾向がありました。つまり、科学の学生は分析によって問題を解決し、建築学の学生は (異なる要素の)「synthesis；合成」によって問題を解決したのです。

　科学的手法とは、問題の本質や特性を精査して解決するための行動形態であり、デザイン手法とは、まだ存在しない価値あるものを発明するプロセスであると言えます。つまり、科学は分析的であるのに対

し、デザインは建設的であるということです (Gregory & Paidoussis, 1966)。定義されていない問題に対処するために、デザイナーは頭と手から出てくる解決策に応じて、自信を持って問題を定義、再定義し、変更することを学ばなければならないのです。これについて、Jones and Connolly (1970) は、解決策を見つけるために問題を変更することは、デザインの最も困難な部分であるとコメントしています。この点で、外部から構造化された明確な定義のある問題の確実性を求める人は、デザイナーの仕事を評価しない可能性が高いといえます。

　デザインプロセスに適用される専門知識は、ほとんど暗黙の了解であるのです。つまり、デザイナーは、熟練者がその技術をどのように実行するかを「knowing；知っている」のです。デザイン教育が徒弟制度に強く依存せざるを得ない理由は、具体的な知識を外部化することが困難なためでもあります。

　デザイン思考に関する研究は、数十年の開発期間を経て、ますます豊富になってきています。プロのデザイナーのデザインに対する考え方は、デザイン思考が何を意味するかについての洞察を与えてくれます。さらにデザイン思考では、ユーザーの視点、批判、フィードバックを受け入れることができます。Cross (2006) はこの分野で画期的な研究を行っており、様々な分野のトップデザイナーにインタビューを行い、優れたデザイン思考の本質を探り、それをより広い認識に結び付けています。

　Cross (2006) によると、デザインはレトリック（修辞学：物事を伝える際の言い回しを工夫することで、相手の感情に訴えかける技術・手法）として表現されることがあります。デザイナーは、デザインソリューションを構築する際に、修辞的な議論を構築します。その解決策は最終的に、既知の目標や以前には考えられなかった意味に対して展開され、評価されます。著名な建築家であるデニス・ラスダンが、デザインの修辞的な性質を批判する中で次のように説明しています (Lasdun, 1965)。

　「Our job is to give our clients... Not what he wanted, but

what he never thought he wanted; When he gets it, he realizes that this is what he has always wanted. ; 私たちの仕事は、お客様に … 欲しかったものではなく、思ってもみなかったものを手に入れたときに、これこそが自分がずっと欲しかったものだと気づかせることだ。」

　これは優れたデザイナーの自信であり、傲慢でもありますが、この言葉の裏にあるのは、クライアントがデザイナーに期待しているのは、当たり前のことを超え、平凡を超え、刺激的なソリューションを開発することであり、それは可能な限り現実的であるということです。言い換えれば、デザイナーは基本的なニーズだけでなく、無視されがちなニーズを独創的なデザインで解決したいと思っているのです。
　さらに、創造的なデザイナーは規範的な解決策を提案するのではなく、未知の領域の部分的な地図を探索します (Howard-Jones et al., 2005)。彼らは、確立された馴染みのある事例に何度も戻るのではなく、探求し、新しいものを発見しなければならないのです。問題と解決策の関係は、家具デザイナーのジェフリー・ハーコートが表現したように、滑りやすい坂道のようなものです (Franzoi et al., 1985)。

「A particular design is not a completely orderly conclusion, but after the synthesis of many conditions, from a completely new perspective to find that the scheme has been implemented. ; あるデザインは、完全に整然とした結論ではなく、多くの条件を総合した結果、全く新しい視点でそのスキームが実現されていることに気づくのです。」

　これは、デザイン思考の非合理的な側面を示唆しているように思えます。曖昧なデザインとは、単に情報を集めて合成するだけでは解決できない問題です。デザイン活動の中で、すべての関連情報が事前に予測され、

確立されるわけではありません。試行錯誤によってのみ、本当の問題を
発見することができる (MacCormac, 1976) と考えられています。

　そのため、デザイナーがデザイン思考について語るとき、その推論
プロセスにおける「intuition；直観」の役割について言及することが
少なくありません。デザインにおける直感という概念は、創造的な飛
躍をするために、またデザイン思考で起こることを解釈するために使
える便利なヒューリスティック (発見的手法) であるのです。概念的
な推論は、デザイナーが効果的に作業できるように導くための、より
有用な方法として推進されています。しかし、デザインには、さまざ
まなコンセプトの演繹的推論だけではありません。確かに論理性は必
要ですが、デザイナーの思考プロセスは、内部と外部のパフォーマン
スの関係性を中心に展開されます。

> 「You see the things in your mind that are not there on
> paper, and then you start making simple sketches,
> organizing things, and then you start peeling away layer by
> layer to explore deeper things... It is like a conversation.
> (Jacobs-Lawson & Hershey, 2005)；紙の上にはないものを頭
> の中で想像し、簡単なスケッチを描いて整理し、それを一枚一
> 枚はがしてより深いものを探っていく ......。それはまるで会話
> のようです。(Jacobs-Lawson & Hershey, 2005)」

　内部表現と外部表現の間に生じる対話を認識することで、デザイン
は部分的に反射的な行為であることが強調されます。初期の解決策は
暫定的なものであり、可能な限り選択肢を広げておく必要があるため、
デザイナーは中途半端 (未完成) なアイデアを表現し、反映させるた
めの媒体を持たなければなりません。

　最後に、デザイン思考は個人的な見解や意見の表明を伴うため、リ
スクも伴うということを述べておかなければなりません。すべてのデ

ザイナーがこのリスクを負うわけではありませんが、優れたデザイナーの多くはこのリスクを負っています。リスクと正解のバランスをとるのは簡単なことではありません。誰もが生まれながらにしてデザインの能力を持っていると信じていますが、それでもデザインについて柔軟に話し合うためには、相当な訓練が必要です。この点に関して、最近の学際的な研究では、デザイン思考が様々な場面で創造性を高めることが支持されています。

　デザイン活動の本質的な特徴をいくつか予備的に見てみると、デザインとは、問題をそのまま受け入れるのではなく、適切な問題を特定し、実質的な問題構造と開発計画をもって解決することです。そして、デザイナーの認知戦略は、曖昧な問題を解決したいという普遍的な欲求に基づいている可能性があります。

　Thomas and Carroll (1979) は、最初のデザインプロトコルの研究（建築設計に関するもの）において、デザインは問題解決に関わるものであるという観点から、デザイナーの行動特性が未定義の問題を許容することを発見しました。また、Thomas and Carroll は、すべてのプロトコルで一貫して表現されている問題解決のアプローチの一つが、抽象的な関係や属性を生成してから適切な検討対象を導き出すのではなく、トピックがデザイン要素を生成してその品質を決定することを認めるということを発見しました。つまり、デザイナーは問題が完全に明確になる前に解決策（または解決策の一部）を考えているのです。これは、デザイナーが問題駆動型ではなく解決駆動型であることを意味します。つまり、デザイナーにとって重要なのは、問題を分析することではなく、ソリューション (解決策) を評価することである (Eastman, 1970) といえます。

　最新の研究では、Gero and Milovanovic (2020) が、デザイン認知を理解し研究するための新しいフレームワークを提案しました。彼らの研究方法は、デザイン思考の活動を測定するために、デザイン認知（デザインするときのデザイナーの心）、デザイン生理（デザインする

ときのデザイナーの体）、デザイン神経認知（デザインするときのデザイナーの脳）とパラダイム的に分けられている (Gero & Milovanovic, 2020) と述べています。これから分かるように、それぞれのアプローチは、デザイン思考の異なる特性を測定するための異なるツールを提供します。デザイン生理学とデザイン神経認知の基本的な目的は、デザイナーが表現する特定の側面を測定することで、デザイン認知を伝えることです。高度な技術によって開発されたツールを活用して、デザインプロセスを明らかにする多様な証拠が生成されています。デザイナーの認知行動を測定するために、直接法（プロトコル解析）と間接法（アンケート、インタビュー、ブラックボックス実験）が用いられています。デザイン生理学やデザイン神経認知学の研究は、デザイナーの生理的行動（眼球運動、皮膚電気活動、心拍変動の測定）や神経学的行動（非侵襲的な脳の測定技術）に関する貴重な実証的情報を提供しています。

　デザイン思考の研究は 50 年前に始まりました（Eastman, 1970）。デザイン生理学やデザイン神経認知の研究は、生理学や神経学的データを分析するための高度なソフトウェアなど、より洗練されたツールが利用できるようになったことで、盛んに行われるようになりました。デザイン認知、デザイン生理学、デザイン神経認知の相関関係を発見することは、新しいモデル、ツールキット、新しい研究課題を開発するための強力な基盤となり、ひいてはデザイン思考を有望な方法で理解することに貢献すると考えられます。リサーチデザインの新しいツールは、脳イメージング技術、人工知能、機械学習など、他の研究分野の技術と組み合わされることになります。将来的には、デザイン思考を研究するためのより統合的なアプローチを追求し、デザインプロセスに関連する神経学的および生理学的活動の基本的なパターンや、デザイン活動を促進するための新しいツールを探求することになるでしょう。

7.2.3 Understanding creative thinking；創造的思考の理解

　デザイン思考とは異なり、創造的思考はより広い概念であり、あらゆる分野の研究をカバーしています。過去50年間、創造的思考に関する認知的な視点は、コンピュータの開発に拍車をかけてきました (Newell & Simon, 1972)。実用的なレベルでは、コンピュータ科学者やエンジニアは、新しい「machine；マシン」が反復的な作業を行う負担を軽減してくれるということに注目しています。当然のことながら、コンピュータはここ数十年の間に、自動車の製造、鉄道車両の制御、宇宙船の打ち上げなどの用途で使用され、日常的なものとなりました。認知科学の急速な発展に伴い、問題解決に関する創造性や創造的思考の探求に認知的視点を適用することが一般的になってきました。多くの研究者は、問題解決とは、情報を分析して特定の目標に変換することであると提案しています (e.g., McCulloch et al., 2002)

図 7-1A

Bottom-up versus top-down processing (Weisberg, 2006)；ボトムアップとトップダウンプロセス (Weisberg, 2006)

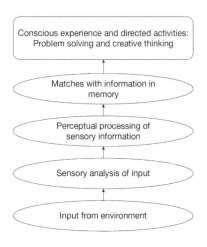

　問題解決とは、次に何をすべきかを決めることです。この意味では、すべての決定状況は等価である (Reder & Anderson, 1982) とされています。しかし、単純な繰り返し作業を行うためには、ある程度の知能が必要であるため、AI プログラムは実用的な観点から、対象となる作業をミスなく効率的に行うことを目的として設計されています。さらに、人間の思考も同じような言葉で表現できると主張する研究者もいます (Newell et al., 1962)。この関連性は、現代の心理学の軌跡に大きな影響を与えています。多くの研究者は、機械が体系的な訓練によって人間の心について何かを教えてくれるかもしれないと考えています。そのため、機械を訓練して考えるようにするには、まず人間がどのように考えるかを理解する必要があります。

　さらに、Finke et al. (1992) は、問題解決におけるボトムアッププロセスの重要性を前提とした創造的認知モデルを提示しています。このような背景から、図 7-1 のようなボトムアッププロセスに依存した認知ベースの創造的思考モデルを研究することは有益であると考えられます。しかし、識別は一方通行の方向としてシステムを通過するわけではありません。一次的な行動や出来事は、おそらく記憶の中の既存の情報に影響されている、つまりトップダウンの処理であるのです。

図 7-1B

Bottom-up versus top-down processing (Weisberg, 2006)；ボトムアップとトップダ
ウンプロセス (Weisberg, 2006)

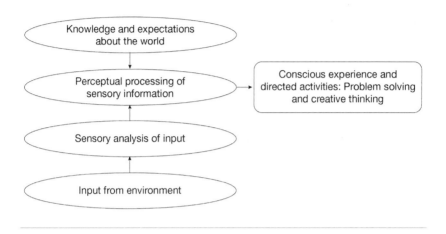

Finke, et al. (1992) は、人間の認知はすべて本質的に創造的である
と強調しています。周知のように、この考え方は、認知的視点の中核
をなすものであり、また、創造的思考は、通常の認知的プロセスの適
用の結果として見ることができることを示唆しており、Newell et al.
(1962), Burger et al. (1981), and Weisberg (1986). がとった見解と一
致する仮説でもあります

また、Newell and Simon (1972) は、問題解決を創造的思考や新し
さの演出に限定する必要はないと示唆しています。伝統的な考えを否
定しなくても新しさを生み出すことはできるし、関係する問題はたい
てい不明確です。高度なモチベーションと忍耐力が必要かもしれませ
んが、これらの状況は些細な側面かもしれません。その問題がすぐに
解決できるものであれば、大きな意味はなく、その解決策が歴史に残
ることもありません。つまり、問題解決の成功には難しい問題がつき
ものだと記憶されていますが、難しい問題を解決すること自体には、

特別な思考プロセスが必要なわけではないのです。人は、問題の内部表現に基づいて、一連の行動で問題空間を構築することができるとされています。第 4 章では、創造的プロセスについて詳しく説明しました。ここでは、問題解決のための専門的な知識や経験を生かした創造的思考について述べていきます。

　問題解決に関する認知的研究の重要な進展は、知識と専門性が重要な役割を果たしていることであり、それは意識的な練習によって生み出されることもあります。もし、少なくとも創造的な進歩が問題解決の結果であるならば、知識、専門知識、そして実践がこれらのケースに関連するはずです。一見、問題解決とは無関係に見える分野でも、専門知識が創造的思考にどれほど重要な役割を果たしているかを調べるのは興味深いことです。

　多くの研究者は、練習によって得られた専門知識がハイレベルなパフォーマンスの重要な要素であるという結論を否定しています。そのような研究者は、最終的にパフォーマンスを決定するのは、習得した専門知識ではなく、才能であると主張しています (Dews et al., 1996; Sternberg & Lubart, 1996)。概念的には、才能や適性とは、どのような分野であれ卓越した成果を上げるのは比較的少数の人々であり、そのような才能を持った人々は、その分野で卓越した成果を上げるのに適しているという考え方です。これに対して、専門性に関する文献から得られた知見は、平均的な個人のパフォーマンスには先天的な限界がほとんどない可能性を提起しています (Ericsson, 2006)。

　創造性の研究では、創造性は一般的に才能に依存すると考えられているため、才能対実践は直接的に重要な問題です。しかし、才能論者が専門家の意見に対して提起したいくつかの反論を直接取り上げた研究も多くあります。ある研究では、子供を対象とした実験が行われています。Sloboda et al. (1996) は、イギリスの 257 人の子供たちを対象に、様々な楽器の習得を課題とし、音楽の演奏における才能と練習の役割を調査しました。最終的には 5 つの達成レベルが判別されまし

た。最も高い達成度の生徒は、専門の音楽学校に在籍し、コンクールに参加し、卒業後もプロとして音楽活動を続けていました。次に高いのは、受験に失敗した生徒たちでした。一番低いレベルの生徒は、楽器を習おうとしましたが、半年でやめてしまいました。Slobodaらは、どの年齢層に才能が集中しているかを調べました。驚くべきことに、このサンプルでは様々な才能が報告されていたにもかかわらず、音楽的才能を示す可能性のあるマーカーについては、5つのグループ間でほとんど差がありませんでした。さらに、達成度の高いグループの親は、子どもの音楽活動に積極的に参加していたのです。このように、親の関与が音楽的達成度の高さと関係していました。なお、Sloboda et al.'s (1996) の研究では、音楽のトレーニングをやめた生徒が対照群に含まれています。

他の研究者は、異なる習熟度の学生が試験に合格するまでにかかる平均時間を推定しています (Marković, 2012)。仮説では、才能がある生徒は、あるレベルから次のレベルに上がるために必要な練習量が少なくて済むと予測しています。しかし意外かもしれませんが、優秀な生徒であっても、他の生徒と同じくらいの時間をかけて勉強しないと、あるレベルから次のレベルには進めないということです。これは、優秀な学生が他の学生よりも早く上達するのは、練習量が少ないからではなく、モチベーションが高いからだということを示しています。このように、クリエイティブな分野では、才能がどのように生み出されるかということよりも、専門知識や練習がどのように達成感を形成するかということの方が重要なのかもしれません。

7.2.4 Understanding analogical thinking for creative problem-solving；創造的な問題解決のためのアナロジカルシンキング（類推的思考）の理解

アナロジカルシンキング（類推的思考）による問題解決や仮説形成については、かなりの数の研究が行われています。人は、関連した問

題や類似した問題を経験したことがあれば、より良い方法で問題を解決する (K. J. Holyoak & Koh, 1987; Novick, 1988; Ross, 1987) とされています。このような観点から、アナロジカルシンキング (類推的思考) は、図 7-2 に示すように、よく知られた既存のカテゴリーからの情報であるベースドメインまたはソースドメインを、新しいアイデア、すなわち、ターゲットドメインの構築に組み込むという、創造的なタスクを鼓舞する基本的なメカニズムであることが示唆されています (Finke et al., 1992; Gentner et al., 1997; Perkins, 1997)。Weisberg (1995) は、以前の創造的なアイデアや解決策が、以前と類似した新しい状況に移される例を数多く挙げています。アナロジカルシンキング (類推的思考) の使用は、理論形成、設計、構築に重要です (Sarlemijn & Kroes, 1988)。さらに、Bingham and Kahl (2013) は、企業や組織が大きな変化やイノベーションに対応するためには、類推思考が非常に有効なツールであると指摘しています。

図 7-2

The major component processes in analogical transfer.
;類推的伝達の主な構成要素プロセス

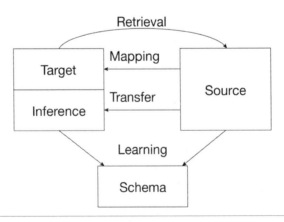

Note. Redrawn from Holyoak and Morrison (2005).

　Gick and Holyoak (1980) は、Duncker's (1945) の放射線問題 [10] を用いて、大学生の問題解決に関する実験を行いました。 被験者には、対象となる物語を他の 2 つの無関係な物語と一緒に読み、記憶するよう指示が与えられました。対象となる物語は、独裁者が支配する要塞を攻略しようとしている将軍の話で、自軍を全力で要塞に向かわせる必要があります。全軍が一つの道を安全に通ることはできないので、将軍は部下を小さなグループに分けて複数の道を同時に走らせました。同時に到着した各グループは合流し、要塞を攻略します。この物語を読んだ数分後、参加者は Duncker の放射線問題を解くことになりました。しかし、元ネタがなく解けた人は 10%程度のみでした。対象となる物語を学習していても、それを使うヒントが与えられていない場合は、約 20%の参加者しか解答を得られなかったのです。逆に、以前に読んだ物語の中に、この問題を解決するのに役立つものがあるかもしれないという簡単なヒントを与えた場合は、約 75%の人が類似解を出すことができました。つまり、人は表面的には似ていても、すぐに使えそうなソースの類推に気づかないことが多いのです。

　創造的なデザインには、類推的思考も重要な役割を果たしているようです。アナログデザインとは、あるデザイン問題に対する解決策の要素を、別のデザイン問題に対する解決策に思い起こさせ、移すことです (Goel, 1997)。Cross (2011) は、デザイナーがどのように考え、仕事をしているのかを理解するための調査を行い、デザイン思考が何を意味するのかを明らかにしました。クロスは、プロのデザイナーにインタビューし、彼らの仕事のプロセスを観察した結果、彼らのインスピレーションは、ある例えを適用することによって平凡に生まれ、その例えが創造的な思考を促すことを発見しました。

　Casakin and Goldschmidt (2000) は、類推を用いることで問題解決のパフォーマンスが向上するかどうかを実証的に調査しました。こ

10　See section 4.4.2

の実験では，設計経験の異なる３つのグループ、すなわち、経験豊富な建築家、上級建築家の学生、初心者の建築家の学生が参加しました。各被験者は、正解が１つしかない定義された問題と、正解が何通りもある非定義の問題を解きました。デザイン問題は次の３つの条件で提示されました。(a) デザイン問題は、何の追加資料も解説もなしに実施されました。(b) デザイン問題は、パネルに表示された視覚的ディスプレイ（約 20 数枚の画像）の中に、問題のソース・アナログとして使用できるものとそうでないものが含まれている状態で実施されました。(3) すべての被験者は、デザイン問題の解決策を１枚または複数枚の紙にスケッチして提示するよう求められました。これらのスケッチデザインは、3 人の経験豊富な建築家によって評価され、定義されていない問題に対する解決策の質と創造性が 5 段階で評価されました。評価結果は、審査員の一致度が非常に高かったため、信頼性の高いものとなりました。その結果、経験の有無にかかわらず、定義されていない問題の解決においては、手掛かりを用いた場合と類推を用いるように指示された場合とで、被験者全員が有意に高い得点を得たと結論づけられました。

7.3 Enhancing Thinking Skills；思考スキルの向上

7.3.1 Expertise, experience, and creativity；専門知識、経験、創造性

　世界的なチェスプレイヤーが相手を驚かせる一手を打ったとき、それが創造的な行為であることは間違いありません。チェスの基本的な運動能力は、小さな駒をボード上に押し出すという些細なものですが、ゲームのコンセプトは非常に複雑であり、一手を決定するための知的スキルを習得するには何年もかかります。Ericsson (2006) は、チェスのグランドマスターとして、自分の領域に関する複雑な心的表現を獲得し、その表現がハイレベルなパフォーマンスの基礎となっている

と提唱しています。

　トーナメントや世界選手権で行われた有名なチェスの試合を再現し、分析した文献は数多くあります。チェスの専門家は、チャンピオンの動きを予測するために、様々なゲームを研究します。もし、その手を正しく予測できなかった場合、将来のマスターは、状況をより深く分析し、チャンピオンがなぜそのような手を打ったのかを見極めることになるでしょう。

　Chase and Simon (1973) は、チェスプレイヤーの能力開発を分析した結果、少なくとも 10 年間の勉強と練習をしなければチェスの達人にはなれないと結論づけ、10 年ルールを生み出しました。

　同様のルールは、ある分野の診断技術を持つ医師にも適用されます (Chase & Simon, 1973; Ericsson, 1993)。Ericsson (1993) によると、放射線技師が X 線を読むときにも同様のプロセスが発生すると示唆しています。このような知識は、創造的思考の理解と関連しているためです。チェスのグランドマスターは、動くことを決めたときに創造的な行為を行っているし、腫瘍学者や放射線技師は、状況が見たことのない特定の複雑な症状を呈しているときに診断を下すのです。

　スポーツ選手が技術を向上させるように、チェスプレイヤーも自分の専門性を 2 つの方法で活用することができます。ひとつは、既存のプレイの方法を維持した上で、それを可能な限り改善する方法です。これは、既存のプレースタイルの枠組みの中で自分のスタイルを確立し、過去のプレースタイルを超えた新しい戦略を展開する場合です。現時点では、これらの技術は、常識の範囲内で行うよりも革新的であると考えています。

　多くの心理学者 (e.g., Frensch & Sternberg, 1989; Simonton, 1999) は、創造的思考は経験から切り離す必要があると考えてきました。経験と創造性の間には緊張関係がありますが、この緊張関係は専門知識にも当てはまります。創造性とは、専門知識から切り離された結果であるはずです。私たちは、具体的な物事については何も考えて

いませんし、通常のアドバイスに従う忍耐力もありません。私たちは通常、鋭い洞察力を持つ最も深い抽象的なものや、最も新鮮な要素の組み合わせに注意を払い、類推的な習慣のような微妙な関連性は常に無視されます。要約すると、私たちは突然、沸騰するアイデアの大釜に案内されたようなもので、あらゆるものが沸騰し、めまぐるしく揺れ動き、予想外のことが第一法則になるような活動状態にあるのです。

　このように、最高レベルの精神機能を説明する際には、必要に応じて下位レベル以上のアイデアをまとめることができるというプラス面に注目します。しかし、この見方には暗い面もあります。高次の心が習慣的なヒントの通常の軌道に従わない場合、この軌道に従った低次の心は平凡になる運命にある (Hennessey, 2015) とされています。そのため、イノベーションを必要とする状況に対応できないと考えられます (Wertheimer, 1985)。

　最も影響力のある研究者が関心を寄せてきた創造性に関する研究では、問題の解決はランダムなプロセスに近くなることが示されています (Boden, 1994)。そのために、自由参加型プログラムが役割を果たさなければならないのです。創造者は、この規律の欠如という資源に頼ることによってのみ、洞察力を得ることができます。この見解は、James（1890）の社会における偉大なイノベーションは、習慣や平凡な連想経路を捨てて、以前は形成されていなかったアイデアをまとめることができる思想家によってもたらされなければならないという信念を反映しています。同様にこの見解は、ブリッジの専門家はゲームルールの変化に適応する能力が限られていることも指摘しています (Fan, 2016)。Frensch and Sternberg (1989) は、実験の一環として、ブリッジのルールに 2 つの変更を加えました。表面上の変更は、スーツ（トランプの絵柄）とカラーの名称と順序の変更です。これらの変更はゲームの核心ではありません。対照的に、深さやコンセプトの変更は、ゲームプレイの根本的な再構築をもたらします。例えば、最後の一手で負けたプレイヤーが次の一手をリードするのではなく、勝者

がリードするという変更があります。比較的広範な変更では、認識の更新が必要となります。初心者と上級者はどちらのタイプの変化にも参加します。エキスパートのパフォーマンスは、初心者よりもこのような深い変化の影響を受けます。これは、知識があると、頭でっかちな人は柔軟性はあっても、世界の変化に適応できないからです。

経験と創造性の関係については、Guilford (1959) がアメリカ心理学会での会長講演 (Frick et al., 1959) の中で、同様に創造性の心理測定法あるいはサイコメトリー法という否定的な概念を提唱しています。第3章で述べたように、Guilford (1950) は、創造的思考の核心は発散的思考スキルであると提唱しました。これらのスキルは、人が過去や通常とは異なる考えを持つことを可能にし、思考者が直面している状況に創造的に対応することを可能にします。Guilford は講義の中でジェームズやゲシュタルト心理学者を引用していませんが、彼らと同じ哲学的なニュアンスを持っていました。創造性テスト運動全体、そしてGuilford の考えから生まれた研究の多くは、創造的思考を測定し育成するには、発散的思考スキルを測定し促進することが重要であるという考えに基づいています。

この緊張感をさらに裏付ける証拠として、教育と創造的達成度の関係を調べた Simonton (1984) が挙げられています。そもそも定義された分野を扱うためには教育が必要かもしれませんが、教育が行き過ぎると逆効果になります。というのも、ある分野の信念や手法に染まりすぎると、新しいアイデアや手法に抵抗を感じるようになってしまうからです（図4-3参照）。したがって、教育と創造性の間には乖離があり、最も多くのイノベーションを生み出しているのは、教育を受けていない人であることが予想されます。

過去からの脱却や既成概念にとらわれない発想を重視する創造的な発想とは逆に、創造的な発想は過去を参照することで起こりうるという証拠があります。言い換えれば、新しいアイデアの生成は、古いアイデアの基礎の上に成り立っている可能性があるということです

(Weisberg, 1986; Weisberg & Alba, 1981)。したがって、過去の経験や確立された知識と現在の創造性との間には生産的な関係が存在すると言えます (Weisberg et al., 2003)。このように、過去に依存した創造的思考は必ずしも逆効果ではなく、専門知識が創造的思考に一役買っている可能性を示唆しています。さらに、専門的な知識、あるいは意図的な練習が、創造的なパフォーマンスに重要な役割を果たす可能性もあるのです。

7.3.2 Reflection in creative practices；創造的実践におけるリフレクション

　リフレクション (内省) は一般的に、人が何らかの混乱や困難を感じているときに起こり、それが問題の解決策を探す動機となります。古代中国の哲学者である孔子（紀元前 551 ～ 479 年）は、リフレクションとは自己を吟味することであると考えました。孔子は、内省とは自分を見つめることであると考え、特に、人間の道徳性を継続的に向上させるためには、自己の内面を批判することが必要であると強調しました。孔子は、日々の瞑想によって内省の力を強め、人生に大きな意味を持たせることに成功しました (Wang & King, 2006)。無言の内省とは、内省的なテンプレートのようなもので、人が他人を公平に、礼儀正しく、道徳的に扱っているかどうかを判断することができます。それによって、社会における自分の存在の質を調べ、理解し、確認することができるのです (Wang & King, 2006)。

　Dewey (1933) は、リフレクションの実践者とは、心を開き、責任を持って実践する人であると提唱しました。Dewey に続いて、Schon (1983) は、内省的思考が問題解決能力の重要な要素であると主張しました (Ben-Jacob et al., 1983; Greenwood, 1993)。目の前の状況を振り返ることで、実践者は、最も効果的な解決策を確立するために、これまでの経験に基づいて可能なすべての行動方針をより正確に評価することができます。したがって、リフレクションは、問題解決者と問

題の状況との間のインタラクティブな対話と考えることができます。

　他の学者は、リフレクションとは、人が過去の経験を再訪し (e.g., Burkus, 2015)、その経験に伴う感情に細心の注意を払い内省し、最終的には過去の内省を活かして現在の状況、課題、タスクを評価し、対応することであると述べています。リフレクションのプロセスで個人を動かす重要な要素は、「intention；意図・意向」です (Dorta et al., 2016)。内省は、課題を達成する際に誤った行動を修正したり、より適切な判断を下したりするために用いられるだけでなく、世界についての自分の仮定や、そこから導き出される意味を検討するためにも用いられます (Mezirow, 1981, 1990)。Mezirow は、自分が当たり前だと思っている信念や、自分の文化から内面化された個人的な価値観が、世界に対する解釈にどのような影響を与えているかを個人が認識できるように導く上で、批判的内省の重要性を強調しました。社会的正義、平等、解放などの問題は、彼らの実践的な決定において考慮されます。

　教育、経営、健康、芸術研究など様々な分野の専門的な実践者にとって、環境や状況は、実践と内省の両方に影響を与えます (Ben-Jacob et al., 1983)。専門的な実践においては、複雑性、不確実性、不安定性、独自性、価値観の対立などが増大していると論じられています (Greenwood, 1993)。Schon (1983) は、プロフェッショナリズムに対する熱意のピークが第二次世界大戦後に起こり、その後、プロフェッショナリズムのスキルに対する自信が失われたと指摘しています。これは、欧米諸国で発生している複雑なシステム上の問題を、専門家が解決できなかったためです。この時代に起こったプロフェッショナリズムへの厳しい批判は、Schon が技術的合理性と呼んだ専門性に対する誤解に起因するものでした。

　Schon は、実践における実務家の知識の無知が、専門職の有効性に対する自信の危機につながっていると主張しました。この危機に対処するために、Schon は内省的実践に基づく専門的知識の新しいモデルを提案しました。このような内省的実践では、思考と行動が目の前の

状況と統合されます (Greenwood, 1993)。リフレクションの実践者とは、内省を日々の実践の一部にしている人のことです。彼らはこのように、特定の専門分野の知識と知恵に基づいて行動し、判断を下します。このような実践は、熟練した知識が求められる現代の専門家や教育者の世界では広く認められています。

Dewey (1933) はさらに、普通の思考と内省的思考の違いを指摘しました。彼は、連続的な思考にはランダム性があるかもしれないが、内省的な思考にはあてはまらないと考えたのです。連続的な思考の方法は、次の正しい結果を決定するために分類され、その結果は前の結果を参照します。この概念は、出来事や経験の間の微妙な手がかりを「meaningful；意味のあるもの」で識別することに依存しています。また、その微妙な手がかりをバランスよく判断し、評価することも意味しており、合理性や自己批判のプロセスを含んでいるようにも思えます。しかし、それとは対照的に、リフレクションは戦略的思考の基本的な要素です。Schon (1983) は、「reflection；リフレクション」と「action；アクション」は表裏一体の関係にあると述べています。こうしたリフレクションとアクション（またはインアクション）の概念は、リフレクションの実践とその知識の性質を理解するための鍵となります (Helyer, 2015)。

同時に、思考が行動を妨げるという考え方にも反論があり、実践者が行動の中での内省を通して、直感的な理解をどのように表現するかを説明しています。これは、思考と行動の間の補完的な関係を誤解したものです。実際、行動への反映では、これまで見てきたように、行動と思考はお互いに補完し合っています。考えること、動くこと、実験を試すことを「Doing」と呼び、その結果を「Reflection」と呼びます。内省を促すには、意外な結果が必要です。満足のいく行動を起こすことは内省を止めてしまいます。つまり、リフレクティブ・シンキングによって、実践者は自分が何をしようとしているのかを理解することができるのです。

　もう一人の著名な学者である Jack Mezirow は、リフレクティブ・シンキングとリフレクションを「transformative adult learning model；変革的成人学習モデル」に取り入れました。私たちは、Mezirow (1981) の以前の研究に注目し、少なくとも以下の 7 つのレベルに分け再考しています。

- 「Non-reflective action (relative to the reflection action)
  ；非リフレクティブ・アクション (リフレクティブ・アクションの相対性)」

- 「Habitual action (habitual behavior is that undertaken by individuals based on earlier experience and automatically reinforced by frequent use or activity). It is seldom conscious.
  ；習慣的行動（個人が以前の経験に基づいて行い、頻繁に使用または活動することで自動的に強化されるもの）。意識することはほとんどない。」

- 「Thoughtful action (deliberate action using existing knowledge rather than the assessment of that knowledge, such that the significance of learning is still present in existing plans and ideas).
  ；考え抜いた行動（知識の評価ではなく、既存の知識を用いた意図的な行動で、既存の計画やアイデアの中に学習の意義が残っているような状態）。」

- 「Introspection. (Unlike thoughtful action, which is related to cognition, introspection pertains to emotional reflection. It refers to how we feel or think about ourselves. This

feeling can be personal and can include our awareness
of the feelings of others. However, it does not involve the
determination of how or why those feelings develop; it
only involves awareness of those feelings).

；内観。(認知に関係する思慮深い行動とは異なり、内観は感
情的な反省に関係します。これは、私たちが自分自身について
どのように感じたり考えたりするかを意味します。この感情は
個人的なものであり、他の人の感情の認識を含むことができま
す。しかし、それらの感情がどのように、あるいはなぜ生じる
のかを決定することは含まれておらず、それらの感情を認識す
ることだけが含まれている)。」

- 「Reflective action (effective testing, including assumptions
  about the problem-solving process of content or criticism).
  ；リフレクティブアクション（コンテンツや批評の問題解決プ
  ロセスの想定を含めた効果的なテストの実施)。」

- 「Content reflection (content and processes are equivalent
  in level. The two are distinguishable in terms of their
  subject matter. Content resets what to focus on, and how
  to review the process.
  ；コンテンツリフレクション（コンテンツとプロセスはレベル
  的には同等。この 2 つは主語が違うだけで区別される。コンテ
  ンツは、何に焦点を当て、どのようにプロセスを見直すかをリ
  セットする)。」

reflective thinking（リフレクティブシンキング）に関する実証研
究は、最近になって一定の成果を上げていますが、まだ十分とは言え
ません。Mezirow の影響を受けて、Hong and Choi (2011) の研究では、

デザイン問題を解決する際のデザイナーの内省的活動を議論するために、3つのリフレクションの次元を構築しました。それは、時間、対象、反射です。さらに、このフレームワークは、リフレクションを探るための効果的なツールとして、新しい自己報告式の質問票「Reflective Assessment for Design Problem Solving（ARTID）」を開発し、検証しました。その結果、ARTID 質問票は許容できるレベルの妥当性と信頼性を持つことが確認されました。また、参加者によるモデルへの反映は、教育実践と研究ツールの使用の実践的価値を示しています。同時に、ARTID 質問票は、デザイナーがデザインプロセスの中でいつ、どのように内省するかを探るための効果的な診断ツールであると考えられます。しかし研究と教育実践の目的のために、いくつかの限界があることも考慮する必要があります。

　ARTID 質問票を検証し、さらに発展させるために、294 人の被験者が4つのデータ収集フェーズに参加しました。しかしアンケートの質と妥当性をさらに向上させるために、より多くの被験者を評価することが推奨されています。ARTID 質問票トのもう一つの限界は、デザイン問題の解決は複雑であるため、デザイナーのリフレクションのすべての側面が検出されるとは限らないことです。また、言葉の選択の違いにより、質問項目の解釈が異なる可能性もあります。ARTID 質問票を改善するためには、Thinking Aloud protocol(Adams & Pandey, 2003) やデザインプロセスのビデオ撮影 (McDonnell & Holbrook, 2004) などの他の調査方法と組み合わせて、デザイナーの内省的な行動を観察する必要があります。様々なデータソースから得られた知見は、より強固なエビデンスを提供するために、さらに三角法によるトライアングル化を構築することができます。

　これまでのところ、私たちは、実践におけるリフレクションの役割を含め、実践者の知識の多くの側面を完全には理解していません。実務家がどのように自分の仕事を振り返るか、また、経験を通してどのように専門知識を増やしていくかを観察することで、知ることの本質

について正しい問いを立てることができます。これは、プロフェッショ
ナルな実践者の口述および書面による語りによって達成されます。

7.3.3 Superficial and structural similarity in analogical thinking ；アナロジカルシンキングにおける表面的な類似性と構造的な類似性

　Dunbar (1995) は、科学的類推に焦点を当て、3つの異なる種類を
特定しました。(1)「local analogies；局所的類推」：ある実験の一部
分が二番目の実験に関連している場合、(2)「regional analogies；地
域的類推」：ある領域で適用されているが類似の領域で使用されている
関係のシステムを含む場合、(3)「long-distance analogies；長距離
的類推」：あるシステムが発見され、異なる領域で適用されている場
合。また、Nathalie Bonnardel and Marmèche (2004) は、アナロジー
メーキングによって、ターゲット（目の前の状況や問題など）とソー
ス（過去の類似した状況）が同じ概念領域に属する領域内の類似性と、
ターゲットとソースが異なる概念領域に属する領域間の類似性の2種
類の類推が可能であると述べています。

　Gentner et al. (1997) は、創造性は、比較的しっかりとした、構造
的に導かれた変化である深い構造の表現で最もよく実現されると主張
しました。Dunbar and Blanchette (2001) は、「generation task；生
成課題」がより構造的類似性を用いるように人々を動機付けることを
発見しました。生成課題では、被験者は与えられたターゲットに対す
るソースを生成するよう求められ、一方、「reminding task；リマイ
ンド課題」では、被験者は様々なソースを読まされた後、新しいストー
リーを与えられ、新しいストーリーによってどの古いストーリーを想
起するかを尋ねられました。本研究では、生成課題において、人々は
ターゲットとの表面的な共通点を持たない類推ソースを使用すること
ができ、また実際に使用していることが明らかになったのです。80%
は、与えられたターゲットの表面的な特徴に依存して生成されていま
した。しかし、課題をリマインド課題に変更すると、人は表面的な特

徴を主に使用するという類推的リマインドに関する研究結果を反映した結果が得られました。

　構造的類似性は、構造マッピングの枠組みを導入し、一方のアイデアの各要素の関係を他方のアイデアにマッチングさせることで表現できることが多くの研究で示唆されています (Falkenhainer et al., 1989; Forbus et al., 1994; Forbus & Oblinger, 1990)。ドメイン内類推は、ターゲットとソースの間の表面的な類似性と構造的な類似性の両方に基づいて行われますが、ドメイン間類推は、ターゲットとソースの間の構造的な類似性(または根本的な原理)にのみ基づいて行われると考えられます。

　創造的なアイデアを生み出すためには、表面的な類似性ではなく、構造的な類似性を用いた類推的思考を採用する必要があります。つまり、長距離の類推 (ドメインを越えた類推) は、局所的な類推 (ドメイン内の類推) や、地域的な類推 (類似ドメインの類推) よりも、より多くの斬新なアイデアを生み出すことができます。構造比較のプロセスは、類似性に基づくプロセスが抽象的なルールを生み出すための橋渡しの役割を果たします (Gentner & Medina, 1998)。アナロジーを実行すると、共通の関係を維持したまま、ドメインオブジェクトを変数に置き換えた概略構造が得られます (Winston, 1982)。

　特にクリエイティブなデザイナーにとって、ドメインを越えた類推は創造的なアイデアを生み出すのに重要な役割を果たします。例えば、類推を多用したLe Corbusierは、ロンシャンの礼拝堂を設計する際に、二重膜シェルの構造原理を屋根に転用したといいます。その後、屋根としての役割を果たすために、このコンクリート・シェルの適切な機能を保証するための調整が行われました。断熱性、排水性、さらには、建物の特別なシルエットを形成する大きなオーバーハングに関する美的・構造的特性も含めてです (Goldschmidt, 2001)。

　多くの著者は、構造的な類似性がアナロジカルシンキング (類推的思考) の決定的な特徴であると主張しています。アナロジカルシンキ

ング (類推的思考) の力は、共通の構造を明らかにし、明確に表現された領域の構造を、よりまとまりのない領域に取り込むことであり、主要な理論変更の最も重要な手段となります (Gentner et al., 1997)。 Goldschmidt (1995) は、表面的な特徴だけを引き継いでも、それを支える構造的な類似性がなければ、誤った類推になり、結果的に問題の解決を誤る可能性があると断言しています。

7.4 Discussion and Assignment ; ディスカッションと課題

7.4.1 Group task ; グループ課題

Group size: 3–5 (depending on the class size and its diversity) ; グループサイズ：3 ～ 5 名（クラスの人数や多様性により異なる）

Task 1) Categorize the following business cases based on their structural similarity, i.e., how they create value, but not by surface similarity, such as foods, travel, and language. (For 20 min)

次のビジネスケースを、食べ物、旅行、言語などの表面的な類似性ではなく、どのように価値を生み出すかという構造的な類似性に基づいて分類してください。（20 分）

表 7-2. Business cases of collective intelligence ; 集合知を活用したビジネス事例

	Case	Description
1	Conveyer belt Sushi restaurant	Various kinds of sushi are provided in appropriate quantities on a conveyer belt. A QR code with an IC chip is placed on the back of the sushi plate for forecasting the customer demand. (様々な種類の寿司がベルトコンベアーで提供される。寿司皿の裏には IC チップ付きの QR コードが貼られ、客の需要を予測する。)

2	Amazon.com recommendation	Recommending books to customers base on the purchasing or browsing history of similar type of customers. （似たタイプの顧客の購入履歴や閲覧履歴に基づいて、他の顧客に書籍を勧める。）
3	Tabelog	Users can search restaurants based on a variety of specifications, such as their location and customer reviews. （ユーザーは、レストランの所在地やカスタマーレビューなど、さまざまな条件に基づいてレストランを検索することができる。）
4	POS system	The point of sale is usually placed in the cash register in the form of a smartphone, tablet, laptop, PC, or mobile POS device. This builds a database of relevant information, such as purchasing date and time and other information about the buyer, about each good and service so that managers can decide which products to recommend to consumers. （POS は通常、スマートフォン、タブレット、ノートパソコン、PC、モバイル POS デバイスなどの形でレジに置かれ、これにより、各商品やサービスについて、購入日時、購入者に関するその他の情報などの関連情報をデータベース化し、管理者が消費者にどの商品を勧めるかを決めることができる。）
5	Match.com	An online dating service that matches users for dating. （ユーザー同士の出会いをマッチングするオンラインデートサービス。）
6	InnoCentive	A crowdsourcing platform for matching people who need business solutions or are facing social, policy, scientific, and technical challenges, or who are competing to provide innovative ideas. Its global network of millions of problem-solvers and cloud-based technology helps clients to transform their economics of innovation through rapid solution delivery and the development of sustainable open-innovation networks. （ビジネスソリューションを必要としている人、社会的、政策的、科学的、技術的な課題に直面している人、革新的なアイデアを提供しようと競い合っている人をマッチングするクラウドソーシングプラットフォーム。数百万人の問題解決者からなるグローバルネットワークとクラウドベースのテクノロジーにより、迅速なソリューション提供と持続可能なオープンイノベーションネットワークの構築を通じて、お客様のイノベーションの経済性の変革を支援している。）

7	Live weather info for everyone, Yahoo Weather	Users can vote for the current weather of their region, and how many people voted for the current weather is recorded, such as "xx people feels sunny, xx feels rain, xx feels cloudy," with the official weather forecasting information. Users can check sudden changes in weather through real-time voting of other users. （ユーザーは、自分が住んでいる地域の現在の天気を投票することができ、「○○人が晴れと感じた、○○人が雨と感じた、○○人が曇りと感じた」というように、現在の天気に何人が投票したかが公式の天気予報情報とともに記録される。ユーザーは、他のユーザーのリアルタイムな投票により、天気の急変を確認することができる。）
8	Wedding Park	Detailed information of around 4,000 wedding venues in Japan with user reviews of those who visited or were married in the venues. Users can search and select the best wedding venue and plan for them. （日本国内にある約 4,000 ヵ所の結婚式場の詳細情報と、その結婚式場を訪れた人や結婚式を挙げた人のユーザーレビューを掲載。ユーザーは最適な結婚式場を検索・選択し、プランを立てることができる。）
9	Hotel reviews in Rakuten Travel	A hotel reservation service with customer reviews. The reviews are on a 5-point scale and evaluate services, locations, rooms, meals, bathroom amenities, and other facilities. （利用者のレビューを掲載したホテル予約サービス。レビューは 5 段階評価で、サービス、ロケーション、客室、食事、バスルームアメニティ、その他の設備を評価する。）
10	Uber taxi	A platform matching customers in need of transportation with nearby drivers. （交通手段を必要としている客と、近くにいるドライバーをマッチングするプラットフォーム。）
11	Lang-8	A social networking service for those who want to learn or teach their mother tongue with others. Users can receive lessons on the writing or pronunciation of recorded sentences by the native speakers. Users comprise an online community to find friends and participate in community interaction. （母国語を他の人と一緒に学んだり教えたりしたい人のためのソーシャルネットワーキングサービス。ユーザーは、ネイティブスピーカーが録音した文章の書き方や発音のレッスンを受けることができる。ユーザーはオンラインコミュニティを構成し、友人を見つけたり、コミュニティの交流に参加することができる。）

12	@cosme	Comprehensive information about cosmetics to help users determine which products would be good for them. Users can check information from reviews and rankings for each item based on the evaluations of other users of similar age, skin condition, or skin type. （どの商品が自分に合うかを判断するための、化粧品に関する総合情報サイト。ユーザーは、年齢や肌の状態、肌タイプが似ている他のユーザーの評価をもとに、各アイテムの口コミやランキングから情報を確認することができる。）
13	Cookpad	Users can post recipes or photos of food. Users can search various recipes for similar type of foods and share their experiences. （ユーザーはレシピや料理の写真を投稿することができ、また似たような料理のレシピを検索し、経験を共有することができる。）
14	Bike lovers' map	It provides map information for the bicyclers. Users can draw a route or add itineraries of GPS log data using the icons of useful information on the map, and write tips of riding. Users can post additional information regarding search the route without hills, safe road, public toilet, good view, etc. for bike lovers. （自転車に乗る人のための地図情報を提供。ユーザーは、地図上の便利な情報のアイコンを使って、ルートを描いたり、GPS ログデータの旅程を追加したり、ライディングのヒントを書き込んだりすることができる。また、自転車愛好家のために、坂のないルート、安全な道、公衆トイレ、見晴らしの良い場所などを検索するための追加情報を投稿することができる。）
15	Reddit	An open social forum permitting users to post their opinions or comment on those of others regarding any number of topics. （ユーザーが様々なトピックについて自分の意見を投稿したり、他の人の意見にコメントすることができるオープンなソーシャルフォーラム。）
16	Kiva.org	A crowdfunding service for the small-sized entrepreneurs in developing countries （途上国の小規模な起業家を対象としたクラウドファンディングサービス。）

Task 2) Give a title to each category and describe the value creation mechanism of the category. (For 10 min)

それぞれのカテゴリーにタイトルをつけ、そのカテゴリー

の価値創造のメカニズムを説明してください。(10 分程度)

Task 3) Presentation: All group members should contribute to the group discussion and preparation for the presentation. The presenter will be randomly selected by the instructor. (For 3 min)
プレゼンテーション：グループメンバー全員が、グループディスカッションやプレゼンテーションの準備に参加する必要があります。発表者は講師がランダムに選びます。(3 分間)

7.4.2 Assignment；課題

Review the academic literature on the topic of thinking skills, and use this knowledge to make recommendations for enhancing thinking skills in your field of interest.

思考スキルをテーマにした学術文献を調べ、その知識をもとに、自分の興味のある分野で思考スキルを高めるための提言を行ってください。

Key conceptual words

thinking skill (思考スキル)、problem solving (問題解決)、design thinking (デザイン思考)、creative thinking (創造的思考)、analogical thinking (アナロジカルシンキング (類推的思考))、reflection (リフレクション (内省))、reflective thinking (内省的思考)

REFERENCES

✦ ✦ ✦

Adams, R. P., & Pandey, R. N. (2003). Analysis of Juniperus communis and its varieties based on DNA fingerprinting. *Biochemical Systematics and Ecology, 31*(11), 1271–1278.

Ben-Jacob, E., Goldenfeld, N., Langer, J. S., & Schön, G. (1983). Dynamics of interfacial pattern formation. *Physical Review Letters, 51*(21), 1930.

Bingham, C. B., & Kahl, S. J. (2013). How to use analogies to introduce new ideas. *MIT Sloan Management Review, 54*(2), 10-12.

Boden, M. A. (1994). Dimensions of Creativity (Chapter 4). *Dimensions of Creativity,* 75–117.

Bonnardel, N., & Marmèche, E. (2004). Evocation processes by novice and expert designers: Towards stimulating analogical thinking. *Creativity and Innovation Management, 13*(3), 176-186.

Burger, E. D., Perkins, T. K., & Striegler, J. H. (1981). Studies of wax deposition in the trans Alaska pipeline. *Journal of Petroleum Technology, 33*(06), 1–75.

Casakin, H. P., & Goldschmidt, G. (2000). Reasoning by visual analogy in design problem-solving: the role of guidance. *Environment and Planning B, 27*(1), 105-120.

Chase, W. G., & Simon, H. A. (1973). Perception in chess. *Cognitive Psychology, 4*(1), 55–81.

Cropley, A. J., & Cropley, D. (2009). *Fostering creativity: A diagnostic approach for higher education and organizations.* Hampton Press Cresskill, NJ.

Cross, N. (2004). Creative Thinking by Expert Designers. *J. of Design Research, 4*(2), 0. https://doi.org/10.1504/jdr.2004.009839

Cross, N. (2006). Designerly Ways of Knowing. In *Design: Critical and Primary Sources.* https://doi.org/10.5040/9781474282932.0018

Cross, N. (2011). *Design Thinking: Understanding How Designers Think and Work:* Berg.

David Burkus. (2015). *The Myths of Creativity* (Vol. 53). https://doi.org/10.1016/j.gr.2017.08.001%0Ahttp://dx.doi.org/10.1016/j.precamres.2014.12.0

Davidson, J. E., Sternberg, R. J., & Sternberg, R. J. (2003). *The psychology of problem solving*. Cambridge university press.

Dewey, J. (1933). How we think: A restatement of the relation of reflective thinking to the educative process. DC Heath.

Dews, S., Winner, E., Kaplan, J., Rosenblatt, E., Hunt, M., Lim, K., ... Smarsh, B. (1996). Children's understanding of the meaning and functions of verbal irony. *Child Development, 67*(6), 3071–3085.

Dorta, T., Kinayoglu, G., & Boudhraâ, S. (2016). A new representational ecosystem for design teaching in the studio. *Design Studies, 47*, 164–186. https://doi.org/10.1016/j.destud.2016.09.003

Dunbar, K. (1995). How scientists really reason: Scientific reasoning in real-world laboratories. *The nature of insight, 396*, 73.

Dunbar, K., & Blanchette, I. (2001). The in vivo/in vitro approach to cognition: the case of analogy. *Trends in Cognitive Sciences*, 5(8), 334-339. doi: http://dx.doi.org/10.1016/S1364-6613(00)01698-3

Eastman, C. M. (1970). Representations for space planning. *Communications of the ACM, 13*(4), 242–250.

Ericsson, K. A. (2006). The influence of experience and deliberate practice on the development of superior expert performance. *The Cambridge Handbook of Expertise and Expert Performance, 38*(685–705), 2.

Ericsson, K. A., Krampe, R. T., & Tesch-Römer, C. (1993). The role of deliberate practice in the acquisition of expert performance. *Psychological Review, 100*(3), 363.

Falkenhainer, B., Forbus, K. D., & Gentner, D. (1989). The structure-mapping engine: Algorithm and examples. *Artificial Intelligence, 41*(1), 1-63.

Fan, J. (2016). The role of thinking styles in career decision-making self-efficacy among university students. *Thinking Skills and Creativity, 20*, 63–73. https://doi.org/10.1016/j.tsc.2016.03.001

Finke, R. A., Ward, T. B., & Smith, S. M. (1992). *Creative cognition: Theory, research, and applications.*

Forbus, K. D., Ferguson, R. W., & Gentner, D. (1994). *Incremental structure-mapping*. Paper presented at the Proceedings of the sixteenth annual conference of the Cognitive Science Society.

Forbus, K. D., & Oblinger, D. (1990). *Making SME greedy and pragmatic*. Paper presented at the Program of the Twelfth Annual Conference of the Cognitive Science Society, Cambridge, Massachusetts.

Franzoi, S. L., Davis, M. H., & Young, R. D. (1985). The effects of private self-consciousness and perspective taking on satisfaction in close relationships. *Journal of Personality and Social Psychology, 48*(6), 1584.

Frensch, P. A., & Sternberg, R. J. (1989). Expertise and intelligent thinking: When is it worse to know better?. *Advances in the psychology of human intelligence, 5*, 157-88.

Frick, J. W., Guilford, J. P., Christensen, P. R., & Merrifield, P. R. (1959). A factor-analytic study of flexibility in thinking. *Educational and Psychological Measurement, 19*(4), 469–496.

Gentner, D., Brem, S., Ferguson, R. W., Markman, A. B., Levidow, B. B., Wolff, P., & Forbus, K. D. (1997). Analogical reasoning and conceptual change: A case study of Johannes Kepler. *The journal of the learning sciences, 6*(1), 3-40.

Gentner, D., & Medina, J. (1998). Similarity and the development of rules. *Cognition, 65*(2–3), 263-297. doi: http://dx.doi.org/10.1016/S0010-0277(98)00002-X

Gero, J., & Milovanovic, J. (2020). A framework for studying design thinking through measuring designers' minds, bodies and brains. *Design Science, 6*, 1–40. https://doi.org/10.1017/dsj.2020.15

Gick, M. L., & Holyoak, K. J. (1980). Analogical problem solving. *Cognitive psychology, 12*(3), 306-355.

Goel, A. K. (1997). Design, Analogy, and Creativity. *IEEE Expert: Intelligent Systems and Their Applications, 12*(3), 62-70. doi: 10.1109/64.590078

Goldschmidt, G. (1995). Visual displays for design: Imagery, analogy and databases of visual images. *Visual databases in architecture*, 53-74.

Goldschmidt, G. (2001). Visual analogy: A strategy for design reasoning and learning. *Design knowing and learning: Cognition in design education*, 199-220.

Greenwood, J. (1993). Reflective practice: a critique of the work of Argyris and

Schön. *Journal of Advanced Nursing, 18*(8), 1183–1187.

Gregory, R. W., & Paidoussis, M. P. (1966). Unstable oscillation of tubular cantilevers conveying fluid II. Experiments. *Proceedings of the Royal Society of London. Series A. Mathematical and Physical Sciences, 293*(1435), 528–542.

Guilford, J. P. (1950). *Fundamental statistics in psychology and education.*

Han, J.-I., Choi, H.-K., Lee, S.-W., Orwin, P. M., Kim, J., LaRoe, S. L., ... Lee, S. Y. (2011). Complete genome sequence of the metabolically versatile plant growth-promoting endophyte Variovorax paradoxus S110. *Journal of Bacteriology, 193*(5), 1183–1190.

Helyer, R. (2015). Learning through reflection: the critical role of reflection in work-based learning (WBL). *Journal of Work-Applied Management, 7*(1), 15–27. https://doi.org/10.1108/jwam-10-2015-003

Hennessey, B. A. (2015). Creative Behavior, Motivation, Environment and Culture: The Building of a Systems Model. *Journal of Creative Behavior, 49*(3), 194–210. https://doi.org/10.1002/jocb.97

Holyoak, K. J., & Koh, K. (1987). Surface and structural similarity in analogical transfer. *Memory & Cognition, 15*(4), 332-340.

Holyoak, K. J., & Morrison, R. G. (Eds.). (2005). *The Cambridge handbook of thinking and reasoning* (Vol. 137). Cambridge: Cambridge University Press.

Hong, Y. C., & Choi, I. (2011). Three dimensions of reflective thinking in solving design problems: A conceptual model. *Educational Technology Research and Development, 59*(5), 687–710. https://doi.org/10.1007/s11423-011-9202-9

Howard-Jones, P. A., Blakemore, S.-J., Samuel, E. A., Summers, I. R., & Claxton, G. (2005). Semantic divergence and creative story generation: An fMRI investigation. *Cognitive Brain Research, 25*(1), 240–250.

Jacobs-Lawson, J., & Hershey, D. (2005). Influence of Future Time Perspective, Financial Knowledge, and Financial Risk Tolerance on Retirement Saving Behaviors. *Financial Services Review, 14*(4), 331.

James, W. (1890). *The Principles of Psychology.*

Jones, B., & Connolly, K. (1970). Memory effects in cross-modal matching. *British Journal of Psychology, 61*(2), 267–270.

Kaufman, J. C., Cole, J. C., & Baer, J. (2009). The Construct of Creativity: Structural

Model for Self-Reported Creativity Ratings. *The Journal of Creative Behavior,* *43*(2), 119–134. https://doi.org/10.1002/j.2162-6057.2009.tb01310.x

Kaufman, J. C., & Sternberg, R. J. (2010). *The Cambridge handbook of creativity.* Cambridge University Press.

Lasdun, D. (1965). An architect's approach to architecture.. *RIBA Journal, 72*(4), 184–195.

Ling, D. (2015). Complete DesignThinking Guide for Professionals. In *Kemampuan Koneksi Matematis (Tinjauan Terhadap Pendekatan Pembelajaran Savi)* (Vol. 53).

MacCormac, R. (1976). Redefining densities. *Built Environment Quarterly,* 2(4), 320–326.

Marković, S. (2012). Components of aesthetic experience: Aesthetic fascination, aesthetic appraisal, and aesthetic emotion. *I-Perception, 3*(1), 1–17. https://doi.org/10.1068/i0450aap

McCulloch, P., Taylor, I., Sasako, M., Lovett, B., & Griffin, D. (2002). Randomised trials in surgery: problems and possible solutions. *Bmj, 324*(7351), 1448–1451.

McDonnell, K. A., & Holbrook, N. J. (2004). A Poisson regression model approach to predicting tropical cyclogenesis in the Australian/southwest Pacific Ocean region using the SOI and saturated equivalent potential temperature gradient as predictors. *Geophysical Research Letters, 31*(20).

Mezirow, J. (1981). A critical theory of adult learning and education. *Adult Education, 32*(1), 3–24.

Mezirow, J. (1990). *Fostering critical reflection in adulthood.* Jossey-Bass Publishers San Francisco.

Newell, A., Shaw, J. C., & Simon, H. A. (1962). The processes of creative thinking. *Contemporary Approaches to Creative Thinking, 1958, University of Colorado, CO, US; This Paper Was Presented at the Aforementioned Symposium.* Atherton Press.

Newell, A., & Simon, H. A. (1972). *Human problem solving* (Vol. 104). Prentice-hall Englewood Cliffs, NJ.

Novick, L. R. (1988). Analogical transfer, problem similarity, and expertise. *Journal of Experimental Psychology: Learning, Memory, and Cognition, 14*(3), 510.

Perkins, D. N. (1997). Creativity's camel: The role of analogy in invention. *Creative thought: An investigation of conceptual structures and processes*, 523-538.

Purcell, P. (1981). How designers think. In *Design Studies* (Vol. 2). https://doi.org/10.1016/0142-694x(81)90033-8

Reder, L. M., & Anderson, J. R. (1982). Effects of spacing and embellishment on memory for the main points of a text. *Memory & Cognition, 10*(2), 97–102.

Ross, B. H. (1987). This is like that: The use of earlier problems and the separation of similarity effects. *Journal of Experimental Psychology: Learning, Memory, and Cognition, 13*(4), 629.

Sarlemijn, A., & Kroes, P. A. (1988). Technological analogies and their logical nature *Technology and Contemporary Life* (pp. 237-255): Springer.

Sawyer, R. K. (2017). Teaching creativity in art and design studio classes: A systematic literature review. *Educational Research Review, 22*, 99–113. https://doi.org/10.1016/j.edurev.2017.07.002

Schön, D. (1983). The reflective practitioner basic books. *New York*.

Simon, H. A. (1990). Invariants of human behavior. *Annual Review of Psychology, 41*(1), 1–20.

Simonton, D. K. (1984). *Genius, creativity and leadership*.

Simonton, D. K. (1999). *Origins of genius: Darwinian perspectives on creativity*. Oxford University Press.

Sloboda, J. A., Davidson, J. W., Howe, M. J. A., & Moore, D. G. (1996). The role of practice in the development of performing musicians. *British Journal of Psychology, 87*(2), 287–309.

Sternberg, R. J., & Lubart, T. I. (1996). Investing in creativity. *American Psychologist, 51*(7), 677.

Thomas, J. C., & Carroll, J. M. (1979). The psychological study of design. *Design Studies, 1*(1), 5–11.

Wang, V. C. X., & King, K. P. (2006). Understanding Mezirow's theory of reflectivity from Confucian perspectives: A model and perspective. *Radical Pedagogy, 8*(1), 1–17.

Weisberg, R. (1986). *Creativity: Genius and other myths*. WH Freeman/Times Books/Henry Holt & Co.

Weisberg, R. W.. (2006). *Creativity Understanding Innovation in Problem Solving, Science, Invention, and the Arts.*

Weisberg, R. W., & Alba, J. W. (1981). *Gestalt theory, insight, and past experience: Reply to Dominowski.*

Weisberg, S. P., McCann, D., Desai, M., Rosenbaum, M., Leibel, R. L., & Ferrante, A. W. (2003). Obesity is associated with macrophage accumulation in adipose tissue. *The Journal of Clinical Investigation, 112*(12), 1796–1808.

Weisberg, R. W. (1995). Case studies of creative thinking: Reproduction versus restructuring in the real world.

Wertheimer, M. (1985). A Gestalt perspective on computer simulations of cognitive processes. *Computers in Human Behavior, 1*(1), 19–33.

Winston, P. H. (1982). Learning new principles from precedents and exercises. *Artificial Intelligence, 19*(3), 321-350. doi: http://dx.doi.org/10.1016/0004-3702(82)90004-2

Yanagisawa, H., & Takatsuji, K. (2015). Effects of visual expectation on perceived tactile perception: An evaluation method of surface texture with expectation effect. *International Journal of Design, 9*(1), 39–51.

Index ; 索引

さ

Bio；略歴

Editor and co-author；編纂・共著者

Eunyoung Kim

北陸先端科学技術大学院大学知識科学研究科准教授。東京大学大学院工学系研究科博士課程修了（韓国ソウル大学大学院融合科学技術研究科デジタル情報融合学専攻博士課程より転入）、韓国ソウル大学国際商学修士号取得。また、大学院在学中に RWTH アーヘン大学（ドイツ）、ジョージア工科大学（米国ジョージア州）にフェローシップで留学。研究テーマは、イノベーション創出のための学習プロセスデザイン、社会的創造性とイノベーション、国際開発・ビジネス・マネジメントのための情報技術活用など。

研究者としてのキャリアをスタートする以前は、グローバルおよびローカルなコンサルティング会社でビジネスコンサルタントとして、国立研究所で研究者として、エネルギー販売会社や企業の社会的責任を担う非営利財団でマネージャーとして、数多くのプロジェクトをリードしてきた。

Co-author 1；共著者 1

Thao Thanh Luong

オーストラリアのグリフィス大学で人的資源管理の修士号を、ベトナムのホーチミン市経済大学で経営学の学士号を取得。現在、北陸先端科学技術大学院大学知識科学研究科 KIM 研究室にて博士課程に在籍中。研究テーマは、ホスピタリティとツーリズム教育におけるイノベーション。

また、米国の AHLEI（米国ホテル・ロッジング協会）教育研究所か

ら認定されたホスピタリティトレーナー（CHT）および教育者（CHE）でもある。サービス業界で 10 年以上働く中で、ベトナム最大のホスピタリティ観光企業の一つであるサイゴンツーリストグループの人事部でさまざまな役職を経験し、2016 年にサイゴンツーリスト・ホスピタリティ・カレッジ（STHC）の副校長として任命された。サイゴンツーリストグループでは、ベトナム全土にある同社の施設で働く 200 人以上の中間管理職やスーパーバイザーを対象に、専門的な能力開発を確保するための戦略の考案と実施を担当。STHC 在職中は、カリキュラム設計、教師教育、国際関係、学生募集など、さまざまな職業大学の中核的活動のマネジメントを担当した。

Co-author 2；共著者 2

SUN Qianang

中国景徳鎮窯業大学美術デザイン学部にて美術修士号および美術デザイン学士号を取得。現在、北陸先端科学技術大学院大学知識科学研究科 KIM 研究室博士課程に在籍。研究テーマは、創造的なクラフトデザイン、デザイン・リフレクション、デザインにおけるマテリアル・エクスペリエンス。

研究者としてのキャリアをスタートさせる以前は、独立した陶芸スタジオを運営しながら、陶芸研究所でクリエイティブコースのアシスタントを担当するなど、陶芸デザインの実践者として活躍した。7 年以上の陶芸活動の中で、2016 年にはデンマークのグダガルド陶芸センターのネットワークプロジェクトに唯一の中国人陶芸家として招かれ、作品 <Ask and Answer> を展示。そして、2018 年には日本の Shiri Oni Studio で作品 <The Secret> を展示。このような創造的な経験と異なる背景を持つアーティストとの貴重なコミュニケーションから、将来のキャリアにおいて専門家としての能力を豊かにするために、学術的な観点から工芸デザインとデザインリフレクションの知識をさらに追求するようになった。

Co-author 3；共著者 3

Nilima Haque Ruma

北陸先端科学技術大学院大学（JAIST）先端科学技術研究科 KIM 研究室 博士課程在籍。北陸先端科学技術大学院大学知識科学研究科知識マネジメント専攻修士課程 2 年在籍。バングラデシュのシレットにあるシャジャラル科学技術大学（SST）で修士号と学士号（社会学）取得。研究テーマは、ビジネスモデルにおけるイノベーション、中小企業、女性のエンパワーメント、農村開発。

日本で高等教育を受ける前は、バングラデシュの農村女性の能力向上を目指す NGO でプロジェクト・ファシリテーターとして勤務していた。研究活動に加え、機関やコミュニティでボランティア活動も行っていた。研究活動とボランティア活動の両方が評価され、「JAIST 理事長賞」を受賞。

Japanese translator；日本語翻訳者

Yasushi Nakajima

北陸先端科学技術大学院大学（JAIST）先端科学技術研究科 KIM 研究室所属。北陸先端科学技術大学院大学知識科学研究科知識科学専攻博士前期課程修了 (2021)。研究テーマは、イノベーション人材を育成するためのワークショップデザイン。現在、私立大学のゼミ活動の一環として、Future Vision Workshop プログラムを実践し、人材育成に貢献している。

社会人としての主なキャリアは、大手精密機器メーカーの品質保証、研究開発、ソフトウェア開発部門で、多くの製品プロジェクトに携わるとともに、マネージャーとして組織マネジメントをリードした経験を持っている。さらに人事部門にて、人材開発や組織開発の実践的なアプローチにより、人と組織の成長を促進するコンサルティングに従事した。直近ではリクルート関連企業にて、キャリアカウンセラーとして、ミドル・シニア層の再就職支援業務に従事している。

イノベーション創出の種子

初版発行　2022年9月30日

編　　著　Eunyoung Kim
著　　者　Thao Thanh Luong, Qianang Sun,
　　　　　Nilima Haque Ruma, and Eunyoung Kim
訳　　者　中島 靖
発 行 人　中嶋 啓太
発 行 所　博英社
　　　　　〒 370-0006 群馬県 高崎市 問屋町 4-5-9 SKYMAX-WEST
　　　　　TEL 027-381-8453 / FAX 027-381-8457
　　　　　E・MAIL hakueisha@hakueishabook.com
　　　　　HOMEPAGE www.hakueishabook.com

ISBN　　 978-4-910132-36-5

定　　価　　3,630円 (本体3,300円＋税10%)